李東華著

# 泉州與我國中古的海上交通

九世紀末—十五世紀初

臺灣學生書局印行

# 自序

本書原是我在臺灣大學歷史學研究所的畢業論文，寫於民國六十七至七十年之間。撰寫期間，先後承方杰人（豪）及王曾才二師指導。稿成後，復承孫同勛師與梁庚堯兄詳閱全文，提出批評改進意見甚多。七十年六月，論文經校內考試委員程光裕、徐玉虎、張奕善、趙雅書及王曾才諸師審核，幸獲通過。同年十月底，復經教育部評定會委員梁嘉彬、李符桐、李國祁、閻沁恆、王壽南、湯承業及王曾才諸師複核。兩次考試，蒙諸師指示改進意見，均能啓我茅塞，匡我不逮，謹向以上諸師致無限謝忱。

在我學習中外交通史的過程中，政大徐玉虎師啓蒙於前，臺大方杰人師教誨於後。民國六十一年大學畢業後，一方面在臺大歷史研究所攻讀，一方面因玉虎師之薦，在政大外交研究所非洲研究計劃從事古代中國與非洲關係之研討，使我很自然的走上研究中外交通史的道路。兩年後，在杰人師指導下，勉强撰成「唐宋元時代中國與非洲之關係」碩士論文。在撰寫該文期間，深深感覺到研究中外交通史之不易。資料少，立論不易，固爲一難。資料牽涉多種文字，更令研究者難以掌握。而對史料之考證，出入尤大。同一地名遠者可定其在非洲，近者又考其在錫蘭，分辨爲難。而晚近以來國內中外交通史研究者的稀少，尤令人生「獨學而無友」之嘆。

因此研究方向逐漸退縮到中國沿海地區對外發展問題的探討，本書正是我探討沿海地區對外關係的嘗試之作。

有關唐宋元時代泉州的對外交通，過去學者已有良好的研究成績，但對以下諸問題尙未有合理的解答。①泉州何以能在不良的地理環境下躍起成爲對外貿易大港？②五代變局在福建對外交通史上的地位。③北宋以後南海交通貿易形勢的轉變。④宋元時代泉州海外交通空前繁盛的原因。⑤宋末蒲壽庚崛起的歷史背景。⑥明代泉州對外交通衰微的原因。本論文之重點，即在透過福建內部經濟社會的發展、中國及海外地區交通貿易的情勢等幾方面，對以上諸問題，提出粗淺的解釋，期望能進一步呈現中古時代泉州對外交通、貿易的整體面貌。本文用「中古」一辭，與一般中國史分期法不同，意在彰顯與歐洲黑暗時代同時，中國海外發展的空前繁盛。

回想十餘年的讀書生涯，感慨良深。自民國六十一年以後，隨方杰人師研習中外交通史，而杰人師竟於六十九年，我論文初稿完成前夕，遽返天鄉，思之不勝傷感。杰人師去世後，幸蒙王曾才師慨允繼續指導，使論文得以順利完成。畢業後，復蒙曾才師多方賜助，能有安定的環境從事教學及研究工作。孫同勛師除詳閱論文初稿外，多年來在學業及做人處事上多方指導，謹向二師致最眞誠的謝意。王德毅師改正我論文的錯誤，提示參考資料，令人感動。梁庚堯、宋光宇、林高炫兄等，或改正論文，或代爲蒐集資料，均在此一併致謝。曹永和師及胡平生兄荐本書於學生書局，蒙主事者惠允出版，亦令我銘感於心。最後，容我向父母親及妻子致謝，他們是我求學過程中最大的支助力量。

民國七十四年七月

# 泉州與我國中古的海上交通（九世紀末—十五世紀初）

## 目錄

附圖目錄

# 前言

在中外海上交通史上，福建泉州（晉江）曾有過一段輝煌的時期。自唐末（九世紀下半期）起，泉州成爲我國對外貿易主要港埠之一，其後由於主觀因素——閩商之興起，及客觀因素——有利的地理位置——的影響，它成爲我國兼通南海與東北亞日、韓地區的唯一港埠，而在宋南渡後至元末的兩個半世紀中，更盛極一時，成爲最足以反映宋元時代海外交通繁盛的港埠。

泉州所以足夠反映宋元時代海外交通的繁盛，可由以下兩方面來作觀察。從中國對南海的交通貿易來說，由早期（魏晉以前）的交州時代，經過廣州時代（魏晉迄唐末），再發展至宋元的泉州時代，貿易港埠的不斷東移，象徵我國對南海貿易的快速進展。由中國對東方東北亞（日、韓等地）的交通貿易而言，也經過了登、萊時期（隋以前）、揚州時期（隋唐）及明州時期（北宋），而發展至南宋元代的泉州時期，貿易港埠的逐漸南移，也反映了中國對東北亞地區交通貿易的日趨繁盛。宋元時代的泉州滙集了我國向東與向南兩路的交通貿易，實足以反映當時中國在對外開放政策下，海外交通貿易的極度興盛。這種情形在明代行海禁及貢船貿易政策後，卽不復再現。這些事實長久以來都被湮滅了，到民國初年中西交通史的研究受重視以後，此一史實才逐漸被重新發掘出來。

民國十二年（一九二三），日人桑原騭藏名著「提舉市舶西域人蒲壽庚之事蹟」出版，首先指出宋元以來屢見於外人記載之 Zeyton 或 Zaitun 卽爲刺桐之譯音，而刺桐卽爲泉州，復對宋末元初泉州蒲壽庚其人及相關問題作了深入的探討。此書實開泉州研究之先河。民國十五年張星烺及陳萬里二先生親至泉州考古，作「泉州訪古記」一文，中外史家始一致確認刺桐卽泉州。稍後，日人藤田豐八「宋代市舶司及市舶條例」一文，對宋代泉州市舶司之組織及措施加以研究，宋代泉州對外交通、貿易之繁盛更爲學人所知。晚近以來國籍學者，如方豪先師研究泉州之祈風；宋晞先生對泉州九日山石刻之研究；羅香林先生以所得新資料對蒲壽庚史實作更深一層之研究；林天蔚先生對宋代香藥貿易之研究；石文濟、蘇宗仁兩先生對宋代泉州市舶司之研究；程光裕先生對宋元時期泉州橋樑之研究等，均有助於唐宋元時代泉州海上交通史實之重建。而大陸淪陷後，泉州當地之考古發現，也大有助於泉州對外交通史之研究。但迄今所見，尚無學者對泉州海外交通之發展作整體之研究者，因此本文根據新舊資料及各家研究所得，嘗試對泉州興衰之整個歷程作廣泛而深入的研究，期望經由此一研究，能對泉州整個海外交通發展史獲得一全盤的了解。

本文以「泉州與我國中古的海上交通」爲題，而不以唐宋元時代稱之者，蓋在强調在西洋史上所謂「中古時代」（Middle Ages or Mediaeval Times）中國海外交通與貿易的空前繁榮，以反映在西方長期黑暗中，東方中國經濟上的高度發展。全文除前言、結論外，共分四章。第一章先對泉州興起的背景加以探討，以說明泉州在唐末興起的內外因素。第二章研究五代、北宋時代泉州海外交通的發展，並對其迅速發展的原因提出若干解釋。第三章論述宋室南遷後泉州對外交通大盛期間的演變。第四章則對明代以後泉州之衰微作一探討，指出貢船貿易制度的建立、海禁政策之施行及泉州港灣之淤塞是泉州衰微的三大原因。

由於過去學者對泉州海外交通的若干重點已有詳細而深入的研究，因此本文頗有略人所詳，詳人所略之處。許多重要問題，原應一述者，均因前人已有深入的研究而加以省略，詳略之間或不免有輕重倒置之嫌。又作者研究過程中，雖竭盡心力搜集資料，但限於環境，仍有若干重要資料未能尋得，對本文某些重點之立論頗有影響。如吳文良「泉州宗教石刻」一書，即未能得窺全豹。而對泉州當地之地理狀況，隔閡尤甚，雖有幾張地圖可供參考，但詳略不同，地名出入甚大，凡此均有碍於研究之成果，期望能於日後再作補充。

# 第一章　唐末泉州的興起及其背景

泉州（晉江）位居閩南晉江口，在唐末逐漸興起，成爲我國對外貿易的主要港埠之一，其原因絕非偶然。從福建地方來說，武夷山橫亙於西，仙霞嶺阻碍於北，天然形成面向海之封閉地形，自古內地與福建的交通，海路卽占重要的地位，因此福建地區早在隋唐以前卽具備相當良好的航海條件。從中外海上交通的發展來看，由於唐以前累世的經營，至唐時形成了所謂「世界性海上貿易圈」，使我國與東北亞（日、韓地區）的交通與南海交通逐漸銜接，泉州乃在此一形勢發展下，由一般之港口而邁入國際貿易港之林。本文卽從此二方面，分別論述泉州興起的背景，而以唐末泉州海外交通之萌芽作結，期望對早期泉州貿易港的發展有所瞭解。

## 第一節　福建地區❶的航海傳統

福建僻處我國東南一隅，與中原文化相距極遠，因此一直要到春秋戰國時期，楚、越兩國形成後，始與中原文化有所接觸。但由於地形之阻隔，福建與贛、浙之交通極爲不便，故雖於秦、漢時卽有郡縣之設置，但開發仍極爲緩慢，到漢末孫權立國江東以後，才有進一步的發展❷。這種情形可以由福建地區郡縣的設置明顯看出。玆將隋前福建郡縣沿革，列表於下❸：

在福建地區的開發史上，值得注意且與泉州海上交通之興起有關聯的，是該地對外交通中海路所占地位的重要。福建北部及西北部既有高山阻隔，境內又多縱橫丘陵，故由內地往福建交通極爲不便，因此自周代以來即有「甌（東甌，在今浙南）在海中，閩在海中」❹及吳越人善製舟及使舟的傳言❺。其後中原勢力之進入福建，陸地交通雖不斷有新路開闢❻，但海路始終占相當重要的地位。史記卷一一四東越傳載：

> 建元六年（西元前一三五），閩越（在今閩北）擊南越（在今兩廣）……上遣大行王恢出豫章（今江西），大農韓安國出會稽（今浙東北部），皆為将軍。

由史記同卷所載建元三年閩越侵略東甌，東甌告急於漢，漢遣莊助「發兵會稽……浮海救東甌」看來，韓安國之出兵會稽亦係由海道赴閩越的。這也可由下述史實得到旁證。史記同卷又載：

> 元鼎六年（前一一一）秋，（東越反），天子遣横海将軍韓說出句章（索隱：會稽縣也），浮海從東方往。樓船将軍楊濮出武林，中尉王溫舒出梅嶺；越侯為戈船下瀨将軍，出若邪、白沙。元封元年（前一一〇）冬，咸入東越。……及横海将軍先至。

東越係閩越分裂後之殘餘勢力。武帝由江西（兩路）、廣東及海道四路進討它，東路橫海將軍所率之軍，竟然拔得頭功，浙閩間海道交通之便於陸路，於此可見。除由浙江至福建的海路外，由福建赴廣東，亦有海路交通的記載。史記東越傳云：

> 至元鼎五年（前一一二），南越反，東越王餘善上書，請以卒八千從樓船将兵擊呂嘉等。兵至揭揚（今粵東韓江流域一帶），以海風波為解，不行，持兩端，陰使南越。

| 秦 | 西漢 | 東漢 | 東漢末 | 吳 | 晉 | 宋 | 齊 | 梁 | 陳 |
|---|---|---|---|---|---|---|---|---|---|
| | | | 上饒地（豫章） | 建平 | 建陽 | 建陽 | 建陽 | 建陽 | 建陽 |
| | | | 建安 | 建安 | 東平 | | | | |
| | | | | | 建安 | 建安 | 建安 | 建安 | 建安 |
| | | | 漢興 | 吳興 | 吳興 | 吳興 | 吳興 | 吳興 | 吳興 |
| | | | 南平 | 南平 | 延平 | 延平 | 延平 | 延平 | 延平 |
| | | | | 昭武 | 邵武 | 邵武 | 邵武 | 邵武 | 邵武 |
| | | | | 將樂 | 將樂 | 將樂 | 將樂、沙村、綏城 | | |
| | | | | | 原豐 | 原豐 | 原豐 | 原豐、龍溪 | 原豐 |

（建安郡）

| 秦 | 西漢 | 東漢 | 東漢末 | 吳 | 晉 | 宋 | 齊 | 梁 | 陳 |
|---|---|---|---|---|---|---|---|---|---|
| 閩中郡 | 治 | 東部侯官 | 侯官 | 侯官 | 侯官 | 侯官 | 侯官 | 侯官 | 侯官 |
| | | | | | 溫麻 | 溫麻 | 溫麻 | 溫麻 | 溫麻 |
| | | | | | 同安 | | | | |
| | | | | | 宛平 | | | | |
| | | | | | 新羅 | | | | |
| | | | | | 羅江 | 羅江 | 羅江 | 羅江 | 羅江 |
| | | | | | （本臨海地） | （平） | | | |
| | | | | 東安 | 晉安 | 晉安 | 晉安 | 晉安 | 晉安 |

晉安郡

其由東越（福建）赴南越（兩廣），「至揭陽，以海風波爲解」，顯見爲乘船由海路前往，因此不僅浙閩間有海路交通，閩粵間亦有海路可通。及至漢末天下大亂時，乃有桓曄其人，能由會稽從海路走交阯。後漢書卷三七桓曄傳載：

> （桓樺）初平中（一九〇～一九三），天下大亂，避地會稽，遂泛海客交阯，越人化其節，至閭里不爭訟。

交阯、會稽間既有海上交通存在，因此自西漢武帝平定閩、廣後到東漢章帝元和元年（八四）以後鄭弘開通五嶺嶠道止❼，交阯一帶之貢品竟須經福建北部之東冶轉運。後漢書卷三三鄭弘傳載其事云：

> 舊交阯七郡貢獻轉運，皆從東冶泛海而至，風波險阻，沉溺相係。弘奏開零陵、桂陽嶠道，於是夷通，至今遂為常路。

由此可見，閩廣海道雖然險惡，但仍爲五嶺交通開通前，我國南方沿海的主要道路，而其時閩江口附近之東冶爲此對外海上交通之中心❽。直至鄭弘開通五嶺道後，由交阯北來的貨物才經由廣西、湖南陸路轉送。其後雖南北陸運轉盛，但福建海運不廢，及孫權立國江東後，積極發展對外交通，福建地區的海上交通更得進一步發展。

孫權立國江東，是我國歷朝立國江南之始，對東南地區之開發及海上交通之發展均有決定性的影響。在對外海上交通的發展上，孫權曾派衞溫、諸葛直等率甲士萬人，浮海求夷州及亶州❾；遣朱應、康泰南宣國化（詳下節）；更曾數次由海道聯絡遠在遼東的公孫淵❿。在這種積極向外發展的背景下，閩北新設立的建安郡[11]地位更形重要，北與浙，南與粵、交阯之交通更形頻繁。如三國志卷四八吳嗣主傳載建衡元年（二六九）吳擊交阯云：

> 遣監軍虞汜、威南將軍薛珝、蒼梧太守陶璜由荊州，監軍李勖、督軍徐存從建安海道，皆就合浦擊交阯。

此次漢擊交阯，除由荊州陸路出兵外，並遠從閩北之建安郡發兵乘船合擊，其時閩、交間海上交通之便可以想見。此外，虞翻、許靖皆曾由浙江會稽經閩、粵前往交州[12]。可見其時經福建的「交浙道」來往交通之便捷。但更值得注意的還是此時福建地區出現了造船所，三國志卷四八吳嗣主傳載：

> 鳳凰三年（二七四），會稽妖言章安侯奮當為天子。臨海太守奚熙與會稽太守郭誕書，非道國政。誕但白熙書，不白妖言，送付建安作船。

此段記載可注意者有二：一方面可以看出建安郡爲流放罪犯之地，另一方面也可以看出建安郡有造船所。有關此問題，宋書有更詳細的記載，更明白的說到閩江下游一帶由吳時起即爲造船的重要基地。宋書卷三六州郡志載晉安郡原豐令云：

> 晉武帝太康三年（二八二），省建安典船校尉立。

載溫麻令云：

> 晉武帝太康四年（二八三），以溫麻船屯立。

原豐即今福州，溫麻即今霞浦。典船校尉、溫麻船屯所管可能不限造船，船隻之泊航可能亦在其管轄之內，但與前述郭誕之送付建安作船記載對照，吳時閩北爲製造海船的重要基地應無問題⓭。

晉室南渡後，由於福建地區不斷開發的結果，乃分建安郡新立晉安郡，而閩南泉州一帶亦設置了新縣同安⓮。隨著閩南的開發，海運轉盛，海舟來往交、浙間更爲平常。如孫恩、盧循之亂，竟依恃其海上力量，由長江沿岸經浙、閩流竄至廣州，勢力之大實爲我國歷來海盜所僅見。至陳時，浙、閩間陸上交通雖一再改善，除由江西入閩外，浙江之東陽郡亦有入閩之路⓯，但海上交通依然爲重要之交通線。如陳文帝天嘉年間（五六〇～五），周廸、陳寶應據閩北爲亂，文帝卽派章昭達由陸路出浙東，余孝頃率水軍由海路襲晉安，而水路之一軍終成攻克建安、晉安二郡之主力⓰。

綜觀隋前福建地區的歷史，可知福建具有一些發展海上交通的有利條件。在地形上，福建地區背山面海，陸上交通閉塞，海上反而成爲較容易的出路，而閩人自古卽以善於操舟航海著稱，因此自漢代以降，閩地對外之交通卽以海路爲主。直至六朝之末，這種情形未嘗稍改。在此同時，福建地區漸次開發，自孫吳立國江東後尤有長足的進步，郡縣的設置迄陳末已遍於全境。經濟的開發，自必有助於海上交通的發展。加以孫吳立國之後，閩江流域成爲製造海船的重要中心，更有利於福建航海事業的發展。這些都是福建地區海上交通發展的有利條件，也是後來泉州能成爲我國最大港市的潛在因素。

❶「福建」一辭連用，在唐代始見於記載。此處爲方便計，以今福建地區概括說明其古代的發展。

❷有關隋以前中原文化向南方之開發，可參考蕭璠，春秋至兩漢時期中國向南方的發展（台大文史叢刊，民六二年）；勞榦，「漢晉閩中建置考」（史語所集刊五本一分，民二四年）及陳玫杏，東晉南朝荆揚二州之開發（文化學院碩士論文，民六六年）等論文。

❸此表錄自勞榦，「漢晉閩中建置考」一文附圖。

❹山海經雖有後人記載滲入，唯此語所述，應代表戰國以前中原人士的看法。

❺如藝文類聚卷七一引周書曰：「周成王時，越獻舟。」淮南子鴻烈解通應訓：「白公問政於孔子……白曰：『若以石投水中何如？』曰：『吳越之善沒者能取之矣！』」。王術訓亦載：「湯武，聖王也，而不能與越人乘榦舟而浮於江湖。」齊俗訓亦云：「胡人使於馬，越人使於舟。」俱可見。

❻秦漢時期由內地赴閩主要有二條道路，一由豫章郡（今江西）沿諸水入閩，一由會稽郡（今浙東北部）循海道。至六朝時，浙閩陸道開通，由浙東東陽郡可越仙霞嶺至建安，但海道仍占重要地位。

❼鄭弘在章帝建初八年（八三）始代鄭衆爲大司農，次年卽元和元年（八四）卽轉任太尉，其奏請開嶠道既在大司農任內，則應不出此二年，而嶠道之完成應在以後。詳見後漢書卷三三鄭弘傳。

❽冶在何處，曾有爭論。勞榦，「漢晉閩中建置考」謂在今福州一帶。葉國慶，「冶不在今福州市辨」（禹貢半月刊六卷二期）則認爲不在福州。但大體來說，在閩江口一帶應無問題。

❾事見三國志卷四七吳主傳第二黃龍二年（二三〇）正月條。

❿事見三國志同卷黃龍元年（二二九）、嘉禾元年（二三二）、嘉禾二年（二三三）及赤烏二年（二三九）諸條。

⓫三國志卷四八，吳三嗣主傳，永安三年條謂建安郡設於吳永安三年（二六〇）。而宋書卷三六州郡志，校勘記，註㊸則謂建安郡係漢獻帝建安（一九六～二二〇）初孫策所立，故名建安。未知孰是，不過建安郡之設，是福建地區繼秦短期置閩中郡後，長期設郡的開始，則無問題。

⓬三國志卷五七虞翻傳載吳初虞翻欲由會稽過東部侯官（卽後之建安郡），赴交阯。後翻終被貶謫交州，孫權遣

人問訊，欲給其人船，放其返都，而翻已死，可見其來往都係走海道。許靖亦曾在三國時由會稽赴交州。三國志卷三八許靖傳云：「會稽傾覆，景、興失據，三江五湖，皆爲虜廷。……便與袁沛、鄧子孝等浮涉滄海，南至交州。經歷東甌（今浙南）、閩越之國，行經萬里，不見漢地。」

⑬ 有關此，可參閱陳玫杏，東晉南朝荆揚二州之開發，第六章交通發展，㈠造船業的發展。

⑭ 閩南之設縣，始於晉太康三年（二八二）之立晉安郡。晉安郡領縣八：原豐、新羅、宛平、侯官、羅江、溫麻、晉安及同安。除原豐、羅江、侯官、溫麻在閩北閩江流域外，劉君任，中國地名大辭典認爲新羅在今汀州一帶，晉安則在泉州府屬之南安縣，而宛平、同安不詳。晉安郡治晉安縣，應無捨繁榮之閩北而治新闢閩南之理，故晉安縣應亦在閩北，而同安或有可能在閩南泉州一帶（後泉州府屬有同安縣）。

⑮ 見註❻。

⑯ 事見陳書卷十程文季傳，卷十一章昭達傳。

## 第二節　唐代世界性海上貿易圈的形成

福建地區的對外交通固與泉州之興起有密切關係，但如整個中外海上交通不發達，無論福建或泉州皆不可能成爲國際交通的要地，故本節將從另一角度，卽整個中外海上交通發展的觀點，對泉州興起之背景加以探討，期能對泉州崛起的背景獲得更清楚的了解。本節先將隋以前中外海上交通的發展作一簡略的回顧，再論述隋唐時代中外交通興盛下「世界性海上貿易圈」的逐漸形成。

## 一、中外海上交通發展之回顧

我國沿岸的海上交通起源甚早，對外海上交通也幾乎與沿岸海運同時展開。早期海上的對外交通大致不出兩途：一由山東、河北沿海東行往韓、日；一由福建、廣東、交阯沿海南行往東南亞。山東、河北一帶距離中原文化較近，開發較早，春秋戰國時代卽出現了强大的諸侯燕、齊，與韓、日又僅隔風濤不大，範圍較小的渤海、黃海，故至遲在漢時雙方卽有海路交通的存在。但由福建、廣東、交阯往南的海上交通，則無如此便利。因福建、廣東、交阯遠在南方，中原文化之南傳既較東傳河北、山東爲晚，而東南亞一帶亦在草昧未化之時，是以中國南洋之海上交通發展較爲遲滯。以下卽分別敍述隋以前這兩路交通的情形。

### (1) 東向對日韓之航線

隋以前我國與東方諸地的海上交通，主要爲朝鮮與日本。日本以南之琉球、台灣、菲律賓等，由於當時尚不能克服海流與風向所造成的航海困難，與我國的接觸較晚❶，姑置不論。

中國與日韓之海上交通先起於我國山東、河北一帶與朝鮮的沿海交通❷，而後擴及日本。中日間（應稱倭，蓋唐後才有日本之名）在隋以前交往雖有，但不多，海路記載更是少見。但大體言之，隋前中日間海上交通大致有三條路線：最早以利用日本海之左旋回流，由朝鮮東部南下，至日本山陰地方之自然航路；其次乃三國志魏志東夷傳所載之由朝鮮帶方郡（今漢城一帶）

南下，經對馬、壹歧而至日本九州之航路。第三條乃南朝宋書夷蠻傳簡略記載之日使航程，約由日本畿內難波解纜，沿瀨戶內海至九州筑紫，再北經壹歧、對馬至朝鮮百濟，由於此時高句麗雄峙朝鮮半島北部，橫梗倭人之路，因此乃由百濟橫過黃海至山東，而後沿海岸南下，入長江而達於建康❸。至於後來由九州直接橫渡東海至江、浙沿岸之航路，唐前尚未出現❹。

總之，隋前中日間航路之演變，有由北向南逐漸進展之趨勢，充分表現了航海技術的進步，與海流、風向等航海知識的增加。因此，中國與日韓間的海上交通也日益頻繁，玆將六朝時南朝與日韓往來次數統計如下❺：

| 朝代／往來次數／國名 | 高句麗 | 百濟 | 新羅 | 倭國 | 資料來源 |
|---|---|---|---|---|---|
| 吳 | 2 | | | | 三國志卷四七吳主傳第二注引吳書 |
| 東晉 | 4 | 5 | | | 依晉書本紀統計 |
| 宋 | 20 | 7 | | | 依宋書本紀、夷蠻傳統計 |
| 齊 | 1 | | | | 南齊書本紀 |
| 梁 | 12 | 6 | 1 | 1 | 梁書本紀 |
| 陳 | 6 | 5 | 4 | | 陳書本紀 |

雙方來往之次數，以劉宋爲最頻繁，不過日本與我國交通之最盛期，仍有待隋唐帝國之開啓。雖然如此，但應該注意的是在六朝時期中國南方已與日韓有相當頻繁的直接海上交通，這對日後泉州之興起有很大的幫助。

### (2) 南向與東南亞之交通：

我國南向與東南亞之海上交通，發展比較緩慢。雖然漢書地理志中已有對南海交通航程的記載，但由於造船、航海技術的限制及東南亞尚未開化的緣故，此時中、印間並沒有全爲海程的直接海上交通❻，而出入港口亦在交州，卽東京灣一帶❼。這種情形一直要到三國時代孫權積極發展海上交通時才有所改變。孫權在三世紀中（約在二三一～二四五年間）遣朱應、康泰南宣國化。其後，佛敎大盛，東晉、南朝時代來往中、印間者，日趨頻繁。東晉法顯由印度直接乘船返國，是我國歷史上有關中印間直接海上交通的第一次記載。至六朝時期五嶺交通益趨便利，廣州取代了交州，成爲對東南亞海上交通的新港埠❽，這些轉變都是唐代世界性貿易圈得以形成的重要因素，請先言航程之改變——由間接至直接。

自漢書地理志始載中印航海行程起，至唐代賈耽四夷述記廣州通海夷道止，有關我國與東南亞海上交通之記載中，言南海諸國來貢之事極爲常見，至於來往中國南海間航程的記載則極少。迄今所見，不過三數則而已，如漢書地理志粵地條末段所載，康泰吳時外國傳（輯本）片斷記載，以及法顯佛國記所載等。其中康泰吳時外國傳，由於遺佚過多，現在所見不過片段，故爭議頗多，姑且不論❾。但以漢書地理志所載與法顯歸程比較，卽知其間有極大之改變。漢書卷二八地理志下粵地條載中印航海行程謂：

> 自日南障塞徐聞、合浦，船行可五月有都元國，又船行可四月有邑盧沒國，又船行可二十餘日有諶離國，步行可十餘日，有夫甘都盧國。自夫甘都盧國船行可二月餘有黃支國。民俗略與珠崖相類，其州廣大，戶口多，多異物，自武帝以來皆獻見。有譯長屬黃門，與應募者俱入海，市明珠、壁流離、奇石、異物，齎黃金、雜繒而往，所至國皆稟食為耦，蠻夷賈船，轉送致之，亦利交易，剽殺人，又苦逢風波溺死，不者數年來還。大珠至圍兩寸以下。平帝元始中，王莽輔政，欲耀威德，厚遺黃支王，令遣使獻生犀牛。自黃支船行可八月到皮宗，船行可二（八）月，到日南、象林界云。黃支之南，有已程不國，漢之譯使，自此還矣！

這段記載中之地名，衆說紛紜，唯黃支爲印度東南之建志補羅（Conjervarain），似成定論。卽大體來說，漢使由徐聞、合浦起程，經馬來半島東北岸之都元後，轉而西北行，至暹羅灣東岸之邑盧沒、克拉地峽附近之諶離後，捨舟登陸，越過地峽至緬甸之夫甘都盧（Pugan），再乘船直航印度東南海岸之黃支❿。是其時由中國赴印度尚無直接的海上交通，這是因爲馬來半島、南洋羣島一帶未開化，造船術及航海術都不發達的緣故。這種情形一直要到三國以後，六朝長期立國江南，對外海上發展較積極；佛教大量東傳，東南亞一帶漸次開發後，才有改變。東晉入竺僧法顯之歸程就是印度文化東傳下直接海程開始出現的最好代表：

> 多摩梨帝國卽是海口……法顯住此二年……於是載商人大舶，汎海西南行，得冬初信風，晝夜十四日到師子國。……法顯住此國二年……卽載商人大船，上可有二百餘人，後係一小船，海行艱險，以備大船毀壞。得好信風，東下二日，便值大風，船漏水入，……如是大風晝夜十三日，到一島邊，潮退後，見船漏處卽補塞之。於是復前……大海彌漫無邊，不識東西，唯望日月星宿而進，若陰雨時，為逐風去，亦無准。……如是九十日許，乃到一國，名耶婆提。……停此國五月日，復隨他商人大船，上亦二百許人，賫五十日糧，以四月十六日發，法顯於船上安居，東北行趨廣州。……於時天多連陰，海師相望僻誤，遂經七十餘日，糧食水漿欲盡……商人議言，常行時正可五十日便到廣州，爾今已過其多日，將無僻耶。卽便西北行求岸，晝夜十二日，長廣郡界牢山南岸，便得好水菜。……見藜藋菜依然，知是漢地。

法顯之歸程是由恆河口之多摩梨市（ Tomalipoti ）啓程，西南行至師子國（錫蘭）。再由此乘舟直接航行至耶婆提（在蘇門答臘或爪哇）。由此東北行直接赴廣州，但因遭遇風雨，竟在海上航行四個月後，抵達我國山東半島牢山灣登陸。

以法顯歸程與漢志所載海程比較，可明顯看出其中之轉變。往昔以克拉地峽附近地區爲中印航海橋樑之間接來往交通已形衰微，而由印度南繞麻六甲海峽或巽他海峽的直接交通逐漸興起，沿岸航行逐漸轉變成越洋航行，而廣州亦開始取代交州成爲我國對東南亞海上交通之中心。這些轉變主要是由於前述印度文化之東傳，使得馬來半島、東印度羣島一帶逐漸開化而造成的

⑫。東南亞一帶的逐步開化與中印間直接海上交通的轉盛，遂使得東晉南朝以後我國與東南亞之交往日趨頻繁，來往地區亦日漸擴大。茲將東晉南朝諸史所載諸國來貢次數表列如下，以作說明：

| 國名／朝代 | 林邑 | 扶南 | 槃槃 | 丹丹 | 狼牙修 | 闍婆婆達國 | 婆利 | 干陀利 | 訶羅單 | 婆皇 | 天竺 | 師子 | 波斯 | 渴槃陀 | 資料來源 |
|---|---|---|---|---|---|---|---|---|---|---|---|---|---|---|---|
| 東晉 | 8 | 1 | | | | | | | | | | | | | 晉書本紀，並參外國傳，下同 |
| 宋 | 8 | 3 | 1 | | | 3 | 1 | 1 | 6 | 6 | 1 | 2 | | | 宋書本紀 |
| 梁 | 9 | 10 | 5 | 2 | 3 | | 2 | 2 | | | 2 | 1 | 2 | 1 | 梁書本紀 |
| 陳 | 2 | 3 | 2 | 4 | 1 | | | 1 | | | 1 | | | | 陳書本紀 |

如表所示，東晉立國一〇三年中（三一七～四一九），南海諸國來貢的只有九次，劉宋只有五十九年（四二〇～七八），但來貢次數有三十二次之多，至梁統治之五十五（五〇二～五六）中，更高達三十九次之多，陳立國時間短（五五七～八九，僅三十三年），國勢又弱，降至十四次。可見至少在陳以前，南海諸國來貢的次數是遞增的，雙方接觸亦日趨頻繁。再將漢隋間史書所載我國與南海來往諸國分區表列如下，以見我國與南海交往地區之日漸擴大：

| 地區 | 中南半島諸國 | 馬來半島諸國 | 南洋羣島諸國 | 印度與印度洋諸國 |
|---|---|---|---|---|
| 東漢 | 究不事人（高棉）<br>撣國（緬甸） | | | 大秦（羅馬）<br>安息（伊朗）<br>身毒（印度）<br>天竺（印度）<br>葉調（錫蘭？） |
| 三國 | 扶南（高棉、泰國一帶）<br>林邑（越南南部） | 頓遜（馬來半島北部） | | |
| 東晉 | 扶南<br>林邑 | | 耶婆提（爪哇或蘇門答臘） | 師子國（錫蘭）<br>天竺 |
| 宋 | 扶南<br>林邑 | | 干陀利（蘇門答臘）<br>訶羅單國<br>闍婆婆達國<br>闍婆州（爪哇）<br>婆皇國<br>婆利（婆羅州） | 師子國<br>天竺 |
| 齊 | 扶南<br>林邑 | | | |
| 梁 | 扶南<br>林邑 | 狼牙修（Pantani Kalah一帶）<br>盤盤<br>丹丹<br>頓遜 | 干陀利<br>婆利 | 波斯國<br>師子國<br>中天竺<br>北天竺 |
| 陳 | 扶南<br>林邑 | 狼牙修<br>盤盤<br>丹丹 | 干陀利 | 天竺 |

後漢時進貢僅有四國，即撣國、究不事人、天竺與葉調，除葉調有爭議外⑬，餘三國均在中南半島。三國朱應、康泰奉使南海，究竟到過那些地方，因康泰之書早已遺佚，後人所輯均屬斷簡殘篇，即列有國號地名，亦多爲以後記載所不見，唯所記之林邑與扶南則在中南半島。宋書所載除林邑、扶南外，又有闍婆州、闍婆婆達國、婆利國、婆皇國及干陀利等，可能均在東印度羣島一帶。南齊書僅林邑、扶南。至梁書所載最爲詳細，除林邑、扶南外，出現了向不見於記載的丹丹、盤（槃）盤及狼牙修三國，這三國都在馬來半島，因此由漢至南朝，中國直接接觸地區已由中南半島擴及南洋羣島及馬來半島地區。此外，在印度洋地區之印度（天竺）、錫蘭（師子國），也在南朝開始由海上與我國來往。但最值得注意的還是波斯來貢的記載，這是波斯薩珊王朝（Sassanid Kingdom, 228-651）大肆擴展印度洋海運交通的結果，也是隋唐時代中西海上交通大盛的前兆。

總之，由漢書地理志始載南海交通起，至隋唐帝國中西直接海上交通大盛止，其間曾經重大之轉變，這無論從海道交通、外人來華次數之逐漸頻繁或我國交往地區之擴大等均可明顯看出，這是隋前中西海上交通發展之實況，也是唐代世界性海上貿易圈終能形成的基礎。

## 二、隋唐時代中外海上交通之重大進展

### ——世界性海上貿易圈的逐步形成

隋唐時代無疑是開中外交通新紀元的重要時代。隋唐帝系出自北方遊牧民族系統，對外積

極進取，胸襟開濶，又逢幾位好大喜功之君主，故武力鼎盛。而久亂之後，恢復和平安定，文化亦隨而大盛，武功與文化均盛，遂吸引爲數極多的外人來華。對來華外人，由於隋唐帝室無種族之見，對他們不但歡迎，而且給予種種優待。諸如設置市舶司專門處理外商貿易之事⑭，外人居住之蕃坊，享有自治權，外蕃能應科舉、能與華人通婚，中國政府設蕃學以教育其子弟等，這種態度與優待更鼓勵外人來華⑮。這是隋唐時代西域、南海之對外交通均趨興盛的根本原因。此外，隋唐帝國國內交通的改善，也有助於世界性貿易圈的形成。

隋唐帝國之統一中國，造成了國內交通史上的大革命。統一本身除去了若干人爲的政治阻隔，已有助於國內交通的便利，而隋代開鑿的大運河，聯絡南北，亦成爲隋唐帝國交通的大動脈⑯，加以驛道設施之完善，使國內交通更爲方便。由現存史料可知，唐代有健全的驛制，每三十里設一驛，天下水馬驛共計一六三九所，其中陸驛一二九七所，水驛二六〇所，水陸相兼之驛八六所⑰。各驛有驛長一人，驛夫數人至數十人。一縣之驛，縣令兼理，一州之驛，掌於州之兵曹。諸道且於節度使下置館驛巡官四人、判官一人治理。唐驛與郵且合而爲一，亦兼館舍性質，稱「館驛」⑱。驛站循驛路設置，唐代的驛路交通，尙可由元和郡縣圖志約略看出。僅將長安至江南東道泉州之驛路錄之於後，以見一斑：

（長安）二千七百五十三里至揚州，七十里至潤州（今鎮江），一百七十里至常州，一百九十里至蘇州。自蘇州三百七十里至杭州，一百三十里至越州（今紹興），二百七十五里至明州（今寧波）。自杭州西北（疑爲南之誤）三百十五里至睦州，一百六十里至

> 婺州，二百六十里至處州，二百七十里至溫州。又自睦州西行二百八十里至衢州，七百里至建州，六百里至福州，三百七十里至泉州。⑲

至廣州之路，元和郡縣圖志所載有兩線可循：一由洪州（南昌）沿贛江越大庾嶺入粵，一由衡州（衡陽）沿湘江至粵。而李翺（習之）來南錄，詳載憲宗元和四年（八〇九）他由東都洛陽赴廣州的路程，更補充了由大運河之一路，這是當時對外海上交通中心廣州與腹地聯絡之幹道。路程由洛陽沿黃河南岸至汴州，轉運河南下經揚州、潤州、常州、蘇州而達杭州，由此溯錢塘江至睦州、衢州，自常山上嶺抵玉山，至信州（江西上饒），渡擔石湖至洪州，後經吉州至虔州，上大庾嶺，至湞昌，入嶺南道，經韶州而達於廣州，前後費時五個月（正月自東都出發，六月初抵廣州）⑳。

由此可以看出唐代交通之進步。此外，在一些地勢險峻不利交通而又爲交通必經之地，也經改良而有利於交通，最有名的就是廣州北來之要道大庾嶺。大庾嶺交通在六朝時已極重要，但險阻頗多，來往極不方便，至唐玄宗時仍未稍改。李肇唐國史補卷下謂：

> 凡東南郡邑無不通水，故天下貨利，舟楫居多。轉運使歲運米二百萬石輸關中，皆自通濟渠（即汴河也）入河而至，江淮篙工不能入黃河。蜀之三峽，河之三門，南越之惡溪，南康之贛石，皆險絕之所，自有本處人篙工。

南康屬虔州，在大庾嶺北，嶺道已不便行，水路復有險灘，交通之不便可知。但至開元四年（七一六）張九齡廣鑿大庾嶺路後，南北交通卽由「以載則曾不容軌，以運則負之以背」的現象，轉變成「坦坦而方五軌，闐闐而走四通」[21]，大大的改善了廣州與內陸的交通。此外，開元二十四年，開福、撫二州山洞，置汀州，贛閩間交通為之改善[22]。懿宗咸通年間，高駢整治廣州通安南之水道，遂使舟行一無險阻[23]。甚至連唐末黃巢之亂，對贛閩交通都有貢獻。據新唐書卷二二五下黃巢傳謂黃巢攻下江西之虔、吉、饒、信諸州後，曾「刊山開道七百里，直趨建州」，這些改善措施當然對帝國內部的交通大有幫助。故論者有謂唐代此種改良交通措施，與近代商業政策之改善交通頗為相似[24]。

總之，由於隋唐政府之開運河、設驛站、闢險阻，而使帝國內部的交通大為便捷。內部交通的暢通，使得腹地貨物運銷國外，外國貨物自海口行銷內地均大為方便。故國內交通便利也有助於唐代國際貿易之發達。

隋唐帝國本身的發展，足以影響唐代對外交通的另一因素就是東南地區經濟的飛躍進步。隋唐時代，我國再度統一，在唐貞觀、永徽、開元治世下，經濟空前發展，至安史之亂前後已由魏晉南北朝時期物物交換為主的自然經濟逐漸轉變成貨幣經濟[25]。在南方發展上來說，經過六朝的經營已有相當大的進步，隋之開鑿大運河，更加速當地的開發，至安史之亂，北方受到重大摧殘，經濟衰退，南方未受戰火影響，經濟發展更有超越北方之趨勢，我國經濟重心從此南移，到宋室南遷後，竟變為「北弱南强」的局面[26]。因此隋唐之世，尤其安史之亂以後，可以說是南方經營史上一個重要的階段，這無論從人口之消長，水利設施之開發與工商業之發展上，均可明顯看出。據冀朝鼎對唐代各地區水利工程所作的統計，浙江多至四四件，而首都所在之關中及李氏發祥地之山西，各僅三二件，這顯示唐代南方的水利開發超過北方㉗。又據鍾快鳴的統計，隋以前見於記載的水利工程共八八件，其中華南僅占十六件，但唐代見於記載之二一二件水利工程中，江南一道卽有六〇件，占二八%，高居全國第一。以時間來說，玄宗以前之一二四件中，河北道居第一，占三〇・六%，江南道占一二・二%，居第三。但玄宗以後之八八件中，江南道竟占五〇・六%。在人口分布與流動上來說，隋代四分之三的人口在北方，江南人口僅占三・五%，唐代戶口總數雖與隋相近，但分布之型態則大爲不同。天寶之時，北方雖仍爲人口密集區，但江南道人口已占全國一九・三%，居諸道之第二位。到元和時，北方經歷了安史之亂，江南道戶口激增，竟占全國之三八・六%，居第一位，而南方人口之普遍增加更與北方人口之大量減少成明顯對比㉘。再由賦稅之仰仗東南來說，唐高祖、太宗時，東南漕運歲不過二十萬石，至玄宗時用裴耀卿治漕運，三歲共運七百萬石，平均每年高達二百三十餘萬石；至德宗貞元年間，經運河北漕之粟，竟年達三百萬石之巨㉙。

總之，運河之開鑿與安史之亂是助長東南開發的兩大要素。中唐以後，中外陸路及海上交通均趨興盛，但初期是陸勝於海的，到安史亂後，北方殘破，復由於吐蕃入寇，陸道交通斷絕㉚，而同時期之南方則未受戰火之影響，工商業益形發達。東西貿易遂全轉由海路進行，故廣州、揚州均盛及一時。廣州得天獨厚，興盛已有數世紀之久，固不必論。唐代揚州號稱「揚一益二」，其興，則與我國經濟重心之東南移，對外海上貿易之盛有極大關係。在國內交通貿易上來說，它位於運河與長江兩大交通線之交會點，扼南北東西交通之要。在對外交通上來說，它爲對日、韓交通之貿易港（詳後）；波斯、大食商人由廣州經陸路、海路北來者又薈萃於此。以如此有利之地位，難怪揚州要「綜海陸之要」，「爲天下之通衢」[31]了。

以上是由隋唐帝國本身的因素，對世界性貿易圈的形成所作的討論。以下將由國外的因素對此一問題作更深一層的探討。援前例，仍分向東與日韓之航線及南海航線兩方面加以敍述，此處先論中日交通的重大轉變。

隋前中、日、韓間的交往已頗頻繁，隋唐時雙方往來有更大的進展。隋代，日本曾三次派「遣隋使」來華[32]，其路徑仍沿前代的「北路」，卽先至百濟，再橫斷黃海，到山東登州文登縣赤山莫琊口；或沿高句麗西海岸北上，至遼東半島之東海岸，再橫過渤海灣，在登州登陸[33]。至唐則交通更盛，依日人之說法，自六三〇年初次遣使至八九四年停止派遣，共二百六十四年間，遣唐使約可分爲四期，前後共十九次（其中一次爲迎唐使，三次爲送唐客使）。第一期由六〇三～五九年，有四次遣唐使。第二期爲天智期（六六二～七一一）之兩次遣使，係爲白江口之戰後雙方之修好而派。第三期爲七〇一至七五〇年之四次遣使，此時正當唐中宗、睿宗、玄宗之世，遣使既多，規模亦大，是遣唐使之最盛期。第四期自七五〇至八九四年，有五次遣使，組織規模同前。但由於唐室衰微，日本對唐文化能攝取者已取之，日本本身文化又已在萌芽，故對遣唐使之派遣，不如前期之有興趣，留學生、學問僧留學期間亦縮短到一、二年，甚少超過五年者[34]。

至於四期遣唐使所採航路也不一樣。第一、二期概由北路（或稱渤海路），同於隋代。唯

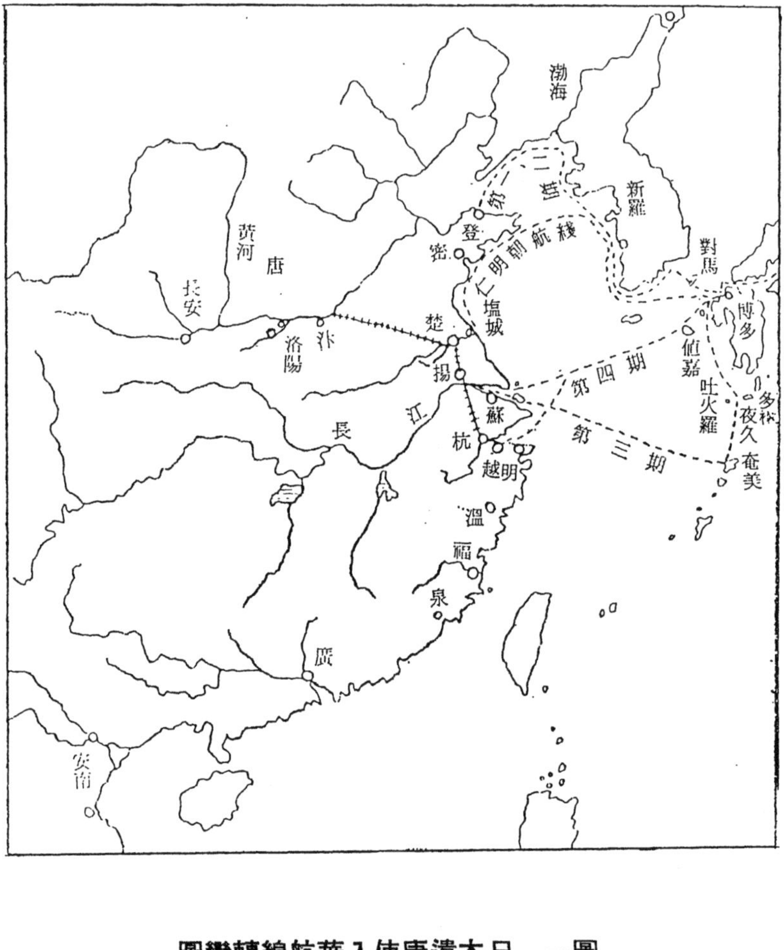


圖一　日本遣唐使入華航線轉變圖

第一期四次遣唐使中日本孝德朝白雉四年（六五三）的一次爲例外。該次有正使、副使各二人，大使吉士長丹，副使吉士駒以下一百二十一人，由北路入唐；大使高田根麻呂，副使掃守小麻呂以下一百二十人，在薩摩之曲，竹島之門遇難。由地名考之，知其欲經南島以橫渡東海，雖失敗，却是第三期遣唐使取道南路之先聲。第三期以後，除少數例外，均經由南路。北路較安全，南路常有海難，而竟捨易就難之原因有二：一爲朝鮮半島形勢轉變，第一期時，半島上百濟、高句麗皆與日本親善，爲中日間之橋樑，但高句麗、百濟先後爲新羅所滅，而新羅與日本不和，遮斷中日間的交通，是以第二期以後，日本船舶不願經過新羅海面，乃採南路以代之。其二爲遣唐使第三期時代，日本臣服了今琉求羣島之南島諸地，如多褹（種子島）、夜久（屋久島）、奄美大島等，日人始知可經由此等島嶼渡唐。因此第三期遣唐使均先於九州之肥前、肥後、薩摩海岸南下，經夜久、吐火羅（寶七島）到奄美附近，由此西渡東海而達長江口，再轉大運河北上入京㉟。至第四期由於經由南島之航路，費時同於北路，而危險又過之，或由於航海知識之進步，因此此期遣唐使來華雖採南路，但不再經南島，而由九州之筑紫利用東北季風直航我國之江浙沿岸，順風時十日可達㊱。日船至唐之地點亦由山東登州南移至當時淮河口之楚州鹽城㊲、長江之揚州、明州（寧波）、越州（紹興），甚至有漂流至福州長溪縣者（桓武朝八〇一年遣唐使之第一船）。待遣唐使停止後，往來日唐間者多爲唐船，而來往港口，更加上了浙東之溫州、台州和廣州等地㊳。（參圖一）

不論航路轉變原因爲何，由北部沿岸航行到橫越東海直航江浙沿岸，無疑是一大進步。此點與我國東南沿海諸港地位之提昇有重大關係，也是世界性海上貿易圈能夠形成的重要原因。

在南海交通方面，隋唐時期由於波斯、阿拉伯人的努力拓展貿易大量東來，也有重大的進展。原來印度洋海上交通之發展卽較東方之我國進步的多，因爲由希臘時代起，從地中海到印度就是一連串高度文明發生的地區，其間幾乎沒有落後地區的阻隔。印度與兩河流域間最早的直接海上交通，可上溯至公元前一千年左右[39]。在以後的若干世紀中，沿海交通日益進展，當波斯王大流士（Darius, 524-482 B. C.）及埃及脫勒密王朝（Ptolemy）時，波斯與埃及都有直航蘇伊士灣與印度間的記錄[40]。因此羅馬帝國興盛以後，印埃間之海上交通已相當發達。厄里特里亞海週航記（Periplus of Erythean Sea, 60A. D.）中記載了由埃及出紅海的兩條水路，一往東非海岸，一赴波斯、印度。往波斯、印度之航路，先到波斯灣，越阿拉伯海（卽Erythean Sea）直航印度河口之巴利加薩（Barygaza），再沿麻囉拔海岸（Malabar Coast）南下，繞過半島南端之科摩瑯（Comorin）角，轉東岸，北上抵達恆河口[41]。由此可見公元一世紀信風發現以後，地中海民族已經知道西起紅海，南到莫三鼻給（Mozambique），東到恆河口之航線了。

羅馬帝國衰微後，印度洋海運中心逐漸東移，由地中海而紅海之阿都里（Adulis）[42]，而波斯灣。尤其在波斯薩珊王朝（二二八～六五一）興盛後，印度洋海上交通掀起了高潮。薩珊王朝由於內部之天災及波斯灣養珠業的不景氣，開始向東拓展對印度及東南亞的海上交通[43]。向西也在五七〇年，占領阿拉伯半島南端，逐退並取代了幾百年來阿克蘇（Axums）人的海上霸

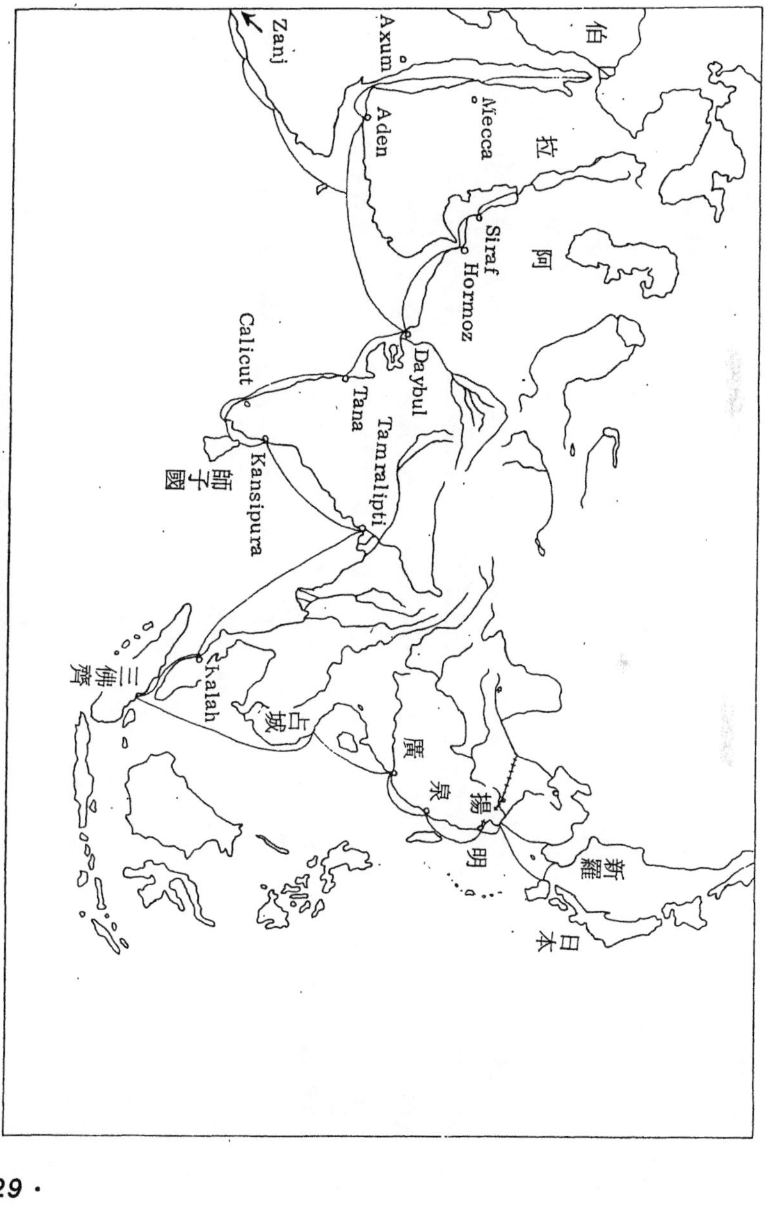


圖二 八世紀世界性海上貿易圈形成圖

權，使得波斯灣成爲印度洋交通之新中心。最後竟繼承並取代了印度達羅維荼人（Dravidians）在東南亞幾百年的海上勢力㊹，而出現於我國南方海岸——南朝梁時波斯出現於向中國入貢的行列，正說明了波斯人在印度洋及南海勢力的增長。當時世界三大港分別在波斯灣、印度河口及錫蘭島。其中錫蘭島地位之提昇，正是因爲波斯商人與來自東方商人貿易量驟增造成的㊺。七世紀以後，隋唐盛世漸開，對外人來華多方優待，馬來羣島也漸次出現了大的政治組織——室利佛逝帝國（即三佛齊，約形成於六七五年），均有助於印度洋及南海交通之發展。隨後，阿拉伯大食帝國崛起，更加速了印度洋海上交通之成熟。

六二二年，穆罕默德逃往麥地那（Medina），創建回教。阿拉伯人挾其狂熱的宗教力量向外擴展，百餘年間（六二二～七二四）竟向西占有中東、埃及、北非及西班牙，向東兼併波斯（六五一年滅薩珊王朝）、中亞及印度西部。他們繼承了薩珊王朝的海上力量，並大力拓展貿易，中阿間的直接海上交通因此更爲發達㊻。中阿間直接海上交通的轉盛，再加上八、九世紀阿拉伯人往東非之移民㊼，使東起我國，西至非洲東岸的海上交通，以波斯灣爲中心聯成一氣。更由於前述日華交通航線之南移，使得東方之日、韓亦逐漸與印度洋、南海貿易銜接，於是以中國爲中心的世界海上貿易圈終於形成㊽。由此時起一直到葡萄牙人東來爲止，在東起日本，西至非洲廣濶的海面上，阿拉伯商人、華商與日、韓商人穿梭往來，將中國的海上交通帶至空前的鼎盛階段。在這種情況下東南沿海一帶原爲我國向東與日、韓交通及向南與東南亞交通兩路所不及之地，此後則成爲兩路交通輻輳之區，明州、杭州、福州、泉州諸港，乃在此一形勢下，紛紛崛起。

❶ 臺灣、琉求約在隋後，菲律賓更在宋初始與我國發生關係。有關此點，可參考梁嘉彬，流求及東南諸海島與中國（東海大學，民五四年）一書，其論點極爲精闢。吳景宏，「南朝隋唐時代中非關係之探討」（大陸雜誌三一卷三、四、五期，民五四年），頁七七～八一，一二二～四，一五九～六六，亦可參看。

❷ 如殷末之箕子，戰國末燕人衛滿避難於朝鮮，秦徐福之率秦人入東海，以爭論不休，迄無定論，此處皆不論。

❸ 宋書卷九七夷蠻傳倭國條載倭王武（雄略天皇）遣使奉呈於宋順帝之表云：「臣……驅率所統，歸崇天極，道逕百濟，裝治船舫，而句驪無道，圖欲見呑，掠抄邊隸，虔劉不已，每至稽滯，以失良風。雖曰進路，或通或不。」故至百濟後不敢再循句驪（高句麗）沿岸而行，遂渡渤海往山東。由日本至百濟之路，據木宮泰彥著，陳捷譯，中日交通史（九思出版社影印本），頁五〇～一。

❹ 有關隋前中日航線之演變，詳見王輯五，「中倭交通路線考」（禹貢半月刊三卷十期，民二四），頁十一～二三。

❺ 次數包括雙方往來，故除其入貢外，南朝之前往册封亦計算在內。

❻ 詳參拙作，「漢書地理志載中印航海行程之再檢討」（史原八期，民六七年），頁四七～五九。

❼ 漢書地理志載航海行程，出航港口在日南障塞之徐聞、合浦。後漢書大秦王安敦亦由「日南徼外」來貢均是。

❽ 廣州成爲我國南海交通之中心，法顯佛國記一書所載最可爲代表。王德明氏曾說「中國南海交通大抵可分兩大期，魏晉以前爲前期，魏晉以後爲後期。前期交通之樞紐在越南，尤其東京區一帶。後期交通之門戶在閩粵。」其說甚是。轉見於吳景宏，「三國兩晉時代中非關係之探討」（大陸雜誌十二卷二、三、四期，民四五年）一文，頁一一三。

⑨ 康泰行程爭論頗多。馮承鈞，中國南洋交通史（商務，民二六年）一書認爲朱、康足跡「似未逾滿剌加海峽，或曾附扶南舶，歷遊南海諸島，絕未親至印度，可斷言也。」（頁二）。日人駒井義明，「孫權の南方遣使について」（歷史と地理三五卷六號），頁五四五～五九〇則認爲朱康曾至印度、錫蘭。前引吳景宏文於比較各家之說後，認爲朱、康足跡「當及馬來半島，頓遜地峽（典遜），且有至麻六甲海峽（之）可能」，而記載諸國之範圍則甚大，可能有在印度者（見該文頁八二～三）。近年饒宗頤氏發現太清金液神丹經一書所載外國地理部分，持與康泰吳時外國傳比較，有頗多新發現。見氏著「太清金液神丹經（卷下）與南海地理」（香港中文大學中國文化研究所學報三卷一期，一九七〇年九月），頁三一～七六。

⑩ 詳見許雲樵，「古代南海航程中之地峽與地極」（南洋學報五卷二輯，一九四八），頁二六～三七。

⑪ 有關法顯歸程之考證，西洋學者論著可參閱Henri Cordier（ed.）, *Bibliotheca Sinica*（成文影印本）Vol 7, pp. 2650-1。我國學者岑仲勉著有佛遊天竺記考釋（商務，民五五年五月臺版），陳愼有「法顯求法歸程考」（史地學報四卷一期）等，但均不若日人足立喜六，法顯傳考證（有何健民、張小柳中譯本，商務）一書佳。本文大體依足立喜六說。法顯發現美洲說，頗不足取，陳氏已有辨解。

⑫ 見劉繼宣、束世澂，中華民族拓殖南洋史（商務，民二三年），頁六及拙著，「漢隋間中國南海交通之演變」（中國歷史學會史學集刊十一期，民六八年），頁四五～五一。

⑬ 其中葉調在何處，爭論頗多。伯希和，交廣印度兩道考（商務馮承鈞譯本）及費瑯，崑崙及南海古代航行考（商務馮承鈞譯本）認爲在爪哇。藤田豐八則認爲葉調與斯調同，指今錫蘭島（見氏著，何健民譯，中國南海古代交通叢考，頁五四一～七九）。張禮千氏則認爲葉調爲耶婆提或闍婆，其地在馬來半島，與撣國接壤，其說似較合理。

⑭ 市舶司之設置，始於唐代，已成定論。迄今所見最早之記載是舊唐書卷八玄宗本紀開元二年（七一四）之安南市舶使周慶立，其後宋、元、明皆有設置。論者有謂市舶司頗似近代之海關，爲唐代商業的特點之一。詳見趙文銳，「唐代商業的特點」（清華學報三卷二期，民十五年），頁九六四。

⑮ 有關唐人對外蕃之態度及外蕃留華情形，論者極多。如桑原騭藏，馮攸譯，中國阿拉伯海上交通史（商務，民五三年臺版），頁五八～七一；向達，唐代長安與西域文明（明文書局影印本，民七十年）；桑原著，何健民譯，「隋唐西域人華化考」（武漢大學文哲季刊五卷二、三、四號）；孫祿，唐宋元海上商業政策（臺北正中，民五八年），頁五〇～六，及謝海平，唐代留華外國人生活考述（商務，民六七年）均是。彼等皆再三說明唐代對外蕃之優待，並無歧視之事。但外國學者，或以立場不同，或以明清以後之現象推論唐代，遂謂唐人有歧視外蕃處。如Wolfgang Franke（傅吾康），*China and the West*（T. S. Wilson tr., University of South Corolina Press, 1967），p. 31. 卽有此論。傅吾康是歐洲著名漢學家，尚有此論，可見西方學者之中對唐代中外交通誤解者頗不乏人。

⑯ 有關此，可參閱全漢昇，唐宋帝國與運河（史語所，民二九年）一書。

⑰ 見唐六典，卷五。

⑱ 詳見陳沅遠，「唐代驛制考」（燕京大學史學年報一卷五期），頁六三～七一，驛的組織一章。

⑲ 見元和郡縣圖志，卷二九。

⑳ 見李翺，李文公集（四部叢刊本），卷十八，頁一四六～八，來南錄。向達，唐代長安與西域文明，頁三三亦述及由廣州至長安之道路。彼謂由廣州越梅嶺取道贛江至洪州後分兩路，一路沿長江東下至揚州，一路東越仙霞嶺抵江浙富庶區，再經運河北上抵汴，轉陸路至長安。此路線上之廣州、洪州、揚州、洛陽皆外國番胡集中之地。

㉑ 詳見張九齡，曲江集（上海中華書局四部備要本），卷十一，開鑿大庾嶺路序。趙文銳，「唐代商業之特點」，頁九六四，謂開鑿大庾嶺道在唐中宗末葉，可能係始鑿年月。

㉒ 見舊唐書卷四十地理志汀州條。

㉓ 見舊唐書卷十九懿宗本紀上，咸通八年三月條及卷一八二高駢傳。

㉔ 詳見Chong su see, *The Foreign Trade of China*（A. M. S Press, 1970）, p.24

㉕ 詳見全漢昇，「中古自然經濟」（收入中國經濟史研究，香港新亞研究所，民六五年），頁一〇〇～三八，第六章安史之亂前後自然經濟的衰落與貨幣經濟之興起。

㉖ 詳見張家駒，兩宋經濟重心之南移（湖北人民出版社，一九五七）一書。在書中他說：「公元八世紀後期至十二世紀初期—即自唐中葉至宋之南渡，是我國經濟重心向南轉移之過渡時代。」（頁二）

㉗ 詳見Chi Chao-ting, *Key Economic Areas in Chinese History*（London, 1936）, p. 36.

㉘ 詳見鍾快鳴，唐代東南地區經濟開發之研究（東海大學碩士論文，民六六年），頁七三～六，九七～八。

㉙ 詳見新唐書，卷五三，食貨志。

㉚ 詳見岑仲勉，隋唐史（香港文昌書局），頁五七〇。

㉛ 係岑仲勉語。見前引書，頁五六五。

㉜ 見木宮泰彥，中日交通史，頁六八～九。

㉝ 隋書卷八一東夷傳載有百濟至日本之航線。

㉞ 詳見木宮泰彥，前引書，頁九二～四。森克己，遣唐使（東京，昭和三〇年），頁三一～六亦可參看。

㉟ 元開，唐大和上東征傳，即曾記載遣唐副使大伴古麻呂之第二船即由蘇州發航，經由南島返日。

㊱ 係由筑紫之大津浦（即博多）達肥前國松浦郡之值嘉島（平戶島）順風以達中國。

㊲ 楚州鹽城位於當時之淮河口，爲通新羅之重要口岸，其地有新羅坊。

㊳ 以上大體參考木宮泰彥，前引書，頁一三八。

㊴ 見A. Toussaint, *History of Indian Ocean*（J. Guicharand tr., London, 1976）, p.18.

㊵ 大流士時代，塞勒克斯（Scylas）曾由印度航抵蘇伊士灣。脫勒密王朝時，亦曾遣猶道克索斯（Eudoxus of Cyzicus）直航印度成功。詳見前注引書。

㊶ 轉引自註㊴，A. Toussaint書，頁五八。

㊷ 公元三、四世紀羅馬帝國式微時，在今衣索匹亞的阿克蘇人（Axumites，都Axum而得名）曾一度掌握印

度洋西半部的海上交通。阿都里是他們著名的港市。六世紀初並曾占領阿拉伯半島南端，成爲東羅馬帝國（拜占庭帝國）對外海上貿易的代理商。

㊸ 有關波斯灣之旱災及養珠業因錫蘭養珠業之競爭而衰退，可參看F. J. Moorhead, *A History of Malaya and Her Neighbors*（London, 1959），p.59. 此處轉引自張奕善，「東南亞華人移民之研究」（南洋大學學報第二期，一九六九），頁二。

㊹ 達羅維荼人爲笈多王朝（三二〇～五三五）所併吞是他們在印度洋霸權衰弱的最大原因。

㊺ 有關錫蘭之興盛，法顯佛國記所載錫蘭情形亦可爲一證。佛國記云：「（師子國，卽錫蘭）多出珍寶珠璣，有出摩尼珠地方，可十里，王使人守護，若有採者，十分取三。其國本無人民……因商人來往住，故諸國人聞其土樂，悉亦復來，於是遂成大國。」

㊻ 有關中阿間海上交通，外國學者均謂其始於七世紀末（E. Hourani, *Arab Seafaring in the Indian Ocean*, Princeson, 1951. 一書甚至肯定始於六七一年，該年義淨由廣州附波斯舶赴印度。）但由梁時波斯已來華入貢看來，中阿間海上交通應在六世紀中期卽已存在。

㊼ 詳見拙作，「印度洋與古代中非交通之開展」（食貨月刊七卷四期，民六六、七、一），頁一六二～三。

㊽ 陸上交通，此處並未論及。事實上在中唐以前陸路交通盛於海路，西起北非摩洛哥，東到我國長安之貿易線終安史之亂，未曾稍衰。

## 第三節　唐末泉州海外交通之萌芽

福建地區既早已具備航海之條件，加以中唐以後世界性海上貿易圈之形成，福建沿海乃爲中外主要海上貿易路線所必經，泉州與外界的貿易交通卽在此一背景下逐漸興起。但如果沒有隋唐兩代福建地區經濟的進一步開發，使泉州具備相當繁榮的腹地，泉州海外貿易仍然不會驟然興起，因此在敍述唐末泉州之興起前，先對隋唐兩代福建，特別是泉州地區之經濟開發與州縣沿革作一簡略的探討。

## 一、州縣沿革與經濟開發

隋平陳後，行州、縣二級制，改陳置豐州（即原建安郡）爲泉州，是泉州一名之初見。但此泉州包括今福建大部份地區，與唐中宗景雲二年（七一一）以後所置之泉州不同。隋時泉州於煬帝大業初改爲閩州，統縣四：閩（後之福州）、建安（後之建州）、南安（後之泉州）與龍溪（後之漳州），治閩縣❶。

唐貞觀初，閩州復改稱泉州。聖曆二年（六九九）析泉州之南安、莆田（武德五年析南安置）、龍溪三縣置武榮州，尋廢，次年復置，治南安。景雲二年（七一一）更武榮州曰泉州，而原泉州則改稱閩州，開元十二年（七二五）閩州復改稱福州❷。自此，泉州與福州始定分爲二，不相混淆。故景雲二年以前曰泉州者，指今福州而言，景雲二年以後曰泉州者，始指今之泉州❸。

就整個福建地區之開發而言，隋唐時代實居於承先啓後之重要地位。福建地區之開發係由北而南，再由沿海至內陸山區。即先由閩北閩江上游始（即建州一帶），再及閩江下游（福州一帶）。這個過程大體在六朝已經完成。隋唐時期，則由開發已趨飽和之閩江流域，進而及於閩南之晉江（泉州）、九龍江（漳州），再轉而進入內陸丘陵之汀州。這由唐代福建諸州之先後設置可以明顯看出。唐初於福建設中都督府，其下由閩（泉）州逐步分出建州（武德四年，六二一）、漳州（垂拱二年，六八六）、武榮州（聖曆二年，六九九，即後之泉州）及汀州（開元二十四年，七三六），充分的顯示由閩江流域向南、由沿海地區向內陸山區開發之趨勢。

就泉州地區（指晉江流域及其北沿海一帶）而言，唐代也是它由開發而逐步定型的時期。先由州縣之設置來說，唐初泉州地區尚在舊泉州（即包括今福建全省之泉州）治下，僅設有南安一縣，武德五年（六二二）首先由南安析置莆田❹，聖曆二年（六九九）復由莆田析置清源（後之仙遊），開元八年（七二〇）更由南安析置晉江❺，可以看出晉江流域一帶之逐步開發。

其次就農田水利的開發而言，鑿塘溉田之事僅見於福、泉二州。泉州方面如貞觀年間（六二七～四九）在莆田所開鑿之諸泉塘、瀝潯塘、永豐塘、橫塘、頡洋塘、國清塘等，溉田總面積達一千二百頃之多；建中年間（七八〇～三）開鑿之延壽陂，可溉田四百餘頃。在晉江者，如貞元五年（七八九）刺史趙昌置之尚書塘，可溉田三百餘頃；大和三年（八二九）刺史趙棨開之天水淮，可溉田一百八十頃等均是。福州所屬諸縣雖亦有築堤鑿塘者，但多爲宣泄海水，以利農耕，與泉州純係灌溉農田之水利設施，不可同日而語。這也表現了閩江下游一帶之開發已飽和到要與海爭地的狀況，而泉州則尚在開發之中。至於建、汀、漳三州，則未見提及❻。

再就人口之增長來看，泉州更無疑爲諸州之冠。隋書載建安全郡戶一萬二千四百二十，口數未載。唐初福建全境（即舊建安郡）戶一萬五千三百三十六，口二萬二千八百二十❼。至天寶年間（七四二～五五），福州戶三萬四千八十四，口七萬五千八百七十六；建州戶二萬二千七百七十，口十四萬三千七百七十四；汀州戶四千六百八十，口一萬三千七百二；漳州戶五千三百四十六，口一萬七千九百四十；至於泉州，戶二萬三千八百六，口竟高達十六萬二百九十五❽。由以上舊唐書記載來看，泉州之發展已令人驚奇。若以元和郡縣圖志所載安史亂後之情形來看，更令人吃驚。元和郡縣圖志載，福州開元時（七一三～四一）戶三萬一千六十七，元和年間（八〇六～二〇）則減至一萬九千四百五十五戶；建州開元時戶二萬八百，元和時減至一萬五千四百八十戶；但泉州開元時戶三萬七百五十四，元和時非但未減，且增加至三萬五千五百七十一戶❾。此種對比較舊唐書所載更爲明顯，唐代泉州地區的開發，確曾達到一相當高的程度，且在福建地區應屬一枝獨秀的局面。

最後，值得一提的是交通狀況之改良。在內陸交通方面，往昔福建內部交通概以沿海之陸路交通爲主，開元二十四年汀州之設置，說明內陸地區之開發已達足以設州之程度，其對沿海與內陸交通之聯繫應有若干幫助。在海路交通方面，除福州曾開闢閩江海道以利舟楫外，開元二十九年（七四一）泉州刺史趙頤貞亦曾鑿溝引晉江水至晉江縣城下，以通舟楫，對泉州之海上交通當有重大影響❿。

總之，隋唐兩代泉州地區的開發，對其後泉州海上交通貿易之興起，有相當程度的影響。唐初閩南晉江流域僅設有南安一縣，縣治在今豐州鎮，距晉江口較遠。其後由於積極之開發，至玄宗初，乃於晉江口附近新置晉江縣，並移州治於此。泉州一帶，經濟開發既較成熟，又有河口新港出現，唐中期以後外來船隻之出現於此，當然更爲方便。

## 二、唐末泉州對外海上交通之萌芽及其初期發展

泉州既位於世界性海上貿易圈上，本身又具有參與此一海上貿易極有利的條件，則其成為中國對外交通港埠之一乃遲早之事，所以當客觀條件一旦成熟，泉州對外海上交通即告萌芽。但泉州海外交通開始於何時，學者間頗多爭議，故先在此作一探討。

泉州對外交通開啓之時間，至少有六世紀南朝末年，唐高祖武德年間（六一八～六二六）及九世紀末或稍早三種說法。第一說晚近以來大陸學者皆作此論，立說根據是續高僧傳記載的天竺僧拘那羅陀（或作枸那囉陀）在陳永定二年（五五五）由晉安郡（包括今泉州地區）乘船往楞伽修（即狼牙修）國⑪。但此說頗值得商榷。

續高僧傳記拘那羅陀事蹟，謂其在梁武帝大同十二年（五四六）八月十五日來華，「達於南海」，又經兩年，太清二年（五四八）入京（建康）。陳武帝永定二年（五五八）還返豫章，又上臨川（俱在江西）、晉安諸郡。其後由於「眞諦（拘那羅陀法名）雖傳經論，道缺情離，本意不申，更觀機壤，遂欲泛舶往楞伽修國，道俗虔請結誓留之，不免物議，遂停南越……天嘉六年（五六五）又汎小舶至梁安郡，更裝大舶欲返國……諦又且修人事，權止海隅……至三年九月發自梁安，汎舶西引，業風賦命，飄還廣州，十二月中上南海岸……以太建元年（五六九）遘疾卒。」⑫純就此段記載來看，看不出眞諦曾由晉安出海往楞伽修之事實。前僅謂其至臨川、晉安諸郡，而後「欲泛舶往楞伽修」，後謂其「遂停南越」，南越究指何地，亦難肯定。

至於泛小舶所至之梁安郡，更令人迷惑。南朝梁安郡在今湖北黃安縣，此處記載必有所誤⑬。梁安爲晉安之誤的可能性雖然也有，但其前文既書晉安，後文何以要書梁安？至於泉州地區傳言其曾在南安九日山翻譯金剛經事⑭，亦無法證明其由此乘船往南海。所以眞諦是否眞的曾由華赴狼牙修以及是否由晉安出海，以續高僧傳語焉不詳，難作定論。退一步而言，縱令梁安眞爲晉安之誤，當時之晉安郡包有閩北閩江下游，後之泉州地區僅有南安設縣，晉江尚未設置，是晉江下游未充分開發可以肯定；因此，縱然眞諦是由晉安郡出海，亦難肯定是自泉州出發。

其次，唐高祖武德年間說，亦頗令人懷疑。此說起源於泉州地區的一項傳說，明何喬遠閩書卷七方域志靈山條載其事云：

> 自郡（泉州）東南，折而東，遵湖崗南行為靈山，有默德那國二人葬焉，回回之祖也。回回家言「默德那國有嗎喊叭德聖人，生隋開皇元年，聖真顯美，其國王聘之，御位二十年，降示經典，好善惡惡，奉天傳教，日不晒曝，雨不濕衣，入火不死，入水不澌；呼樹而至，法回而行。門徒有大賢四人，唐武德中來朝，遂傳教中國。一賢傳教廣州，二賢傳教揚州，三賢、四賢傳教泉州，卒葬此山。」然則二人，唐時人也。二人自葬此山，夜發顯光，人異而靈之，名曰聖墓，曰西方聖人之墓也。其在郡城，有清淨寺云。⑮

依閩書此項傳說所云，回教在唐初已傳入中國，如此則在唐初泉州已有對外海上交通存在。閩書此項傳說，可能起於靈山二賢墓前元至治三年（一三二三）所立阿拉伯碑文。碑文云：

> 這墓是昔日傳教此方二先賢的墳墓。二賢當發古福在位時卽來此，有善行，至今尚為人

> 們所稱讚，後卒，葬此山，人們懷念他們的德行而思念之，墓有靈異，其有命運不佳或抱病不起者，都來此求二賢的保祐，有求必應。每屆冬季，常有多人自遠方至此墓瞻禮行香，他們歸家後，莫不健康逾恒，俱嘆行千里而不徒勞。留居此地的伊斯蘭公會，特集資修墓，尚祈上主大發鴻恩，使此二墓永遠保存，俾此二賢之骸骨，不致暴露風雨也。時回教紀元七百二十二年勒墨歲月也。⑯

治回教史及中外交通史之學者，多不信其武德年間的說法⑰。前述泉州沿革時曾謂，景雲二年以前泉州所屬尚包有閩北，開元六（八）年以前尚無晉江縣，其州治南安更在晉江較上游處，而晉江縣此時不過為一小村落，何能招徠二賢之傳教？故此說頗難令人置信⑱。但回教徒唐中朝以後居於泉州則又為事實（詳後），故張星烺、桑原騭藏均謂閩書所記回教二賢傳說，年代雖不可信，其說則起源甚古，而定其年代在北宋以前，唐中世以後⑲。此種說法由現存泉州清淨寺之建築年代也可以得到旁證。泉州清淨寺始建於回曆四百年，即公元一〇〇九，宋眞宗大中祥符二年⑳。在北宋開國五十餘年，泉州即已建有回寺，而建寺應是在信徒人數極多之後的事，以此而論，初傳回教於泉州的二賢必在建寺前至泉州，即應在北宋以前無疑。因此，梁嘉彬先生把泉州開港放在宋代泉州市舶司設置（元祐二年，一〇八七）以後，就大有商榷之餘地了㉑。

至於九世紀或稍早說，自夏德（F. Hirth）及羅意志（W. W. Rockhill）提出後㉒，已漸得中外學者之贊同，由世界性海上貿易圈形成的觀點來看，亦極為合理，晚近以來逐漸發現之史實也反映了此說的可靠性，將於下文論之，此處不多加敘述。

泉州對外交通開始之時間問題既得解決，泉州在唐中期以後才成爲對外交通港埠之一，應無問題。但其興起之原因，亦有值得探討者。夏德及羅意志於論及泉州在九世紀或更早興起之原因時，謂：

> 大概是在九世紀，或者更早一點，一部份中國南海貿易轉向近於廈門的泉州。這裏，不過先數世紀間，就和日本、高麗通商。阿拉伯人在這裏，除可得到比較優越的關稅待遇外，并可以得到日本、高麗以及中國內地不易到廣州之貨物。到兩世紀以後，這個港口差不多就和廣州同等重要；而阿拉伯人居於泉州者亦漸較在廣州者為多。在阿拉伯名稱剌桐（Zayton）之下，這個城市名譽遂遠馳於中世紀的世界。㉓

此說對泉州海外交通興盛原因之看法極有見地，但時間有所差錯。泉州（指晉江地區）在開元六（八）年始設縣，唐中期以後與高麗、日本之貿易雖不敢說根本沒有，但極爲稀見應爲事實（前節已說明唐時日船來華抵達之港，最南不過到福州），何得謂交通已數世紀之久。至於在泉州能得較優越之關稅待遇與日韓及中國內地產品，則至明州、越州、揚州更易得也，何必來泉州。是以此說論唐末泉州之興起，實有倒果爲因之嫌；但如以此說，論宋元時期泉州貿易超越廣州之因素，則十分貼切。

實則泉州在九世紀以後成爲對外海上交通之港埠，是唐代世界性海上貿易圈形成下的產物。在此以前中阿間海上交通原可藉西域、南海兩道進行，而兩道均以當時經濟、政治重心之長安爲終點，海道交通絕非僅止於廣州是顯而易見的。唐中期以前陸道交通盛於海道，同時由於唐代良好之驛路與便捷的運河使廣州與長安間交通亦相當便利，因此廣州對外海上交通雖不及西北陸路，但也很發達，胡商由廣州登岸再赴內地者極多，是以盛唐時由廣州至長安沿途所經商埠，如洪州、揚州、汴州皆有蕃商居住，兩唐書、太平廣記等所載極多[24]，但這些記載都未提到泉州。由此可見，泉州在世界性海上貿易圈形成前，陸路交通較盛時，在對外貿易中並不重要。至唐中期以後，一方面由於吐蕃侵擾河西，中阿間西北陸路交通由不穩而終至斷絕，雙方交通轉而全由海道往來，一方面由於前述日、韓航線之南移，使日、韓亦納入此一貿易圈中，而過去以長安爲終點的貿易線向東延伸至揚州，遂使得揚、廣間之海上交通逐漸重要，泉州乃由揚、廣間中途站之地位成爲對外交通之一商埠。

泉州之興，既與世界性海上貿易圈之形成有關，但東南沿海良港甚多，泉州何以獨能脫穎而出，亦值得探討。以當時情況而言，我國東南沿海揚州、廣州間，條件與泉州相似者，有潮州（今汕頭一帶）、漳州、福州、溫州、明州等，均有可能成爲對外交通之港埠，明州、溫州後亦成貿易港，其中尤以福州條件最佳，因其腹地最廣，與腹地之交通亦較泉州爲便利，是以唐末五代時，泉州、福州對外交通俱興，不過由於日後泉州一地的對外貿易竟然凌駕廣州之上，而宋後亦未再聞福州有對外交通之事，是以泉州較爲出名，而福州曾於唐宋之際爲對外貿易港之一的史實遂湮滅不彰。至於泉州之所以興起，至少有以下三點理由：

一、福建地區約略位於廣、揚間海運之中點，成爲來往廣揚間最有利之轉運站。今日海圖上廣州至揚州約一一五〇浬，而福州距廣州五百七、八十浬，正係廣揚間之半程。廣州至杭州則爲九百浬，而泉州距廣州四百二、三十浬，正係廣杭間之中點。九世紀中葉來華之伊本・柯達貝（Ibn Khordadbeh）所載我國沿海四港，由廣州至 Djanfou（泉州或福州）八日，由Djanfou 至揚州六日㉕，可見阿人由廣州乘船赴揚州，曾在中途某港停靠。而我國史料也記載了唐中期以後，海運交通便捷於內陸交通，而廣揚間之海運須以福建爲中途轉運站的實情。唐會要卷八七漕運條載：

> 咸通三年（八六三）五月，南蠻舶陷交阯，徵諸道兵赴嶺南，詔湖南水道自湘江入澪渠，并江西水運，以饋行營諸軍。湘澪泝運，功役艱難，軍屯廣州乏食。潤州（鎭江）陳磻石詣闕上書，言江西湖南泝流運糧，不濟軍期，臣有奇計，以饋南軍。帝召見，因奏臣弟聽思昔曾任雷州刺史，家人隨海船至福建往來，大船一隻可數千石，自福建不一月至廣州，得船數千艘，便可致三、五萬石，又引劉裕海船進軍破盧循故事。乃以磻石為鹽鐵巡官，往揚子縣（在潤州）專督海運，于是軍不闕供㉖。

中外史料既說明了廣揚間之來往交通須有停泊轉運之處，福建沿岸又大體位居廣揚間之中間，則泉州或福州由胡商往來轉運站之地位，逐步成爲對外貿易之港埠，乃較其餘諸港爲可能，這是泉州能在唐末興起的第一個因素。

二、泉州地區經濟之持續成長。福建大體來說既爲廣揚間之中間地，但何以今日看來條件較差之泉州，對外商務日盛一日，而福州則僅短期興盛。此應與唐中期以後閩南之經濟開發有關。前述泉州之經濟開發時，曾看出安史亂後閩北建州、福州戶數均大量減少，而泉州不減反增，可以看出晉江流域在唐中期以後之發展，有超越閩北之勢。晉江經刺史趙頤貞之開鑿，水運又稱方便，這或許是泉州之發展較福州爲盛的原因㉗。

三、値得在此一提，或亦爲泉州開港因素之一的是有關唐代驛路交通的問題。依元和郡縣圖志之記載，內地原來與福建地區聯繫之幹道——由贛入閩道，似已衰微。由中原赴閩，或由閩赴上都（長安）之貢道，已捨贛而由浙，是以福建地區成爲當時國內經濟幹線——由廣州至長安之三道（湘江道、贛江道及大運河道）所不及之區，故廣州之腹地雖遍及全國，而福建、浙東甚至贛東則未包括在內，反因泉州對外之開港而成爲泉州之腹地。前述夏德、羅意志二人論泉州對外貿易興起之因素時，謂「阿拉伯人在這裏（泉州）……可以得到日本、高麗以及中國內地不易到廣州之貨物」，當亦有部分事實在焉。沈亞之沈下賢文集卷四郭常傳亦記載了饒州（在贛東）之外貨不來自嶺南，而來自閩中的實況：

> 郭常者，饒（今江西上饒）人，業醫，居饒中以直得信。饒江其南導自閩，其南頗通商，外夷波斯、安息之貨，國人有轉估於饒者㉘。

這應該也是泉州在唐末成爲對外貿易港的重要因素。

泉州在唐中期以後，成爲對外貿易港之一，雖已不成問題，但有關唐代泉州對外交通之記載却極爲稀少，這應與唐末動亂，史料之毀損、錯落有重大關係。唐文宗太和八年（八三四）上諭有云：

> 南海蕃舶本以慕化而來，固在接以仁恩，使其感悅。如聞比年長吏多務徵求，嗟怨之聲，達於殊俗。況朕方寶勤儉，豈愛遐琛，深慮遠人未安，率稅猶重，思有矜恤，以示綏懷。其嶺南、福建及揚州蕃客，宜委節度、觀察使常加存問。除舶脚收入進奉外，任其來往流動，自為交宜，不得重加率稅㉙。

詔中雖未提到泉州，但福建應包括泉州在內。但最足以證明唐末泉州已有對外貿易的，則為有關劉安仁與王延彬之記載。新五代史卷六五南漢世家謂：「劉隱，其祖安仁（有作仁安者），上蔡人（一說彭城），後徙閩中，商賈南海，因家焉。」其祖生卒年無考，然係九世紀中期以前之人應無問題㉚。其移居閩中，尚有其他旁證，五國故事謂：「（安仁）由上蔡移閩之仙遊，因家焉」，仙遊屬泉州。宋王象之輿地紀勝泉州條引清源志云：「劉王墓在南安縣地劉店馬舖之西，廣州偽漢龔（劉隱弟）之祖葬此。」據最近之調查，亦言劉隱祖墓在南安九日山下不遠處，範圍極大云云㉛。足可見劉氏祖曾居泉州，「商賈南海」，應係事實。藤田豐八復由劉氏後裔之相貌，推論其非純粹漢人，而謂其籍貫上蔡或彭城，不過假託係漢室後裔，其祖先可能為波斯或大食人，先在泉州從事海上貿易，進而移居廣州㉜。由此可見九世紀中期以前泉州人已有從事海外貿易者。又據五國故事記王延彬事謂：

> 邽（王審邽）初領兵至泉州，舍於佛寺，始生延彬于寺之堂。既生而有白鶴一，棲于堂中，迨延彬之終，方失其所，凡三十年。仍歲豐年，每發蠻舶，無失墜者，人因謂之招寶侍郎㉝。

王氏入閩約在八八五年，招寶護祐三十年，正包括唐末之二十年。由此兩項資料，可見至遲自九世紀中期以前到唐亡，泉州一直都有對外貿易在進行。其時，泉州雖未曾如廣州設置市舶司，但亦有負責人員，陳懋仁泉南雜志卷上記載：「唐設泉州……司士參軍事一人，掌津梁、舟車、宅舍、工藝。參軍事四，掌出使導贊。」泉州爲地方政府，應無設置出使導贊官職之理，而其時竟設之，或與接待外人有關㉞。至於九世紀以後，外人來福建者，除唐會要卷一百所載外，亦未之見：「天祐三年（九〇六）六月，授福建道（三）佛齊國入朝進奉使都蕃長蒲訶粟（栗）寧遠將軍。」㉟十國春秋卷九十，更載：「天祐二年（九〇五）夏四月，（三）佛齊諸國來賓。」是可見三佛齊國使臣於九〇五年來福建，次年唐帝授其寧遠將軍銜。可以看出唐末外人有由福建登岸留居者，既有都蕃長，或許人數已不在少。

另外值得一述的是泉州刺桐（ Zaitun 或 Zayton ）城名的問題。桑原騭藏已明辨 Zayton 係泉州圍城之刺桐（泉州所種植之一種開紅花之樹名）樹的譯音，在宋亡以後普遍爲外國來華商人所傳誦，甚至不名泉州，而名刺桐城（ Medinet Zayton ）。但論及此項名稱之起源時，桑原認爲乃「五代中葉管領泉州之留從效改築泉州城時，在城壁四周，遍值刺桐樹之故。」㊱此說近日已爲學者所修正。蓋在唐末刺桐花已爲泉州之名勝，這由唐末詩人之吟咏中可明顯看出。如全唐詩卷七一七曹松「送陳樵校書歸泉州」詩云：

巨塔列名題，詩心亦罕齊。除官京下闕，乞暇海門西。別席侵殘漏，歸程避戰鼙。關遙秦雁斷，家近瘴雲低。候馬春風館，迎船曉月溪。帝京須早入，莫被刺桐迷。

可見刺桐爲泉州名勝，非但泉人知之，在長安官員亦皆知之。同書卷七四六陳陶「泉州刺桐花詠兼呈趙使君」詩更明白的記述唐末泉州刺桐花夾道而種之盛況：

猗猗小艷夾通衢，晴日薰風笑越姝。只是紅芳移不得，刺桐屏障滿中都。

刺桐既爲當地名勝，爲詩人所樂道，則時人以刺桐稱泉頗有可能，應不待胡賈之來始有刺桐城之名。事實上，泉州城之建築，亦絕非留從效始建。閩書卷三三建置志云：

（泉州）城有子城，有衙城，有羅城，有翼城。子城築自唐天祐中，王審知命建者。周圍二里，百六十步，高一丈，門凡四……衙城在子城內，相傳留從效所築，蓋其開府建牙之地。翼然以壯，北樓在其上，唐歐陽詹所為記者也。……記作於貞元九年秋九月。然則城雖審知、從效所築，唐時有之矣。羅城亦留從效所築，周圍二十三里，二百八十三步，高一丈八尺，門凡六。

是可見泉州城雖經王審知、留從效之擴建，但始築應在唐德宗貞元九年（七九三）。因此桑原所引王象之輿地紀勝卷一三〇泉州風俗形勝條：「泉州初築城日，繞城植刺桐，故謂之刺桐城。」之初築城日一語，頗有可能係指貞元九年而言㊲。是以刺桐城之名，雖遲至十三世紀中葉始見諸外人記載㊳，但其爲泉州之別名或在唐中期以後已有。

總之，泉州在唐中期以後逐漸步入中外海上貿易圈中，無論就時代背景及具體史料均可以看出。在此基礎上，復經五代及北宋之積極發展，乃造成南宋以後泉州居我國對外交通樞紐地位的鼎盛時代。

❶ 詳見隋書卷三一地理志下建安郡條。

❷ 唐制沿革見舊唐書卷四十地理志三福州中都督府條。

❸ 有關隋泉州與唐泉州之分辨問題，諸史但含混其辭，不易分明。宋王象之，輿地紀勝（文海影印粵雅堂叢書本）始明辨之，見是書卷一三〇福建路泉州條。其後錢大昕，十駕齋養新錄卷一一亦有相同說法。

❹ 莆田在隋時已一度設縣，後廢。事見隋書卷三一地理志下建安郡條。

❺ 晉江置縣時間，元和郡縣圖志記在開元六年（七一八）。元和郡縣圖志（商務萬有文庫本）卷二九，晉江縣沿革條載「開元六年，刺史馮仁和緣州郭無縣，請析南安縣東置，在晉江北，因名。」未知孰是。

❻ 以上有關水利設施記載，均見新唐書卷四一地理志五福州長樂郡、建州建安郡、泉州清源郡、汀州臨汀郡、漳州漳浦郡諸條。

❼ 此項記載見於舊唐書卷四十地理志三建州條，可能有誤。惟其餘諸州，如福、泉、汀、漳等只記載天寶戶口數，未見記載舊有戶口，故此項記載或指舊建安郡（卽包有福建全郡者）才是。

❽ 人口資料見舊唐書卷四十地理志三各州條。

❾ 見元和郡縣圖志卷二九江南道五福、建、泉州條。

❿ 福州閩縣在貞元十一年（七二三）觀察使王翃曾開洪塘浦，自石岊江往東，經甓瀆至柳橋，以通舟楫。事見新唐書卷四一地理志五福州、泉州條。

⓫ 泉州對外交通始於南朝末年說，黃仲琴，「泉州談薈」（中山大學語言歷史研究所週刊十集一〇九期，一九二九年十二月十一日）已經提及。黃氏云：「考泉州南濱大海，所來外舶，南齊時其船籍則有波斯、獅子、婆羅門、交阯；唐時則有扶南、林邑、拂菻、大食。所有商舶，均集於州之南部。商人及商品，由海口之秀塗換船，行水道三十里，至南門之南橋登岸。」唯未見註明出處。近泉州灣宋代海船發掘報告編寫組，「泉州灣宋代海船發掘簡報」（文物，一九七五年第十期），頁七。厦門大學歷史系，「泉州灣的地理變遷與宋元時期的海外交通」（文物，同期），頁二〇，均作此說。

⑫ 見唐釋道宣，續高僧傳（大正新修大藏經第五十卷史傳部二）卷一，拘那羅陀傳。

⑬ 見馮承鈞，中國南洋交通史，頁三六，註⑯。

⑭ 傳說見莊爲璣，「談最近發現的泉州中外交通的史蹟」（考古通訊，一九五六年第三期），頁四五。

⑮ 乾隆泉州府志（登文書局影印本）卷六山川一靈山條引明知府周道光記有類似記載。

⑯ 此中文譯文係張星烺譯。見吳文良，泉州宗教石刻（北京科學出版社，一九五七年），頁十八。此處轉引自蘇宗仁，宋代泉州市舶司研究（港大碩士論文，一九六〇），頁三五三～四。

⑰ 有關回教入華之年代問題，向有隋開皇年間、大業年間、唐武德年間、貞觀二年、貞觀六年及永徽二年諸說，可謂衆說紛紜。貞觀以前諸說，逐漸無人採信，永徽二年（六五一）係史載大食朝貢之始，論者謂是年爲回教入華之始，較爲可能。詳見陳垣「回回教入中國史略」（東方雜誌二五卷一號），頁一一六～七。

⑱ 詳見張星烺，「泉州訪古記」（史學與地學第四期），頁六四九～五〇。

⑲ 張星烺謂在唐末宋初，說見上註。桑原騭藏說見「中阿交通史」，頁二二～三。

⑳ 創建年代見泉州清淨寺大門阿拉伯文碑記。此碑最初由Arnaiz及Max van Berchem兩氏發現，將之譯爲法文。"Memorie sur les antiquites musulmanses de T'siuan-Tcheou"發表於一九一一年之*Tong Pao*（Vol. XII），p. 704. 張星烺，「泉州訪古記」頁六四一又將之由英文譯爲中文（法文由隨張氏同往之德籍艾鍔風Ecke譯爲英文）。中文資料有關該寺創建時間，有元吳鑒「清淨寺記」（載閩書卷七方域志）所說的宋紹興元年（一一三一）說，但此說至爲不確。日人藤田豐八郎因未見阿拉伯文碑記，而謂清淨寺創建於南宋紹興年間。而田坂興道雖曾見阿拉伯碑文報導，然仍以閩書所載傳說起於元末以後，而不承認二賢墓有在宋前之可能。但回文碑所記應較元時人所記爲可信。何況依據唐中期以後，中外交通便利，阿拉伯人來華甚衆的事實來看，回教傳入在此時，應屬極爲可能之事。詳見藤田，「宋代市舶司及市舶條例」（收入中國南海古代交通叢考），頁二八六。及田坂興道，「閩書に見える唐武德年間回教傳來說話について」（東方學報十四冊之三，昭和十八年），頁三二二一～四三。

㉑ 梁嘉彬，「論隋書流求與琉球、臺灣、菲律賓諸島之發現」（學術季刊六卷三期，民四七年），頁九七。其有關流求、臺灣諸說皆極爲筆者欽服，惟論泉州開港在設置市舶司以後，應加更正。蓋開港指有外人來此貿易，與設置市舶司並非一事。

㉒ 詳見F. Hirth & W. W. Rockhill, *Chau Ju-Kua*, p. 17. 其序文有安文倬中譯文，名「十三世紀以前中國海上阿拉伯商人之活動」（禹貢半月刊五卷十一期），頁八五～七曾有論及。

㉓ 見同上註，頁八七。前引Chong su see, *The Foreign Trade of China*, p. 26. 有關論點，亦源於夏、羅二氏。

㉔ 詳見向達，唐代長安與西域文明，頁三四～五。

㉕ 有關伊本．柯達貝記載之我國貿易四港，以桑原騭藏，「伊本所記中國貿易港」（收入楊鍊譯，唐宋貿易港研究，商務，頁六四～一五四）一文考證最佳。四港經其考定爲交州（龍編）、廣州、泉州及揚州，現已逐漸爲學者所接受。韓振華，「伊本柯達貝氏所記唐代第三貿易港之Djanfou」（福建文化三卷一期，民三六年，頁四五～五一）一文旁徵博引，證明Djanfou 非泉州，而係福州，其說亦有足供參考者。是以本文作者於柯達貝氏所記第三貿易港爲泉州一事，不予堅持。惟其認爲「福建」名稱起源在宋開國以後，有商榷餘地，蓋唐末福建雖非單獨之行政區，但福建觀察使，福建監軍使之名，已極普遍。清陳棨仁，閩中金石略（新文豐書局石刻史料新編本）卷三陳仁璧墓碣銘文可爲證明。有關諸港間里程，桑原文亦有詳細討論，見是文頁九九～一〇七，一三五。

㉖ 見宋王溥，唐會要（世界書局據武英殿聚珍版排印本），卷八七，頁一五九九。

㉗ 前已說明福州之開港亦在唐末。歐陽修新五代史卷六八閩世家云：「（王審知在福州）招來海中蠻夷商賈，海上黃崎，波濤爲阻，一夕風雨雷電震擊，開以爲港，閩人以爲審知德政所致，號爲甘棠港。」是明確指其開港在唐末（一說在昭宗乾寧年間八九四～七，一說在昭宣帝天祐元年九〇四。有關此事，孫星衍，北夢瑣記（雅雨堂叢書本）卷二及吳任臣，十國春秋卷九五劉山甫傳有更詳細之敍述。）可見唐末五代時，福州亦爲對外交

通之港市。惟泉州開港在先，且有外蕃居住，是福州所無者，宋開國以後福州之對外交通亦未嘗見於史籍。詳見藤田豐八，「南漢劉氏祖先考」（收入中國南海古代交通叢考），頁一四八～九。前引韓振華，「伊本柯達貝氏所記唐代第三貿易港之Djanfou」一文資料更多。近蘇基朗，「伊本的Djanfou非泉州辨」（食貨月刊十一卷七期，民七十年十月十五日）一文，亦持相同看法。亦有謂此甘棠港不在福州，而在泉州者。見成田節男，「宋元時代の泉州の發達と廣東の衰微」（歷史學研究六卷七號，昭和十一年），頁八。惟今福州閩江口外尚有黃崎島，而王審知此時又確在福州而非泉州，是以此港應指福州才是。

㉘ 參劉銘恕，「宋代海上通商史雜考」（金陵大學中國文化研究彙刊第五卷），頁七一。

㉙ 此上諭全唐文（滙文書局影印本）卷七五載有，標文宗太和八年（八三四）。唐大詔令集卷十，頁六四亦有，列太和三年（八二九）疾愈德音條下，不知孰是。

㉚ 劉隱父名謙（新唐書卷一九〇作知謙），唐書本傳言，唐懿宗咸通年間（八六〇～七三）已官嶺南牙將，僖宗乾符五年（八七九）黃巢寇嶺表，謙有功，升封州刺史，昭宗乾寧元年（八九四）卒。故可推知劉隱祖安仁應係九世紀中期以前之人。

㉛ 見莊爲璣，「談最近發現的泉州中外交通的史蹟」，頁四五，九日山的調查。

㉜ 有關劉氏祖先事，詳見藤田豐八，前引文，頁一四〇～七〇。

㉝ 五國故事（知不足齋叢書本），撰人不詳，四庫提要謂爲北宋初年人撰，此人且可能係吳越國人入宋後所作。有關王延彬事，吳任臣，十國春秋（國光書局影印本）卷九四有傳。乾隆泉州府志卷七五拾遺條亦有記載：「延彬，郜之子，忠懿（王審知）之猶子也。郜死襲其父郜於泉。」是可見王郜即王審邽（王審知德政碑作「邽」），於審知爲王時任泉州刺史，死，子延彬繼之。

㉞ 此項資料雖僅見泉南雜志（寶顏堂秘笈本）記載，但該書作者陳懋仁明末爲官泉州經歷，雜志中辨正前人誤說、誤傳處頗多，寫作頗稱謹嚴。此項資料，或來自官府簿書，故可信度極高。前引蘇基朗，「伊本的Djanfou非泉州辨」一文，引新唐書百官志認爲「出使導贊」之使，指節度使、觀察使、採訪使、巡察使等內政上之使

職而言，亦有足供參考者。

㉟ 見唐會要，卷一〇〇，頁一七九九。

㊱ 見桑原騭藏，「中阿交通史」，頁五，四九～五八。

㊲ 有關桑原說之修正，前引劉銘恕，「宋代海上通商史雜考」一文，頁七一～二已提及。近日愛宕松男，「泉州剌桐城考——地名Zaitunの由來に關連して」（田村博士頌壽東洋史論叢），頁一五七～七〇。該文有高明士中譯文，載大陸雜誌四一卷八期（民五九年十月三十一日），頁二九～三四，所論更詳，本文大體依其論點敍述。

㊳ Schefer, "Notice sur les relations des Musulmans avce les Chinois"（*Centenaire de l'Ecole des Langues Orientales Vivantes*, 1885）, pp. 6～7 謂回曆三三二年（九四三）馬素迪（Masoudi）所著Les Prairies d'Or黃金源一書，曾將剌桐城（Zeitoun）與廣州（Kanfou）並舉。以未見原書，不敢肯定。然以前述剌桐爲泉州名勝在唐中期以後已然之事實看來，當時以剌桐代泉州名極有可能。除此之外，外人對剌桐城之最早記載爲伊本·賽德（Ibn Said）所著書，著書時間在十三世紀中葉，即宋代末年。詳見桑原，「中阿交通史」，紮東名稱之初見一節，頁四九～五一。

# 第二章　五代北宋時期泉州海上交通之發展

前章已對唐代海上交通興盛的原因，作了探討，從而說明泉州對外交通的興起是世界性海上貿易圈形成下的產物。其後本應接敍五代時期的發展。然純就泉州對外交通而言，五代實爲關鍵時期，已萌芽的海上交通在五代有了重大的轉機，奠定了宋代泉州對外交通的深厚基礎，到宋室南遷，泉州始因客觀環境的改善而進入另一全盛時期。因此，本文將五代、北宋泉州對外交通置於一章中討論。本章先就五代及北宋設置市舶司以前泉州的對外交通加以探討，其次再對五代、北宋時代泉州對外交通轉盛的原因，作廣泛而深入的研究，最後再就泉州市舶司設置後的對外交通加以敍述，期望能深入而清楚的闡釋泉州在這段重要轉折期間對外海上交通的演變。

## 第一節　五代時期泉州對外交通之進展

五代時期在我國歷史上雖不占重要地位，但在福建地區之發展史上，十國中的閩却居舉足輕重的地位，根本的改變了福建往後的歷史發展。其中最值得注意的就是海外交通與貿易的重大轉變。此種轉變的最大原因，一係福建地區之割據所造成的孤立，一係主政者之積極獎勵海上貿易。就前者而言，泉州在唐宋之間，由唐光啓二年（八八六）王潮割據泉、漳起，至陳洪進宋太平興國三年（九七八）納土歸降止，前後在割據的局面下單獨發展達九十年之久。就後者而言，這段時期中主泉政者，前之王審知，後之留從效、陳洪進等等，均在主觀、客觀形勢驅使下，積極的鼓勵對外貿易，對泉州海上交通的發展，產生了深遠的影響。

割據之初，王潮、審知、審邽兄弟先占有泉、漳、汀三州，大順中（八九〇—一）更北上併有福、建二州，因此由此時起至九四五年南唐滅閩止，福建地區均在王氏控制下。九四五年後，留從效據泉、漳，雖奉南唐正朔，但實際爲割據獨立的局面，使泉漳地區更脫離福建其他三州，單獨發展三十餘年。地位的孤立，形成它與其他地區不同之發展方向。由於割據一方，又與鄰近地區如粵之南漢、浙之吳越，處於敵對狀態，致彼此交通幾乎完全中斷，舊五代史卷一三四王審知傳載：

> 是時（王審知爲政時），楊氏據江、淮，故閩中與中國隔越，審知每歲朝貢，汎海至登、萊抵岸，往復頗有風水之患，漂沒者十四五。

已說明了閩時期福建地位的孤立，至後期留、陳據泉、漳時，情況更爲惡劣。留從效自述其情云：

> 此一方（指泉、漳）東漸於海，與福州世爲讎敵；南限於廣州瘴厲之地，人使不通，西連鄞水（即汀江），皆猿徑鳥道，近歲干戈屢動，三農廢棄，冬征夏歛，僅足自贍。❶

這種情形使得福建地區過去南與廣州，北與明州、杭州、揚州的海上交通，完全斷絕，加上福建人口之大量增加，農業生產之不足（詳後），主政者乃順應客觀情勢的發展，主動積極的提倡對外貿易，因此，福建地區對外海上交通非但未因政治割據而受到不利影響，反而有更大的進展。這在閩時期及留從效、陳洪進時代，都有明確的史料記載。新五代史稱王審知「招來海中蠻夷商賈」❷，其招來之實情，除曾開福州港水道以利交通外❸，亦有一鱗半爪，可供一述。

吳任臣十國春秋卷九五張睦傳載：

> 張睦，光州固始人。唐末從太祖（王審知）入閩。太祖封瑯琊王，授睦三品官，領榷貨物（務）。睦搶攘之際，雍容下士，招來蠻夷商賈，斂不加暴，而國用日以富饒，累封梁國公。

可見王審知治下之福建，曾置榷貨務，以處理外來蠻夷商賈貿易之事。他更曾派員出使南海，同書卷九十太祖世家載：

> （閩）開平四年（九一〇）□□月，命員外郎崔□□聘於南海。

五國故事卷下亦載：

> 又嘗使南方回者，以玻璃瓶獻之。

而曾任王審知推官之黃滔，更在「賈客詩」中吟道：

> 大舟有深利，滄海無淺波。利深波也深，君意竟如何。鯨鯢齒上路，何如少經過。❹

海外貿易所獲之利，竟使商人不顧海路之險惡，外出經商，而為詩人所不取。至於外人來閩，除前章所述三佛齊人外，亦有見諸記載者。淳熙三山志三三載：

（福州）龍德外湯院，崇貢里，（天福）十年（九四五）置。地多燠泉，數十步必一穴，或迸河渠中，味甘而性和熱，勝者氣如琉黃，能熟蹲鴟，旱潦無增減。僞閩天德二年（九四四），占城遣其國金氏婆囉來，道里不時，遍體瘡疥，訪而沐之，數日即瘳，乃捐五千緡，創亭其上，仍集鳩僧以司之。陳莊記慶曆二年（一〇四二）修，有蕃書二碑在。❺

占城人所至雖在福州，但反映了福建地區對外海上交通之盛。至於泉州地區，前章第三節所引王邽（審邽）招寶侍郎一事即爲最佳之說明。王審邽係審知仲兄，景福二年（八九三）王潮、審知兄弟北上福州時，審邽即留任泉州刺史，前後十二年，元祐二年（九〇五）卒❻。其後終閩之亡其子延彬、延美、延武，孫繼嚴、繼業、繼勛相繼出任泉州刺史，其中尤以延彬兩度出任此職，前後共計二十六年（天祐元年九〇四—天成元年九二六，天成元年十二月—長興元年九三〇）❼爲最久。此即五國故事謂其「招寶卅年，每發蠻舶，無失墜者」的原因。可見泉州對外貿易亦不稍讓福州。無怪乎後世對王氏在閩之海外貿易要大書特書。天祐三年（九〇六）立之王審知德政碑序文云：

（三）佛齊國雖同臨照，靡襲冠裳，舟車罕通，琛賮罔獻。□者亦踰滄海，來集鴻臚。此乃公示以中孚，致其內附，雖云異類，亦慕華風。宛土龍媒，寧獨稱於往史，條支雀卵，諒可繼於前聞。……凡列土疆，悉重征稅，商旅以之壅滯，工賈以之而殫貧。公則其銘文更曰：

盡去繁苛，縱其交易，開譏廛市，匪絕往來，衡麓舟鮫，皆除守禦，故得填郊溢郭，擊轂摩肩，競敦廉讓之風，驟覩樂康之俗。閩越之境，江海通津，帆檣蕩漾以隨波，篙檝崩騰而激水，途經巨浸，山號黃崎，怪石驚濤，覆舟害物。公乃具馨香黍稷，薦祀神祇，有感必通，其應如響。祭罷，一夕震雷暴雨，若有冥助，達旦則移其艱險，別注平流，雖書鷁爭馳而長鯨弭浪，遠近聞而異之。……賜名其水為甘棠港。

佛齊之國，綏之以德。……關譏不稅，水陸無滯，遐邇懷來，商旅相繼。黃崎之勞，神改驚濤，役靈祇力，保千萬艘。❽

先言其招來三佛齊入貢之功，次敍其招來政策所帶來閩中貿易之盛況，終頌其開福州港之功德。其中尤以鼓勵商賈來華貿易，竟至「關譏不稅」之境地，最值得注意。此種鼓勵政策下福建對外貿易給當地帶來了極大的財富，宋初「重建瑯琊王廟碑」寫的最明白：

公（王審知）生當離亂之運，出值艱難之秋，劃據一方，蓄養百姓，得深溝高壘之固，存披堅執銳之衆。贍水陸之產，通南北之商。鑄銅於蜀山，積粟於洛口者，不足於言其富也。連臨淄之袂，投淝河之箠者，不足於言其庶也。❾

富庶至此，非海外貿易所得，何克及此！

至於留從效九四六年據泉、漳後，福州歸吳越，建、汀則歸南唐，泉州地區更形孤立，與鄰近地區既在敵對狀態之下，對外貿易只得避開這些地區，長途泛海販易，這是福、泉並興局面的結束，也是中外海舶由南海直接大量來泉州貿易的開始。前引閩書已知其兩次擴建泉州城，在泉州開發史上厥功至偉；宋史留從效傳復謂其「出自寒微，知人疾苦，在郡專以勤儉愛民爲務，常衣布素，置公服於中門之側，出則衣之。每言我素貧賤，不可忘本。民甚愛之，部內安治。」⑩其與外國貿易之事亦見於記載。泉州留氏族譜載：

> 泉州城市舊狹窄，至是擴爲仁風，通淮等數門……陶器、銅鐵注於番國，取金貝而還，民其稱便。⑪

除了說明留從效擴築泉州城外，更指出了泉州對外貿易的一般情形。大致是以所出產的陶器、銅鐵運銷國外，其交往之蕃國，包括新羅、高麗與南海諸國。新五代史卷六八閩世家第八載：

> 昶（通文，九三六—八）世，新羅遣使聘閩以寶劍。曦（永隆，九三六—四三）既立，而新羅復獻劍。

十國春秋卷九六閩王倓傳亦載：

> 是時景宗官左僕射……會新羅國遣使來聘，且獻寶劍。

同書卷九二閩三景宗本紀云：

> 初通文（九三六—八）中，（閩）常越海通使於契丹。

既能通使於契丹，與高麗之往來當亦不難。泉州府志曾有五代時高麗僧元衲居於南安福清寺的記載⑫。鄭麟趾高麗史卷一太祖世家五年（後唐明宗元成三年，九二八）載：

> 新羅僧洪慶自唐閩府航載大藏經一部至禮成江，王親迎之，置於帝釋院。

更可明顯看出雙方的交往，這是宋代福建商人（尤以泉州商人爲最多，詳下節）往高麗商賈之先聲，也是五代時泉州海外貿易開展的明證。至於泉州與南海之交通，則可由其向中朝上供之貢品中看出。十國春秋卷九二閩三景宗本紀永隆三年（九四一）條載：

王延羲（審知少子）冬十月貢白金四千兩，象牙二十株，葛五十疋，乾薑、蕉、乳香、沉香、玳瑁諸物，謝恩加官。

宋史卷四八三留從效傳載：

從效遣衙將蔡仲贇等為商人，以帛書表置革袋中，自鄂路送款內附。又遣別駕黃禹錫間道奉表，以獅豸通犀帶、龍腦香數十斤為貢。⑬。

宋史同卷陳洪進傳亦載：

建隆四年（即乾德元年，九六三），（洪進）遣使朝貢，是冬，又貢白金萬兩，乳香、茶、藥萬金。⑭

及江南平，吳越王來朝，洪進不自安，遣其子文顯入貢乳香萬斤，象牙三千斤，龍腦香五斤。⑮

宋會要輯稿蕃夷七更載：

大平興國二年（九七七）四月，陳洪進進銀千兩，香二千斤，乾薑萬斤，葛萬疋，生黃茶萬斤，龍腦、蠟面茶等。（蕃夷七之七）

同年八月五日，陳洪進來朝，對於崇德殿，進相見銀萬兩，絹萬疋。謝允朝覲絹千疋，香千斤。謝降使遠加勞問絹千疋，香千斤。謝遠賜茶藥絹千疋，香千斤。謝迎春苑賜宴絹千疋，香千斤。謝差人船絹千疋，香千斤，幣帛二千疋，塗金鞍勒馬絹一疋，錢二百萬。其子文顥進絹千疋，又進賀登極香萬斤，牙二千斤，又乳香三萬斤，牙五千斤，犀二十株，共重四十斤，蘇木五萬斤，白檀香萬斤，白龍腦十斤，木香千斤，石膏脂九百斤，阿魏二百斤，麒麟渴二百斤，沒藥二百斤，胡椒五百斤。又進賀納后銀千兩，綾千疋。又謝賜都亭驛安下乳香千金。謝追封祖考及男以下加恩，乳香萬三千斤。又進通犀帶一，金匣百兩，白龍腦十斤，金合五十兩，通牯犀一株，金合百兩，牯犀四株，金合兩百兩，真珠五斤，玳瑁五斤，水晶碁子五副，金合六十兩，乳香萬斤。九月六日，陳洪進貢助宴銀五千兩，乳香萬斤，泉州土產葛三萬疋，乾薑兩萬斤，金銀器皿二千二百兩，綾二千匹。十三日，陳洪進進銀萬兩，錢萬貫，絹萬疋。謝恩乳香二百斤，牙二千斤。（蕃夷七之七—八）

（同年）十一月，陳洪進貢賀開樂乳香五千斤，象牙千斤。（蕃夷七之九）

其貢品中屬泉州土產者，不過葛、絹、綾、乾薑等，其餘如乳香、龍腦香、沒藥等各種香料，及象牙、犀角、玳瑁、眞珠等俱非閩南土產，而係泛稱之南海所產。此外，太平寰宇記中記泉、漳土產中，列有「海舶香藥」項⑯，當亦係來自南海。其時與廣州貿易既已中斷，這些東西當係直接來自南海諸地，而數量之大，品類之多，尤足以顯示其時泉州與南海貿易之盛。

總之，在五代宋初王、留、陳三氏之經營泉、漳，獨立發展對外貿易，對泉州海外交通之發展，意義極爲重大。成田節男認爲泉州之對外交通至五代始有稍爲具體之史料出現，王賡武更認爲王、留二氏之經營爲奠定「泉州時代」來臨之重要關鍵。⓱其中尤以開其後閩商赴海外貿易之先機及奠定泉州對外直接交通之基礎兩項爲最重要。在此之前因往來航程過長，及政府對國人下海並不鼓勵，故多外商來販，我國人之下海者極爲有限。自五代始則因航海工具的日漸進步，以及南漢之劉氏與閩之王氏的鼓勵對外貿易，華商出海販易者乃日漸增多，此種爲商而商，變被動爲主動之型態是我國對外海上交通的一大轉變⓲。而泉州適在此時由原來以廣州爲我國總吞吐口之情勢下，因政治之分裂，不得不自力直接往南海販易，也根本改變了在唐末泉州僅爲廣、揚（明）間轉口港之地位，成爲直接對外貿易的另一口岸。這兩項重大的轉變是宋代對外海上交通大盛的潛在原因，也是泉州對外貿易逐漸轉盛，終至能與廣州並駕齊驅的根本因素。

❶ 見宋路振，九國志（商務叢書集成初編據守山閣叢書影印本）卷十閩臣傳，留從效對南唐屯將語。近歲干戈屢動係實情，如十國春秋卷九十所云：「同光二年（九二四）夏四月，（南）漢之引兵入寇，屯汀、漳境上，擊之，敗歸。」

❷ 見新五代史卷六八，閩世家王審知傳。

❸ 詳前章第三節註㉗。

❹ 見全五代詩（商務叢書集成初編據函海本排印本），卷八四。黃滔，十國春秋卷九五有傳，言其天復元年（九○一）充威武軍節度推官。詳請參閱韓振華，前引文，頁四七。

❺ 清馮登府，閩中金石志（石刻史料叢書第十七册）卷五，蕃書二碑條亦載有。

❻ 王昶，金石萃編（台北，國風影印本）卷一一八，頁二二，王審知德政碑載「泉牧（王潮）遂以泉郡委仲弟審邽，而與公（審知）皆赴（福州）。」時在景福二年。又據乾隆泉州府志卷二六文職官上，頁四泉州刺史條，太祖從弟王彥復景福二年權州事，乾寧元年（八九四）任；王審邽乾寧元年權州事，三年（八九六）任。則審邽是在八九四年始任泉州。如以泉州府志所載王延彬元祐二年（九〇五）繼其父任泉州刺史看，審邽可能在是年去世，倒推十二年，其初任時應在景福二年，泉州府志說疑誤。

❼ 詳見乾隆泉州府志，卷二六，文職官上，頁四—五。

❽ 王審知德政碑文除金石萃編外，閩中金石志及清陳棨仁，閩中金石略（石刻史料叢書第十七册）均有，尤以閩中金石略校刊最精。

❾ 「重建瑯琊王廟碑」文係宋開寶九年（九七六）福州刺史錢昱撰，收入閩中金石志，卷六。閩中金石略亦有。

❿ 見宋史卷四八三留從效世家。

⓫ 轉引自莊爲璣，「談最近發現的泉州中外交通的史蹟」，頁四四。

⓬ 高麗僧元衲居福清寺事，見十國春秋卷九九。乾隆泉州府志卷十六壇廟寺觀志亦有記載。

⓭ 宋會要輯稿（北平圖書館影印本，民二五年）蕃夷七之一，謂留入貢在宋太祖建隆元年（九六〇）十二月二十三日。

⓮ 宋史卷一太祖本紀同。

⓯ 宋會要輯稿蕃夷七之六，謂其入貢在開寶九年（九七六）七月十三日，象牙作二千斤，白龍腦爲五千斤，略有不同。

⓰ 見太平寰宇記（文海出版社影印清嘉慶刊本），卷一〇二，江南東道泉州，漳州土產條。此處尚需說明的是當時占據兩浙、福州之吳越錢氏的貢品中，也有大量的香、藥、犀、牙等物，其與南海亦有交通亦屬必然。

⓱ 見成田節男，「宋元時代の泉州の發達と廣東の衰微」，頁八。該文極佳，唯於頁九引宋史卷四八三陳洪進傳

載宋太祖與李煜（南唐後主）詔中「泉州昔嘗附麗，尤荷撫綏」一語中之附麗，爲依附高麗，爲一明顯之錯誤。王賡武論點見其著，"The Naihai Trade: A study of the early history of Chinese trade in the South China Sea" *Journal of the Malayan Branch of the Royal Asiatic Society*, Vol. XXXI, No.182, 1958, pp.88-9.

⑱ 此段受吳景宏先生之啓示。詳見氏著「五代兩宋時代中菲關係之探討」（大陸雜誌三二卷二、三、四期，民五五年），頁三—四。

## 第二節　北宋設置市舶司以前泉州的對外交通

### 一、北宋政府對外貿易政策的轉變：

論者每謂宋代是獎勵對外貿易的時代。事實上這大半是指南宋而言的，至於北宋，與其說是主動積極的獎勵貿易，不如說它能不斷的因應海內外貿易的情勢，逐步改善並放寬對外貿易的限制來的恰當。這種情形與唐末五代以來，商人勢力的大增有莫大關係。自唐末五代以來，由於國勢衰微，內亂紛起，農民由於戰亂殆害及營商利潤之誘惑，湧入城市謀生者不少。官宦之家亦有棄官經商者，富商巨賈乃能利用其資財影響政治，躋身仕宦之林❶，此種情形在五代泉州地區尤爲明顯（詳下節）。因此北宋政府雖仍抱持傳統重農抑商政策（尤其在儒學復興以後）❷，但在重利之引誘及商人勢力日漸增高的情勢下，許多禁令根本未曾認眞執行，逐漸形同具文❸。熙寧年間新黨執政後，對外貿易政策有大幅度的改變，北宋泉州的海外貿易最足以說明此種轉變的過程。

宋初之不重視海外貿易，可由下述二事看出。其一是平定南方諸國後，僅援唐制在九七一年設置廣州市舶司處理「蕃貨海舶貿易征榷」諸事❹，對已有良好對外貿易基礎之泉州、明州則未置市舶司。其次是對唐末以來華商出海貿易的事實也予扼殺，嚴禁華商下海，一直到雍熙二年（九八五）還有「禁海賈」詔令的頒布❺。對外商來販，雖並不禁止，但由於外貨至廣、泉、交、兩浙後，全由官榷，因此也禁止民間與外商私自貿易。宋會要輯稿職官四四載其事云：

> 太平興國（九七六—八三）初，京師置榷易院，乃詔諸蕃國香藥、寶貨至廣州、交趾、泉州、兩浙，非出於官庫者，不得私相市易❻。

同書職官五五也記載了太平興國元年（九七六）嚴禁華民與蕃客貿易的詔令：

> 敢與蕃客貿易，計其直滿一百文以上，量科其罪，過十五千以上黥面配海島，過此數者押送赴闕，婦人犯者配充針工❼。

在官榷貿易政策下，對外貨之流通，影響極大。至太平興國二年香藥庫史張遜乃建議出官庫香藥寶貨，加價賣予商人，外貨流通稍廣。李燾續資治通鑑長編卷十八載其事云：

> （太平興國二年正月乙亥）香藥庫使高唐張遜建議，請置榷藥局，大出官庫香藥寶貨，稍增其價，許商人金帛買之，歲可得錢五十萬貫，以濟國用，使外國物所泄，上然之。一歲中果得三十萬貫，自是歲有增益，卒至五十萬貫❽。

其後此專賣香藥之榷藥局（宋會要作香藥易院）更併入榷貨務，與他貨一同出賣❾。此次張遜請轉售香藥予商人獲得重利，是宋初對外貿易政策轉變的重大因素，蓋宋室發現出售多餘香藥寶貨予商人可獲重利。因此乃有太平興國七年（九八二）放寬官榷貨物種類的措施：

> （閏十二月）詔，聞在京及諸州府人民或少藥物食用，今以下項香藥止禁榷廣南、漳、泉等州舶船上，不得侵越州府界，紊亂法條，如違，依條斷遣，其在京并諸處即依舊官場出賣，及許人興販，凡禁榷物八種：瑇瑁、牙、犀、賓鐵、鼊皮、珊瑚、瑪瑙、乳香。
>
> 放通行藥物三十七種：（下略）⑩。

此詔後半段所言，不但縮小了官榷的範圍，而且非禁榷物可在當地出賣，許商人興販，對外貨之流通與商賈之貿易均有甚大便利。外商來販既對皇室有利，乃有五年後派遣內侍赴南洋招徠商賈及加設兩浙市舶司之舉：

> 雍熙四年（九八七）五月遣內侍八人齎勅書、金帛，分四綱，各往海南諸蕃國勾招進奉，博買香藥、犀、牙、真珠、龍腦。每綱齎空名詔書三道，於所至處賜之⑪。

設置兩浙市舶司則在端拱二年（九八九）左右⑫。初置於杭州，後移明州，後更兩處分別設置，聽蕃客從便⑬。同時更頒布了華商赴海外貿易的辦法。宋會要職官四四之二載端拱二年五月詔云：

> 自分商旅海外蕃國販易者，須於兩浙市舶司陳牒，請官給券以行，違者沒入其寶貨⑭。

至此，才確立了宋初招徠外蕃，准許國人赴海外貿易的政策。其時去太祖創業開國已近三十年，去九七一年滅南漢與外蕃接觸起，亦近二十年。

在這種政策執行下，雖然走私貿易不絕（詳下節），但大體來說政府收入亦不惡，宋史卷一八六食貨志互市舶法條載：

> 天聖（一〇二三—三〇）以來，象、犀、珠玉、香藥、寶貨充牣府庫，嘗斥其餘以易金帛、芻粟，縣官用度，實有助焉。

此政策大體言之，除禁榷之不斷放寬外⑮，迄神宗熙寧年間（一〇六八—七七）未有重大改變。在此期中所見之補充禁令，均係針對日後所生不法事件所頒。補充禁令，約有以下四項：

㈠禁往高麗、新羅及登、萊二州貿易：慶曆年間（一〇四一—八）勑令云：

> 客旅於海路商販者，不得往高麗、新羅及登、萊州界。若往餘州，並須於發地州軍，先經官司投狀，開坐所載行貨名件，欲往某州軍出賣，許召本土有物力居民三名結罪保，明委不夾帶違禁及堪造軍器物色，不至過越所禁地分。官司即為出給公憑，如有違條約及海船無公憑，許諸色人告捉，船物並沒官，仍估物價錢，支一半與告人充賞，犯人科違制之罪。⑯

不准往高麗、新羅及登萊販易，主要是針對遼（契丹）而發的。恐海商往高麗「遂通契丹」，而又懷疑高麗等國與契丹私通。

㈡嚴禁明州市舶所轄往南海，廣州市舶所轄往日、韓貿易：

> 諸非廣州市舶司輒發過南蕃綱舶船，非明州市舶司而發過日本、高麗者，以違制論，不以赦降去官，其發高麗船仍依別條。⑰

是明白顯示廣州市舶掌南海貿易，而兩浙市舶掌日、韓貿易。

㈢嚴禁無市舶司地區船舶出海，即嚴禁走私貿易。有關此項禁令，淳化五年（九九四）曾重申太平興國元年前令而處罰較輕：

四貫以上徒一年，遞加二十貫以上黥面，配本地充役兵。⑱

㈣禁銅錢出口。續通鑑長編卷一三二載慶曆元年（一〇四一）五月詔云：

乙卯，詔以銅錢出外界，一貫以上，為首者處死。其為從者，若不及一貫……廣南、兩浙、福建人配陝西。其居停貿給者，與同罪。如捕到蕃人，亦決配荊湖、江南編管。

這些禁令，對中外海上交通也有或多或少的不利影響。以上這些政策在熙寧年間有了重大改變，這與新法之施行有甚大關係。新政既以理財爲一重要政策，因此乃對宋初以來的商業政策做了徹底的檢討。其在對外貿易方面的改變大體可分兩方面來說：一方面是對海外貿易限制的放寬，對過去未認眞執行之禁令，加以廢除，使國人海外貿易之限制減至最少，以增加貿易量。另一方面則對財政體系作一全面的變革，使財稅組織更趨系統化、制度化，將前述化暗爲明的海外貿易納入體系之中，加强管制，以減少財稅之漏失，增加國庫之收入。有關前者，如銅錢出口禁令在熙寧七年（一〇七四）即被廢止。續通鑑長編卷二六九載熙寧九年張方平論錢禁云：

自熙寧七年頒行新勅，删去舊條，削除錢禁，以此邊關重車而出，海舶飽載而回。……錢幣中國寶貨，今乃與四夷共用！

對高麗貿易之禁令，也在元豐八年（一〇八五）解除：

> 諸商賈由海道販諸蕃，惟不得至大遼國及登、萊州，即諸蕃願附船入貢或商販者，聽。⑲

這兩項禁令的解除，無疑對海外貿易有重大影響。但另一方面由於財稅體系之系統化與制度化，福建地區長期以來的走私貿易，也爲中央正視，而逐步納入了管制之中。熙寧二年行均輸法後條例司即曾建議以發運使兼掌市舶，以納市舶入中央財政體系中。續通鑑長編拾補卷五熙寧二年九月條載：

> 壬午，條例司言銀、銅、冶坑、市舶之物皆上供而賈出諸路，故轉運使莫肯為，課入滋失。今既假發運使以錢貨聽移用六路之財，則東西南經費皆當由公辦，謂令發運使副兼提舉九路銀、銅、冶坑、市舶之事，條具利害以聞。乃詔發運司薛向、副使羅極（拯）兼都大提舉江淮、兩浙、荊湖、福建、廣南等路銀、銅、鉛、錫、坑冶、市舶等，從之。

對市舶等已有加强管制，集中事權之意。熙寧五年行市易法後，在各處置市易務，更有將市舶司併入市易務之意，因故未行⑳。但終於在元豐三年（一〇八〇）將原由地方官兼理之市舶司，改由轉運使兼理，市舶成爲中央財稅系統之一環。宋會要職官四四之六云：

> 元豐三年八月二十七日中書言，廣州市舶條已修定，乞專委官推行。詔廣東以轉運使孫迥，廣西以轉運使陳倩，兩浙以轉運副使周直孺，福建以轉運判官王子京，迥、直孺兼提舉推行，倩、子京兼覺察拘攔，其廣南東路安撫使更不帶市舶司。

此詔變地方官兼理市舶爲轉運司兼理，無疑爲一大轉變。㉑而此詔言於福建路置覺察拘攔，亦係針對福建地區走私貿易而發，希望能加强管制，以減少賦稅漏失。前此更有人建議於泉州置市舶司（詳見本章第四節），因此早在熙寧七年（一〇七四）已有加强對泉、福諸地外貨處理之詔令：

> （熙寧）七年正月一日詔諸舶船遇風信不便，飄至逐州界，速申所在官司，城下委知州，餘委通判或職官，與本縣令佐躬親點檢。除不係禁物稅訖給付外，其係禁物卽封堵差人押赴隨近市舶司勾收抽買。諸泉、福緣海州，有南蕃海南物貨船到，幷取公據驗認，如已經抽買，有稅物給到回引，卽許通行。若無照證，及買得未經抽買物貨，卽押赴隨近市舶司勘驗施行。諸客人買到抽解下物貨，幷於市舶司請公憑引目，許往外州貨賣。如不出引目，許人告，依偷稅法。㉒

是可見泉、福諸州在市舶司設置之前，對外來船貨已有完稅抽買後卽可自由行銷的規定，這一方面顯示了泉、福地區外貨日盛，政府不得不加强管制，以使其制度化。另一方面，此詔也表明了貿易地區的放寬。前此只有置市舶司處（卽廣、杭、明三州）准許外商貿易，此後蕃舶於抽解後，沿海各地無不可貿易。前引續通鑑長編卷二六九熙寧九年張方平論錢禁云：

> 自熙寧七年頒行新勅，刪去舊條，削除錢禁，以此邊關重車而出，海舶飽載而回。……諸舸舶舊制，惟廣州、杭州、明州市舶司為買納之處，往還搜檢，條列甚嚴，尚不得取便至他州也。今日廣南、福建、兩浙、山東，恣其所往，所在官司，公為隱庇。

以上這種一方面開放貿易地區，一方面則在諸貿易地區加强管制，是熙、豐新政在對外貿易方面的重大轉變，終於造成日後沿海州郡紛紛設置市舶司的結果㉓，泉州卽在元祐二年（一〇八七）設置了市舶司。

## 二、設置市舶司以前泉州的對外交通

前節已說明了五代時期福建對外海上交通有長足的進步，奠定了宋代泉州海上交通繁盛的基礎。因此，雖然宋初並未在泉州設置市舶司，但由於主客觀情勢之逐步成熟（詳下節），泉州對外交通繼續發展，終於在熙、豐以後對外貿易政策改變下，朝廷採納了地方官吏的建議，於元祐二年在泉州設置了市舶司。本段僅就置司前泉州對外交通作一探討，置司以後暫不論及。

經過五代的發展，到北宋初年，泉州的對外貿易地位已很重要。前引宋會要職官四四之一卽載：

> 太平興國初，京師置榷易院，乃詔諸蕃國香藥、寶貨至廣州、交趾、泉州、兩浙，非出於官庫者，不得私相市易。

同書同卷又載：

> （太平興國）七年閏十二月詔，聞在京及諸州府人民或少藥物食用，今以下項香藥止禁榷廣南、漳泉等州舶船上，不得侵越州府界，紊亂法條。

陳洪進降宋在太平興國三年（九七八），這兩段記載明顯的反映了泉州對外貿易因陳洪進之納土歸降而絲毫未受影響，也說明了泉州地區經過五代的發展後，已與交、廣、明三州並稱爲外蕃來販的重要據點。但其後宋僅在廣州及兩浙設置市舶司，泉州未置。其未在泉州設置市舶司之原因，雖未見有關史料，但閩省與內陸交通運輸之不便應爲一重要原因。蓋宋代禁榷貿易，貴重者皆須運往京師榷易，廣州、杭州、明州與內陸交通均較便利㉔，福建與內陸交通之困難狀況，至有「北畔是山南畔海，祇堪圖畫不堪行」的說法㉕，其不便可知。泉州雖未設置市舶司，但商販出海貿易風氣已經形成，故在北宋時期，官方記載雖少見有關泉州對外交通之事，但試閱若干相關記載，即知泉州對外貿易並非不盛。仁宗未曾兩度出任泉州知州的蔡襄所著荔枝譜中即載有：

（荔枝）水浮陸轉以入京師，外至北戎、西夏，其東南舟行新羅、日本、流求、大食之屬，莫不愛好，重利以酬之。故商人販益廣，而鄉人種益多，一歲之出不知幾千萬億，卽鄉人得飫食者蓋鮮，以其斷林鬻之也。㉖

可見仁宗（一〇二三—六三）時，泉州商賈赴海外販荔枝者已不少。接替蔡襄守泉之關詠，亦有有關泉州海外貿易之資料。乾隆泉州府志卷二九名宦一關詠傳云：

關詠……嘉祐八年（一〇六三）自太常少卿知泉州。……泉有蕃舶之饒，官州者多市取其貨，十不償一，惟詠與參軍杜純無私買，竟以不察舉他官坐免。

宋史卷三三〇杜純傳亦云：

（純）以蔭為泉州司法參軍。泉有蕃舶之饒，雜貨山積。時官於州者私與為市，價十不償一，惟知州關詠與純無私買，人亦莫知。後事敗，獄治多相牽繫，獨兩人無與，詠猶以不察免，且撤參對。純憤懣，陳書使者為訟冤，詠得不坐。

都說明了泉州置司以前對外貿易已相當繁盛。不過最足以說明泉州對外交通之盛者，還是泉州商人掌握宋麗（高麗）貿易之事。

有關泉州商人與高麗貿易的問題，宋晞先生曾根據鄭麟趾高麗史卷四至卷一二八世家的記載，統計出自宋眞宗大中祥符五年（一〇一二，高麗顯宗三年）至南宋帝昺祥興元年（一二七八，高麗忠烈王四年）的兩百六十六年間，宋商（官方聘使來往不計）赴高麗之次數達一二九回，人數多達五千餘人。這些並無奇特之處，惟其中商人之籍貫，竟以福建路的泉州與兩浙路的明州（慶元府）為最多㉗。明州為對高麗貿易市舶司所在，理有必然，而泉州商人之高居首位，實令人難以置信。此處僅就設置市舶前，宋商赴麗情形，列表於後，以作說明：

## 宋商赴麗一覽表

| 年代 | 宋商人數 | 進獻品名 | 備考 "√"為福建商 |
|---|---|---|---|
| 宋眞宗大中祥符五年，高麗顯宗三年（一〇一二）十月丙午 | 宋南楚人陸世寧等 | 方物 | |
| 眞宗天禧元年，顯宗八年（一〇一七） | 宋泉州人林仁福等四十人 | 方物 | √ |

| | | | |
|---|---|---|---|
| 眞宗天禧二年<br>顯宗九年（一〇一八）閏四月癸卯 | 宋江南王肅子等二十四人 | 土物 | |
| 眞宗天禧三年，<br>顯宗十年（一〇一九）七月己巳 | 宋泉州人陳文軌等一百人 | 土物 | √ |
| 同年同月壬申 | 宋福州虞瑄等百餘人 | 香藥 | √ |
| 眞宗天禧四年，<br>顯宗十一年（一〇二〇）二月 | 宋泉州人懷贄等 | 方物 | √ |
| 仁宗乾興元年<br>顯宗十三年（一〇二二）八月甲寅 | 宋福州人陳象中等 | 土物 | √ |
| 同年同月辛酉 | 宋廣南人陳文遂等 | 香藥 | |
| 仁宗天聖元年，<br>顯宗十四年（一〇二三）十一月丙申 | 宋泉州人陳億 | | √ |
| 仁宗天聖四年，<br>顯宗十七年（一〇二六）八月壬午 | 宋廣南人李文通等三人 | 方物 | |
| 仁宗天聖五年，<br>顯宗十八年（一〇二七）八月丁亥 | 宋江南人李文通等 | 書册凡五百九十七卷 | |

| | | | |
|---|---|---|---|
| 仁宗天聖六年，顯宗十九年（一〇二八）九月丙申 | 宋泉州人李顓等三十餘人 | 方物 | √ |
| 仁宗天聖七年，顯宗二十年（一〇二九）八月己亥 | 宋廣南人莊文寶等八十人 | 土物 | |
| 仁宗天聖八年，顯宗廿一年（一〇三〇）七月己巳 | 宋泉州人盧遵等 | 方物 | √ |
| 仁宗天聖九年，顯宗廿二年（一〇三一）六月乙未 | 宋台州商客陳惟志等六十四人 | | |
| 仁宗明道二年，德宗二年（一〇三三）八月甲午 | 宋泉州商都綱林藹等五十五人 | 土物 | √ |
| 仁宗景祐元年，德宗三年（一〇三四）十二月庚寅 | 宋商客參加八關會 | 方物 | |
| 仁宗景祐三年，靖宗二年（一〇三六）七月辛巳 | 宋商陳諒等六十七人 | 土物 | |
| 同年十一月己丑 | 宋商參加八關會 | 方物 | |
| 仁宗景祐四年，靖宗三年（一〇三七）八月乙酉 | 宋商朱如玉等二十人 | | |

| | | | |
|---|---|---|---|
| 同年同月丁亥 | 宋商林贇等 | 方物 | |
| 仁宗寶元元年，靖宗四年（一〇三八）八月戊子 | 宋明州商陳亮、台州商陳維績等一百四十七人 | 土物 | |
| 仁宗寶元二年，靖宗五年（一〇三九）八月庚申 | 宋商惟積等五十人 | 方物 | |
| 仁宗慶曆元年，靖宗七年（一〇四一）十一月己未 | 宋商王諾等 | 方物 | |
| 仁宗慶曆五年，靖宗十一年（一〇四五）五月丙寅 | 宋泉州商林禧等 | 土物 | √ |
| 仁宗慶曆七年，文宗元年（一〇四七）九月丁丑 | 宋商林機等 | 土物 | |
| 仁宗皇祐元年，文宗三年（一〇四九）八月己巳 | 宋台州商徐贇等七十一人 | 方物 | |
| 同年同月辛巳 | 宋泉州商王易從等六十二人 | 珍寶 | √ |
| 仁宗皇祐四年，文宗六年（一〇五二）八月乙酉 | 宋商林興等三十五人 | 土物 | |

| | | | |
|---|---|---|---|
| 同年九月癸卯 | 宋商趙受等二十六人 | 土物 | |
| 同年同月壬子 | 宋商蕭宗明等四十人 | 土物 | 蕭，泉州人，詳下仁宗嘉祐三年條 |
| 仁宗至和元年，文宗八年（一〇五四）七月庚午 | 宋商趙受等六十九人 | 犀角、象牙 | |
| 同年九月庚午 | 宋商黃助等四十八人 | | |
| 仁宗至和二年，文宗九年（一〇五五）二月戊申 | 寒食，饗宋商葉德寵等八十七人於娛賓館，黃拯等一百五人於迎賓館，黃助等四十八人於清河館 | | |
| 同年九月辛未 | 宋都綱黃忻狀稱，臣攜兒蒲安、世安來投，而有母年八十二，在本國，請遺還長男蒲安供養。許之。 | | |
| 仁宗嘉祐元年，文宗十年（一〇五六）十一月辛巳 | 宋商黃拯等二十九人 | 土物 | |

| | | | |
|---|---|---|---|
| 仁宗嘉祐二年，文宗十一年（一〇五七）八月丁未 | 宋商葉德寵等二十五人 | 土物 | |
| 同年同月丁卯 | 宋商郭滿等三十三人 | 土物 | |
| 仁宗嘉祐三年，文宗十二年（一〇五八）八月乙巳 | 宋商黃景文等 | 土物 | 高麗文宗十三年八月戊辰條：「宋泉州商黃景文、蕭宗明，醫人江朝東等將還。制許留宗明、朝東等三人。」則知黃景文、蕭宗明皆泉州人。 |
| 仁宗嘉祐四年，文宗十三年（一〇五九）四月丙子 | 宋商蕭宋（應作宗）明等乞就街路瞻望法駕。許之。 | | √ |
| 同年八月乙酉 | 宋商傅男等 | 方物 | |
| 仁宗嘉祐五年，文宗十四年（一〇六〇）七月乙巳 | 宋商黃助等三十六人 | 土物 | |
| 同年八月癸亥 | 宋商徐意等三十九人 | 土物 | |

| | | | |
|---|---|---|---|
| 同年同月乙亥 | 宋商黃元載等四十九人 | 土物 | |
| 仁宗嘉祐六年，文宗十五年（一〇六一）八月丙子 | 宋商郭滿等 | 土物 | |
| 仁宗嘉祐八年，文宗十七年（一〇六三）九月壬寅 | 宋商郭滿等 | 土物 | |
| 同年十月庚午 | 宋商林寧、黃文景 | 土物 | 黃文景泉州人，見前嘉祐三年條 |
| 英宗治平元年，文宗十八年（一〇六四）七月丙戌 | 宋商陳鞏等 | 土物 | |
| 同年八月甲午 | 宋商林寧等 | 珍寶 | |
| 英宗治平二年，文宗十九年（一〇六五）九月癸未 | 宋商郭滿、黃宗等 | 土物 | |
| 神宗熙寧元年，文宗廿二年（一〇六八）七月辛巳 | 宋人黃愼來見 | | 爲泉州人，見宋史卷三三一羅拯條：「泉商黃謹（卽愼）往高麗」 |

| | | | |
|---|---|---|---|
| 同年同月辛巳 | 宋商林寧等 | 土物 | |
| 神宗熙寧二年，文宗廿三年（一〇六九）六月壬寅 | 宋商楊從盛等 | 土物 | |
| 同年七月丁丑 | 宋商王寧 | 土物 | |
| 神宗熙寧三年，文宗廿四年（一〇七〇）八月己卯 | 宋湖南、荆湖、兩浙發運使羅拯復遣黃愼來。 | | 爲泉州人，說見前。 |
| 神宗熙寧四年，文宗廿五年（一〇七一）八月丁丑 | 宋商郭滿等三十三人 | 土物 | |
| 同年九月乙酉 | 宋商元積等三十六人 | 土物 | |
| 同年同月丁酉 | 宋商王華等三十人 | 土物 | |
| 同年十月乙卯 | 宋商許滿等六十一人 | 土物 | |
| 神宗熙寧六年，文宗廿七年（一〇七三）十一月辛亥 | 設八關會，大宋國人 | 禮物 | |
| 神宗熙寧八年，文宗廿九年（一〇七五）五月乙酉 | 宋商王舜滿等三十九人 | 土物 | |

| | | | |
|---|---|---|---|
| 同年六月丙辰 | 宋商林寧等三十五人 | 土物 | |
| 神宗熙寧十年，文宗卅一年（一○七七）七月己酉 | 宋商林慶等二十八人 | 土物 | |
| 同年九月辛亥 | 宋商楊從盛等四十九人 | 土物 | |
| 神宗元豐二年，文宗卅三年（一○七九）八月丁巳 | 宋商林慶等二十九人 | 土物 | |
| 神宗元豐四年，文宗卅五年（一○八一）二月甲戌 | 宋商林慶等三十人 | 土物 | |
| 同年八月戊辰 | 宋商李元績等六十八人 | 土物 | |
| 神宗元豐五年，文宗卅六年（一○八二）八月乙亥 | 宋商陳儀等 | 土物 | |
| 哲宗元祐二年，宣宗四年（一○八七）三月甲戌 | 宋商徐戩等二十人 | 新莊華嚴經板 | 徐，泉州人，見蘇軾奏議「論高麗進奉狀」 |
| 同年四月丙戌 | 宋商傅高等二十人 | 土物 | |

（本表引自宋晞，「宋商在宋麗貿易中的貢獻」，略作補充）

在元祐二年置司前六十九次至高麗的宋商中，可肯定屬閩籍者，竟有十八次之多，其中除兩次爲福州商外，其餘十六次概爲泉州商人。其餘僅著宋商者，可能還有籍隸泉州者。三蘇全書東坡集卷二七載元祐四年（一〇八九）「論高麗進奉狀」云：

> 自二聖嗣位，高麗數年不至，淮、浙、京東吏民有息肩之喜，唯福建一路多以海商爲業，其間凶險之人，猶敢交通引惹，以希厚利。……福建狡商專擅交通高麗，高麗引惹牟利，如徐戩（泉州商）者甚衆。

「論高麗進奉第二狀」更謂：

> （明州）惠國院之僧淨源，本是庸人，只因多與福建海商往還，故商人等於高麗國中妄有談說。

可見彼時宋麗貿易中，福建商人的勢力甚大。甚至在嚴禁交通高麗時期，亦有泉州商客來往高麗。前表所引黃愼（宋史作謹）其人卽係明顯之例。緣宋麗間由宋仁宗天聖八年（一〇三〇）至神宗熙寧二年（一〇七〇）已四十一年無信使往還，熙寧二年高麗政府委託黃愼等於返宋時，攜帶國書與宋官吏，表示欲通使。宋史卷三三一羅拯傳載其事云：

> 拯使閩時，泉商黃謹往高麗，館之禮賓省，其王云自天聖後職貢絕，欲命使與謹俱來。至是，拯以聞，神宗許之，遂遣金悌入貢。高麗復通中國自此始。

文獻通考卷三二四高麗傳亦云：

> 熙寧二年，其國禮賓省移牒福建轉運使羅極（東坡奏議，宋史作拯）云，商人黃真（即

慎）、洪萬來稱，運使奉密旨令招接通好。「當國避居暘谷，邈戀天朝，祖禰以來，梯航相繼，蕞爾平壤，邇於大遼，附之則為睦鄰，疏之則為勁敵，慮邊騷之未息。蓋陸讋以靡遑，久困羈縻，難圖携貳，故違述職。……今以公狀，附真、萬西還，俟得報音，卽備禮朝貢。」……三年，極以聞，時議者亦謂可結之以謀契丹，帝許焉。命極諭之，以供擬腆厚之意。

此事係宋對高麗政策轉變之始，其後卽有元豐八年（一〇八五）解除禁止交通高麗之詔。其中值得注意者有三：高麗附函返宋華商傳遞信息，不至登、萊，不至密州，不至明州，竟交由福建轉運使，而黃、洪又爲泉州人，益證泉州與高麗間關係之密切，此其一。宋政府雖一再嚴禁宋商赴麗貿易，官方關係亦時斷時續，但由於禁令不嚴，宋商赴麗者，仍大有人在，黃、洪特一例耳，此其二。宋麗官方往來在熙、豐前多由登州出發，在熙豐後則由明州[28]，但商旅之私販（或曾於明州市舶司註册）往禁區——高麗貿易，則遍及泉州以北的海面，蓋泉州商掌握其間貿易的緣故，此其三。這種情形一直到元祐泉州置司時還是如此。東坡集卷二七「乞令高麗僧從泉州歸國狀」云：

訪聞明州近日少有因便商客入高麗國，竊恐久滯，遂僧在彼不便。竊聞泉州多有海舶入高麗，往來買賣，除已牒明州契勘，如壽介等到來年（元祐五年）卒無因便船舶，卽一面申奏乞發往泉州附船歸國。

遣高麗僧返國，在明州久候赴高麗商船不得，蘇軾竟欲將彼等發往泉州附商船返高麗，泉州對高麗之交通固已超過明州！再以留居高麗的華人情形來看，更知此言不虛：

（高麗）王城有華人數百，多閩人，因賈船而至者。密試其所能，誘以祿仕，或强留之終身。朝廷使至，有陳牒來述者，則取以歸。㉙

泉州商人在設置市舶司以前掌握宋麗貿易之實情，充分的顯示了五代以降福建商人在對外貿易中所占的重要地位。這種情形，非但未受官方忽視的影響，反而在對外貿易禁令執行之疏忽下，更方便其下海販易的行動。這種繁盛的走私貿易終於成爲宋政府不得不在泉州設司管理，將之化非法爲合法的原因之一。

至於論及泉州對南海貿易的情形，就不如宋麗貿易，有對方留下史料可供硏究。不過在我國史籍中仍有一麟半爪，可略窺其情。在未置市舶司前，泉州商人欲往南海者，往返皆須往廣州註册。文獻通考卷六二職官考提舉市舶條載其事云：

泉人賈海外者，往復必使詣廣東（原作東詣廣，疑誤），否則沒其貨。海道回遠，竊還家者過半，歲抵罪者衆。

其所謂「海道回遠」指由南海（尤其南洋群島一帶）可利用夏季西南季風直接返回泉州，轉赴廣州是極爲不便的。其往南海諸國貿易者，亦偶見記載。如往交趾即見於續通鑑長編卷二七三載熙寧九年二月壬申詔：

福建、廣南人因商賈至交趾，或聞有留於彼用事者。

福建與占城間的貿易亦甚發達。文獻通考卷三三二四載占城國傳云：

占城國……北去廣州便風半月程，東北至兩浙一月程。

可見其時人對占城與兩浙間航程已頗熟知，則兩浙南鄰的福建當亦不例外。司馬光涑水紀聞卷十二更載：

慶曆三年（一〇四三）正月，廣南東路轉運司奏：前此溫、台府巡檢軍士鄂陵，殺巡檢使，寇掠數十州境，亡入占城。泉州商人邵保，以私財募人之占城，取鄂陵等七人而歸，梟首廣市。乞旌賞。㉚

邵保爲在廣州之泉州商，其往來於泉廣間及廣州、占城間應極爲可能。其能募人入占城取鄂陵等歸，對占城亦必極爲了解，其時泉、廣、占城間之商旅往來是明顯可見的。至於南洋群島諸國，由於開發之逐步成熟，與中國之交通亦日盛。三佛齊（蘇門答臘一帶）、勃泥（今 Bro-nei）、闍婆（爪哇）諸國，均位居廣州正南方海中，其來中國如順夏季之西南季風而來，至泉州雖較遠，但未必較去廣州不便。文獻通考卷三二四三佛齊國傳云：

三佛齊汎海便風二十日至廣州，如泉州，舟行順風，月餘亦可到。

是以在南洋群島諸國逐步形成後，我國對外海上交通重心頗有東移之勢（詳下節），何況泉州尚兼擅東北亞高麗之貿易，在此頗易得廣州難見之物，自然逐漸形成三佛齊諸國來華之另一中心。宋史卷四九三闍婆傳載：

（淳化三年，九九二）明州言闍婆國遣使乘大船求貢方物。……先是，朝貢使泛舶船六十日至明州定海縣……譯者言云：今主舶大商毛旭者，建溪人，數往來本國，因假其鄉

導來朝貢。㉛

是可見宋初已有華商來往闍婆與中國之間，其來貢不由廣州，而由明州，可見其順風而來未必經由廣州，但泉州未置市舶，是以由明州入貢，更說明了泉州對南洋群島交通之便利。其實，（三）佛齊人在唐末來華時，已有由福建而不由廣州的記錄（見前章第三節）。又文獻通考卷三二四勃泥傳云：

元豐五年二月，其（勃泥）王錫理麻喏復遣使貢方物，其使乞從泉州乘海舶歸國，從之。㉜

其時泉州尚未設置市舶司，而其使竟要求由泉州乘船回國，則由泉州去南洋群島必有其便利之處。此亦可見泉州之重要。

至於印度洋上諸國，則以史料難稽，不易得知，不過仍有可供一述者。諸蕃志卷上天竺國條載：

雍熙間（九八四—七）有僧囉護哪航海而至，自言天竺國人。蕃商以其胡僧，競持金繒珍寶以施，僧一不有，買隙地建佛刹於泉之城南，今寶林院是也。

該僧由何處來，雖難知曉，但印度人東來，不全至廣州，亦有抵達泉州者是可以斷言的。這也提供泉州對南方的交通不限於南海的一個重要消息。

在泉州本地，晚近也發現了眞宗大中祥符二年（一〇〇九）阿拉伯人的墓碑。碑文云：

死者名黑提漆，異國阿拉伯女人。她是有名的人高尼微的愛女，卒於回曆四百年（即大中祥符二年）□月二十四日的上午。㉝這是迄今泉州發現最早的阿拉伯人墓碑，也是當時泉州已有外國人居留的最佳證據。

總之，北宋置司前，泉州對外交通的情形，因史料不全，難窺全豹，但由現存之零星史料，亦可推知當時泉州對外交通已頗興盛。其與南海交通雖不如與高麗貿易之盛，但已與交趾、占城、三佛齊、闍婆、勃泥，甚至印度，有所往來。這一繁盛的交通遂構成宋在泉州設置市舶司的主要條件。

❶ 見李陳順妍，「晚清的重商主義」（原刊中研院近史所集刊三集），收入近代中國思想人物論——晚清思想（時報出版社，民六九），頁三三四—五，中國傳統經濟思想及其變遷一節。

❷ 參宋晞，「宋代士大夫對商人之態度」（收入宋史論叢，國防研究院，民五一），頁四一—一四。

❸ 詳見E.A. Kracke, Jr., "Sung Society, change within tradition," *Far Eastern Quarterly*, XIV, 4(1955), p.484.

❹ 見宋會要職官四四之一提舉市舶司條。宋史卷一八六，食貨下，互市舶法條同。

❺ 宋史卷五太宗本紀二，雍熙二年九月己巳條。

❻ 宋史卷一八六，食貨下，互市舶法條略同。

❼ 見宋會要職官四四之一——二。宋史卷一八六食貨下互市舶法條，亦引此詔，惟十五千以上黥面，「作十五貫以上」，亦同。

❽ 宋史卷二六八張遜傳略同。

⑨ 宋會要食貨五五云：「大中祥符二年（一〇〇九）二月，（榷藥局）撥併入榷貨物。」

⑩ 宋會要職官四四之二。

⑪ 宋會要職官四四之二。

⑫ 詳見藤田豐八，「宋代市舶司及市舶條例」（收入中國南海古代交通叢考），頁二六五—六。石文濟，「宋代市舶司的設置」（宋史研究集第五輯，民五九年），頁三四八亦可參看。

⑬ 杭州市舶司在淳化三年（九九二）移於明州。次年，又移歸杭州。至眞宗咸平二年（九九九）兩州並置。見同上註。

⑭ 宋史卷一八六，食貨下，互市舶法條略同。

⑮ 如宋會要職官四四之二載淳化二年（九九一）四月詔廣州市舶云：「（上略）自今，除禁榷貨外，他貨擇良者，止市其半，如時價給之，麤惡者恣其賣，勿禁。」

⑯ 此令見三蘇全集東坡集卷二八奏議，「乞禁商旅過外國狀」所引。其後嘉祐年間（一〇五六—六三）曾重申前令。

⑰ 見東坡集卷二八奏議，「乞禁商旅過外國狀」引元豐八年（一〇八五）九月十七日勅令節文。

⑱ 宋會要職官四四之二。

⑲ 引自東坡集卷二八奏議，「乞禁商旅過外國狀」。

⑳ 宋會要職官四四之六載其事云：「熙寧七年七月十八日，詔廣東路提擧司劾廣州市易務勾當公事呂邈，以擅入市舶司拘攔蕃商物故也。十九日，詔廣州市舶司依舊存留，更不併歸市易務。」

㉑ 文獻通考卷六二，職官考十六提擧市舶條謂：「熙寧中始變市舶法。……舊制雖有市舶司，多州郡兼任，元豐中始令轉運使兼提擧，而州郡不復預也。」其下文與會要同。

㉒ 見宋會要職官四四之六。

㉓ 如哲宗元祐二年（一〇八七）置泉州市舶司，次年置密州市舶司於板橋鎭。徽宗政和三年（一一一三）又置秀

州市舶司等。

㉔ 廣州可利用北江水運至南雄，越大庾嶺至虔州後，卽又可利用贛江水運轉長江北上入汴。詳見全漢昇，「宋代廣州的國內外貿易」（史語所集刊八本三分），頁三三五。明州、杭州利用大運河更爲方便。

㉕ 五代詩人杜荀鶴語。見全五代詩卷四，「閩中秋思」。

㉖ 見蔡襄，荔枝譜（百川學海本），第三。該書自序署嘉祐四年，歲次己亥，是在西元一〇五九年，襄第二次出知泉州時所寫。

㉗ 宋晞，「宋商在宋麗貿易中的貢獻」（史學彙刊第八期，民六六年八月），收入宋史研究論叢第二輯，頁一四六—五九。

㉘ 熙豐前如淳化四年（九九五）宋使陳清、劉式赴高麗，卽從登州出海。宋使高麗傳云：「往時高麗人往來皆自登州。（熙寧）七年，遣其臣金良鑑來，言欲遠契丹，乞改由明州詣闕，從之。」

㉙ 見宋史卷四八七高麗傳。文獻通考卷三二四高句麗傳同。

㉚ 宋會要兵十一之十七略同。

㉛ 文獻通考卷三三二闍婆傳同。

㉜ 宋史卷四八九勃泥傳同。

㉝ 碑原爲阿拉伯文，馬克恩中譯。譯文載吳文良，泉州宗教石刻，頁六。此處轉引自蘇宗仁，宋代泉州市舶司研究（香港大學碩士論文，一九五〇年），頁三七二。

## 第三節　五代北宋泉州海上交通轉盛的原因

五代以降，泉州能由居唐末廣、揚間轉運站之地位，一躍而爲獨立對外貿易港市，其原因雖已於一、二節中約略道及，然其後復能於北宋初年之忽視泉州對外交通下，仍能有持續不斷的發展，實有値得深入探討之處，爰於此節專論之。

有關唐末五代我國對外海上交通之興起，論者每謂與唐末黃巢之入廣州（八七九年）有重大關係。在黃巢之亂以前，掌握中外海上貿易者多爲阿拉伯人，黃巢入廣州殺「蕃」商十二萬人，後來外商視爲畏途，國人遂起而代之❶。然出海販易者，仍多爲嶺南道人，福建地區則尚未見。因此論及泉州在五代後在海外交通中所占地位逐漸重要，還要從其他方面探討。這至少可由以下三方面加以討論：其一是主觀形勢的改變，即福建（尤其是泉州）商人的興起，在對外貿易中逐漸掌握了舉足輕重的地位。其次是客觀形勢的逐步成熟，這包括東洋航路之肇與與西洋航路之轉變兩方面。其三就是航海技術的重大進展。茲分別論述於後。

## 一、主觀形勢之改變——閩（尤以泉州爲最）商之興起：

前已論及在唐中期以前，來往中阿間從事海上貿易者，多爲阿拉伯（大食）人，後來稍有改變，中國人出海貿易者漸多。但其時出海販易者多爲嶺南道人，至五代起形勢始變，閩南出海販易者日盛一日。此種轉變的理由，復可由以下幾項分別說明：

1.福建之地狹人稠：以今日地理區而言，福建屬浙閩丘陵區，多山嶺丘陵，海拔在四〇〇—一五〇〇公尺之間，位於大陸邊緣，爲火山噴發物堆積而成；地形破碎，河流短促，且均獨流入海，故僅有局部沖積平原，可耕地不多❷。而隨着人口的增加，閩地逐漸變爲地狹人稠，出產不足的現象。這種地理因素，至今已成爲國人論閩粵華人出海維生之重要理由。但此處所需決定者是此種地狹人稠現象由何時開始。在南朝陳時，晉安郡尙爲糧食過剩之區❸。唐末韓愈謂「閩越地肥衍」❹，沈懷遠「次綏安」（今漳浦縣）詩亦云「閩方信阻狹，玆地亦豐沃。」❺是可見在唐末以前「阻狹」是不錯的，但因「地肥衍」，尙無糧產不足之現象。因此此種現象之產生，當在五代宋初以後。這與五代北宋時期福建及泉州地區的開發有重大關係。

五代、北宋時期在福建及泉州地區之開發史上居於關鍵地位。就福建地區而言，宋初是單獨設置地方最高行政區（路）之始。福建地區在五代以前，或屬嶺南，或屬江南（東道），至宋，於收入版圖後卽單獨設路，漳、泉未附前先稱兩浙西南路，太宗雍熙二年（九八五）起更名福建❻。福建之於宋初設路，是因爲唐末五代以來中原人士的不斷移入，使州縣人口大量增加，偏僻荒蕪之區有更進一步的開發，在五代時就已有許多地區因發展已達相當程度而設縣。以泉州地區而論卽有五個之多：唐德宗貞元十九年（八〇三）置之大同場，在五代閩王曦永隆元年（九三九）升爲同安縣；唐穆宗長慶二年（八二二）置之桃林場，在五代後晉長興元年（九三〇，時王審知治閩，未稱帝）并爲永春縣；唐懿宗咸通五年（八六四）置之小溪場，在五代南唐保大十三年（九五五）升爲清溪縣（次年更名爲安溪）；同年，唐僖宗乾符三年（八七六）置之武德場亦升爲長泰縣（以上四縣俱由南安縣分出）；宋初太平興國六年（九八一，卽併有泉州之第四年）又劃晉江縣洛陽江北地區成立惠安縣❼。是泉州由唐原有之四縣（南安、莆田、仙遊、晉江）增爲九縣。由縣邑增置之快、之多，可以明顯看出唐末五代以來泉州地區開發之迅速。因此宋領有福建後，卽對福建之行政區劃做了大幅度的調整，由原來之五州（福、建、泉、汀、漳）擴爲八州（軍），上四州之建、南劍、邵武（軍）、汀及下四州之福、興化（軍）、泉、漳。而原屬泉州不在晉江流域範圍內的莆田、仙遊劃歸興化軍，長泰劃歸漳州，而原屬福州之德化則劃入泉州，卽泉州新領之七縣全屬晉江流域，與地理區域更相符合❽。至此泉州之轄域大體定型，其後終清之世未有重大改變。

這種快速的開發，自然與人口之快速增長有莫大關係。緣唐中期中原已遭安史之亂的摧殘，人口流徙來南者已不少；唐末復經王仙芝、黃巢之亂的殺戮，中原更加殘破不堪，入閩仕民更爲衆多。王潮、審知、審邽兄弟入閩的一支卽爲最大的一次❾。嚴耕望先生由文獻通考及宋史所載後周及各國各地之戶數，統計出五代之末全國戶口以漳泉、吳越及南唐爲最稠密❿。自隋到南宋初年福建人口增加的情形可由下表看出：

| 年代 | 戶數 | 口數 | 資料來源 |
| --- | --- | --- | --- |
| 隋 | 一二、四二〇 | （未載） | 隋書卷三一地理志 |
| 唐初 | 一五、三三六 | 二三、八二〇 | 舊唐書卷四十地理志 |
| 唐開元時 | 九〇、六八九 | 四一一、五八七 | 舊唐書卷四十地理志 |
| 唐天寶時 | 八三、五三八 | 五三七、四七二 | 通典卷一八二州郡十二 |
| 天寶年間 | 八四、三一一 | （未載） | 元和郡縣圖志卷二九江南道五 |
| 元和時 | 八六、〇七九 | （未載） | 元和郡縣圖志卷二九江南道五 |

| | | | |
|---|---|---|---|
| 宋太平興國年間 | 四六七、七八五 | （未載） | 太平寰宇記卷一〇二 |
| 元豐三年 | 九九二、〇八七 | 二、〇四三、〇三二 | 文獻通考卷十一戶口考 |
| 元豐年間 | 一、〇四四、三三五 | （未載） | 元豐九域志卷九 |
| 宋紹興三十二年 | 一、三九〇、五六五 | 二、八二八、八五二 | 宋史卷八九地理志五 |

如以唐天寶時（七四二—五六）與宋元豐三年（一〇八〇）比較，戶數增加近十二倍，口數增加近四倍，人口增加之多，已可大略看出。至於泉州人口的增加，下表亦可顯示一斑：

| 年代 | 戶數 | 口數 | 資料來源 |
|---|---|---|---|
| 唐開元時 | 三〇、七五四 | （未載） | 元和郡縣圖志、乾隆泉州府志載三七、〇五四未知孰誤。 |
| 天寶時 | 二三、八〇六 | 一六〇、二九五 | 舊唐書卷四十地理志五 |
| 天寶時 | 三五、五七一 | （未載） | 元和郡縣圖志卷二九 |
| 乾元時 | 三三、八〇〇 | （未載） | 乾隆泉州府志卷十八戶口志 |
| 元和時 | 二四、五八六 | 一五四、九〇〇 | 通典卷一八二州郡十二泉州府志載戶三五五〇〇有奇 |
| 宋太平興國時 | 九六、五八一 | （未載） | 太平寰宇記卷一〇二江南道 |

| | | | |
|---|---|---|---|
| 元豐時 | 二〇一、四〇六 | （未載） | 元豐九域志卷九，宋史地理志載崇寧時戶同。 |
| 淳祐時 | 二五五、七五八 | 三四八、八七四 | 乾隆泉州府志卷十八 |

由唐元和年間（八〇六－八二〇）至北宋元豐時，戶數增加達八倍之多，成爲當時全國戶數在二十萬以上有數的大州之一⓫。雖然宋後浮報戶數以逃稅之風氣極盛，但唐末到北宋末年，泉州人口增長之速是大概可以看出的。

這種人口快速的增長，遂造成宋初以後泉州地狹人稠，生產不足的現象。宋史卷八九地理志福建路條載：

> 民安土樂業，川原浸灌，田疇膏沃，無凶年之憂。而土地迫狹，生籍繁夥，雖磽确之地，耕耨殆盡，畝直寖貴，故多田訟。

已說明福建雖土地肥沃，無凶年之憂，但却因地狹人稠，而使地價騰貴。而乾隆泉州府志卷十八戶口志更謂在宋眞宗時福建、兩浙已因地狹人貧，至人多終身傭作，無力繳納丁錢：

> （宋）真宗之世，念南方地狹人貧，終身傭作，僅了身丁，其間不能輸納者，父子流竄，甚或生子不舉。祥符中下兩浙、福建除身丁錢四十五萬貫。其時漳、泉、興化三州，以丁錢折變輸米，無為論奏者，除錢詔令遂不行於三郡。

至南宋初年廖剛的投省論私買銀劄子時，已至「七閩地狹人稠，爲生艱難，非他處比」的境地

⑫。

福建既因地理環境影響，可墾之地有限，而人口又如此大量的增加，自然造成地狹人稠，生活困難的情形。農產不足，遂迫使閩人紛紛出海，從事海外貿易。北宋熙寧間歷官興化軍的泉州惠安人謝履「泉南歌」云：

> 泉州人稠山谷瘠，雖欲就耕無地闢，州南有海浩無窮，每歲造舟通異域。⑬

就是最好的說明。

2.寺田的集中：福建人稠的因素固在唐末五代逐漸形成，但如無其他因素之推波助瀾，人口過剩現象猶不至太過嚴重。但唐末五代以降，福建佛教勢力之大量擴張，遂使原已地狹人稠的局面，更形惡化。

唐中葉起，南禪在江南如日中天。福建由青原行思第五世雪峯義存受王審知禮遇，以福州爲傳法之地後，亦開始大盛⑭。有關寺廟之建築，五代時期數量之多不但空前，而且絕後。清同治重纂福建通志卷二六四云：

> 閩自建安立郡以來，一切建置不詳，獨佛寺為最古：紹因、林泉、延福創於晉；資福、建福創於齊；蕭梁之際，塔既驟增，浮屠相望；陳、隋及唐，以數百計；王氏入閩，度僧三萬，增寺二百六十七，稱佛國焉。

已經說明了五代在福建佛教史上的地位。魏應麒曾經統計在王氏入閩前（八八五），自晉太康間（三八〇—九　）福建有僧寺以來六百年間所建寺觀，不滿三百二十。而由王氏入閩至滅亡

（八八五—九四五）首尾六十二年中，竟達三百三十七所之多。而自閩亡至宋統一（九四五—九七七）的三十三年間所建寺觀之數，也有一百四十一所⑮（十國春秋卷九十更載有二百二十一所之多）。至宋時泉州遂有「泉南佛國」之稱，曾鞏元豐類稿卷四九佛教條載：

> 開寶中，令僧尼百人，許歲度一人。至道初，又令三百人歲度一人，以誦經五百紙為合格。先是泉州奏，僧尼未有度者萬數，天子震駭，遂下詔曰：古者一夫耕三人食，尚有受餒者，今一夫耕十人食，天下安得不重困，水旱安得無轉死之民。

泉州僧之未度者，即以萬數，泉州佛教之盛可知。

佛教大盛，寺觀衆多，在寺領莊園不斷的擴張下，原已地狹人稠的福建地區，農業問題更形嚴重。十國春秋卷九一惠宗本紀云：

> 天盛三年（九八二）冬十二月，度民二萬為僧，由是閩地多僧。王（延鈞）之量田土為三等，膏腴上等以給僧道（原註：因有寺田之名），其次以給土著，又其次以給流寓。

⑯

泉南雜誌卷下亦謂：

> 泉至五代之際，腴田多屬寺觀，民間其下者耳。

閩書卷三九版籍志更稱：

> 僞閩之量田土，第為三等，膏腴上等以給僧寺，此寺田所由起也。其後王延彬、陳洪進及諸家多有田入寺者。顧竊喜施之名，多推產米於寺，而以輕遺其子孫，故寺田產米，

比民業獨重。

都可以看出五代以後佛教寺田勢力之大，尤以後兩段所載專指泉南而言，更值得重視。至其確實所占農田之比例，黃敏枝曾由淳熙三山志統計宋代福州的情形，據其統計，福州寺田山地竟占全州田地百分之二十點九，而寺戶僅占全州百分之零點四六⑰，土地集中於寺廟的情形可知。閩南漳、泉一帶雖無詳細資料可供統計，但據南宋中期人陳淳的說法，泉南一地寺田所產竟占全額十分之七，其產多至八、九十千，甚至百千，歲入以萬斛計，富寺有田一百五十頃，極爲平常，而富家不過五頃、十頃而已⑱。而漳州寺產所占比例，更高達七分之六⑲。難怪陳淳對寺觀要大肆抨擊。

原已地狹人稠的局面，復因佛教寺院之剝削而問題更形嚴重，是以廹使閩省百姓出洋貿易者，實與上述人口之增長及寺田之大量膨脹有不可分的關係。由這種情形所造成的農業剩餘人口，在原本已具有海上經驗的沿海州縣社會中，轉向海上發展的可能性自然極大。他們在唐末受到外商來販獲得重利之引誘，逐步走上出海貿易的路，復遭遇五代特殊環境的孕育（詳下），入海商賈人數大量增加，至宋初已造成一股不可阻攔的海上力量。這是日後閩南泉漳一帶社會中特重貿易取向（trade-orientation）的原因。後村先生大全集卷十二「泉州南廓」二首把這種現象說的最爲明白：

閩人務本亦知書，若不耕樵必業儒。惟有桐城南郭外，朝爲原憲暮陶朱。海賈歸來富不貲，以身殉貨絕堪悲。似聞近日雞林相，不博黃金不博詩。

其始在唐宋之際，而絕非如某些學者所謂在明中葉以後也[20]。

3.五代福建地區割據的影響：有關這一點，於前述五代時期泉州對外海上交通中已約略提及，至少有兩方面對閩商大量出海從事貿易有相當重要的影響。其一是五代割據期間之主政者，前之王氏，後之留從效、陳洪進，皆對海外貿易頗爲鼓勵。他們鼓勵對外貿易的原因，雖無具體史料可查，但與地狹人稠，農業生產不足，而海外貿易能獲取暴利，可能有關。其中尤以王審之「招來海中蠻夷商賈」及其侄王延彬在泉州積極從事對外貿易，號「招寶侍郎」爲最重要。他們對海外貿易的鼓勵政策，大有異於傳統中國的價值取向，是造成日後福建沿海地區與中原傳統文化有重大差異的重要原因。福建僻處我國一隅，在「天高皇帝遠」的局面下，原本就容易造成與中原文化歧異的現象。加之五代時統治閩地的君主又爲傳統下層社會出身，其文化與上層文化容有不同。商業在傳統中國社會中雖被視爲最低的一種職業，但五代君主則多持鼓勵商業的政策，遂使商業在福建地區的社會中占重要地位，終至造成福建偏重貿易的價值取向[21]。至宋再度統一中國時，此種取向已根深蒂固，難作更改。周起元謂：「自王審知招航海之商，而閩人泛粵以轉市於夷」[22]即已說明王審知之鼓勵商業政策，造成閩人從事海上貿易之習性。

其二是割據的局面改變了閩省海上貿易的型態。原來閩商出海貿易例須經過廣州往南海，明州往韓、日，因閩省之割據，其與粵之南漢，浙之吳越俱爲仇敵，無法再經由廣州及杭、明諸州的轉運，因此由王氏入閩起，福建割據者皆直接泛海由登、萊入貢中朝，而閩人亦直接與新羅、高麗往來。南海所出產的香藥珍寶也大量滙集於泉州。此種變過去間接來往爲直接往來，是日後宋政府雖未置司泉州，而閩南商客仍能由泉州直接放洋，北往高麗、日本，南去南海之最重要因素。

以上三點理由，是泉州能由唐末廣州揚州間中途站，轉而成爲獨立對外貿易港埠的重要原因。福建泉州地區，雖然僻處東南沿海，腹地狹小，與內陸交通又極不便，但終在閩商（大部爲泉州商）在五代後之興起，掌握了大部分對高麗貿易及部分對南海貿易後，逐漸成爲我國對外交通中的新興港市。這是宋初泉州對外交通繼續發展的首要主觀因素。

## 二、客觀形勢之逐漸成熟——東、西洋航綫之重大轉變：

在五代宋初閩商逐步抬頭後，客觀形勢的演變亦逐漸有利於泉州，這可由兩方面論之。一方面是西洋航路的轉變，一方面是東洋航路的興起。

東西洋一辭，雖至元初始見於記載㉓，但由於它是南海貿易地區不斷擴大下的產物，因此在宋時應該已經存在。原來我國與南海之貿易只限於與位於廣州西南方之國家的交易，是故在初期（約在魏晉以前）沿岸航行時期，外人來華率以交州爲門戶。待其後航海術有所進步，掌握了南海季風之秘密，商賈於穿過麻六甲海峽後漸敢越南海航行時，廣州才成爲對外貿易的大商埠，此卽隋唐時代廣州大盛之主要原因。其時由廣州去南洋，率皆於冬季乘東北季風南下，卽可抵達三佛齊（卽室利佛逝，在今蘇門答臘之舊港 Palembang 一帶），其後由於闍婆（爪哇）勃泥（婆羅洲）以及在今菲律賓群島的摩（麻）逸逐步開化，乃使南海與我國交往地區日漸擴大。這條由廣州順風南下之航綫已無法到達上述新增的貿易地區，東西洋一辭遂逐漸出現。由廣州順冬季東北季風南下可及之區以西，謂之西洋，以東謂之東洋。如此說屬實，則東西洋之出現，應在北宋勃泥、闍婆、摩逸等國使臣來華後。而由於當時國人並未詳究冬季所吹係東北風，概以北風視之，因而對南海諸國在方位的辨認上，亦頗有偏差。宋洪遵泉志卷十二外國品下載：

> 三佛齊國錢。諸蕃風俗云，在廣州正南。
>
> 佛（勃）泥國錢。諸蕃風俗云，在廣州東南。

嶺外代答卷二海外諸蕃國條亦云：

> （上略）正南諸國，三佛齊其都會也。東南諸國，闍婆其都會也。

事實上，佛泥（婆羅洲）、闍婆（爪哇）一綫才在廣州之正南，而三佛齊已偏在廣州西南。此點證明國人對南海方位之辨認，全依貿易風爲之，由廣州順風所達之地，即爲正南，初不知因所吹爲東北風，故所到之地已偏在西南㉔。但無論方位如何，如順冬季貿易風南下，可直達之地爲三佛齊，所謂東西洋亦以此分野。是故以廣州爲基點畫分東西洋，三佛齊應爲「東洋盡處，西洋所自起」之地。元大德八年（一三〇四）陳大震南海縣志一書，爲「廣船官本」，代表廣州人對南海之看法，稱單馬令（新加坡）與三佛齊爲小西洋，而佛坭（即勃泥）即爲東洋或小東洋，單重布羅（婆羅州南部之 Tandjung）、闍婆爲大東洋，其以假里馬打（Karimata）海峽及巽他（Sunda）海峽劃分東西洋明矣㉕！但由於宋後泉州之興起，至南宋泉州對外交通更有凌駕廣州之上的趨勢，其後終元末止，國人多由泉州出海，亦有以泉州爲基點劃分東西洋者。明萬曆年間張燮東西洋考卷五文萊條云：「文萊，卽婆羅國，東洋盡處，西洋所自起也。」論者皆謂東西洋分界綫之由假里馬打、巽他海峽東移文萊，是一六一七年東西洋考一書問世後的轉變㉖，事實上，這是不明瞭東西洋分界理由者所做的推論。張燮，漳州人，其所謂東西洋分界點，係代表閩南以泉州（明以前）或漳州（明中期以後）爲出發點之觀念，自然與以廣州爲基點的劃分不同。下述泉州、勃泥間航綫在宋時的出現最足以說明這個道理。

1.西洋航路之轉變——泉州、勃泥直接航綫的開通：

兩宋時，三佛齊仍爲東西交通之重要轉運站，嶺外代答謂其係「諸蕃水道之要衝」，諸蕃志更謂其「扼諸蕃舟車往來之咽喉」（文獻通考同）。由印度洋東來之船舶，在過麻六甲海峽後，要在此停靠，等待夏季西南風起再北來廣州，而其東之闍婆（爪哇）等國亦須先至三佛齊，或占城（越南南部），再來廣州。嶺外代答卷二三佛齊國條所謂：「東至闍婆諸國，西至大食諸國，無不由其境而入中國者」，卽指此而言。但其間由於往返商旅之摸索、指引，漸亦有直接由闍婆來華之航綫。嶺外代答卷三航海外夷條載：

（上略）三佛齊者，諸國海道往來之要衝也。三佛齊之來也，正北行，舟歷上下竺與交洋，乃至中國之境。其欲至廣州者，入自屯門，欲至泉州者，入自甲子門。闍婆之來也，稍西北行，舟過十二子石而與三佛齊海道合於竺嶼之下。

竺嶼在蘇門答臘南端都魯把旺港外，則由闍婆來中國雖利用一段三佛齊航路，但已不經三佛齊，這自是一條新的直接航路。但就闍婆與中國之地理方位言之，如闍婆利用夏季西南季風來中國，則自闍婆西北行後再轉入三佛齊海路來廣州，反不如直接北航至我國東南沿海便利。故嶺外代答所述或只是諸航路之一。必另有航路可不經三佛齊舊路而逕至我國東南沿海。如前引文獻通考卷三三二闍婆條載其淳化三年（九九二）來貢云：

先是朝貢使泛海船六十日至明州定海縣。掌市舶監察御使張肅，先驛奏其使飾服之狀與嘗來入貢波斯相類。譯者言云：金（宋史作今）主舶大商毛旭者，建溪人，數往來本國，因假其鄉導來朝貢。

闍婆既能直接來我國東南沿海，則居於其東北的勃泥自亦能來。同書勃泥條載其太平興國二年（九七七）來貢云：

其王向打遣使施弩，副使蒲亞里，判官哥心絭（來貢）……（其表）橫讀之，以華言譯之云：勃泥國王向打，聞有朝廷，無路得到。昨有商人蒲盧歇船泊水口，差人迎到舟，言自中朝來，比詣闍婆國，遇猛風，破其船，不得去。此時聞自中國來，國人皆大喜，卽造舶船，令蒲盧歇導達入朝貢。

闍婆、勃泥來華直接航路之開通，無疑爲往昔須經三佛齊轉運之一大轉變。闍婆、勃泥等來華既至東南沿海爲便，終於有前引元豐五年（一〇八二）勃泥國使者要求由泉州放洋回國之事：

元豐五年二月，其（勃泥）王錫理麻喏復遣使貢方物，其使乞從泉州乘海舶歸國，從之。

其使要求從泉州乘海船歸國，說明了泉州——勃泥間之直接海路較廣州——勃泥之路要方便，蓋順東北季風也。勃泥、闍婆之來往泉州既較廣州為便，泉州商客南下者乃能另闢以勃泥為轉運站之新航綫，泉州對外交通乃日盛一日。

2.東洋航路之興起：

勃泥——泉州航綫之開通，對東洋新興地區的貿易也有重大影響，蓋無須再經由三佛齊之轉運，而可由勃泥順風來泉州。今日中外史家多承認摩（麻）逸屬菲律賓，而有關摩逸之記載初見於文獻通考卷三三二闍婆條：

> 又有摩逸國，太平興國七年（九八二）載寶貨至廣州。

此次來貢與前引五年前勃泥之來貢有密切關係[27]，宋史、文獻通考兩書勃泥條均言勃泥去占城及摩逸各三十日程[28]，即初期摩逸等國來華先西南行三十日至勃泥，再北來廣州。其後勃泥既因風向之便，轉而由泉州歸國，摩逸當亦隨之。至南宋以後遂能直接由泉州往來貿易。

就東洋而言，來泉州既較廣州為便，復由於我國航海針路之運用（詳後），泉州遂成為我國交通東洋唯一之港埠。試比較南宋反映廣州對外交通之嶺外代答及敘述泉州對外交通之諸蕃志二書，即可明白看出。嶺外代答載海外諸蕃國云：

> 闍婆之東，東大洋海，水勢漸低，女人國在焉。愈東則尾閭所泄，非復人世。稍東北則高麗、百濟耳[29]。

值得注意的是，根本未提及勃泥及以東諸國。蓋元豐以後勃泥即由泉州往來，而闍婆仍由三佛齊來廣州，故存其名，却將闍婆視為最東之「人世」；其東則僅有傳聞中的女人國，再東則

「非復人世」，可見南宋初年廣州對南海之了解，最東僅止於闍婆，對其東之東洋諸國鮮有所知。但反觀泉州，諸蕃志雖有抄襲嶺外代答處，然於述完西洋諸國後，接著敘述勃泥國、摩逸國、三嶼、蒲哩嚕諸國，後更述流求國、毗舍耶國，才及於新羅、倭國㉚。可見泉州方面對今婆羅洲以東之東洋諸國，如菲律賓（麻逸、三嶼、蒲哩嚕等）、毗舍耶（Visaya Is.）、流求等，由於商賈來往貿易，瞭解甚深。早於諸蕃志的雲麓漫鈔㉛卷五有「福建市舶司常到諸國船船」，記載的更爲明白：

> （上略）勃泥國則有腦版，闍婆國則多藥物，占城、目麗、木力千、賓達儂、胡麻巴洞、新洲國，則有夾煎。佛囉安、朋豐、達囉啼、達磨國，則有木香。波斯蘭、摩逸、三嶼、蒲哩嚕、白蒲邇國，則有吉貝布，貝紗。

自西而東依次敘述常到泉州諸國，自波斯蘭以下五國俱屬今菲島範圍，而其上接闍婆諸國，下接高麗一國㉜，更可見泉州對東洋關係之深厚。泉州此種在南海貿易中兼通東西洋的優越地理位置，是我國其他港市難及的條件。更何況泉州還掌握了前述對東北亞高麗的貿易，這更使它成爲南海（包括東西洋）與高麗之間的轉口港，泉州對外貿易焉能不盛。梁嘉彬先生說的好：

> 在泉州開港前，福州以北諸港係指定交通東海，其出帆係藉夏季西南信風（遇西風或南風尚可開航，遇西北或北風，則無開航之理），故易交通流求、日本、韓國。廣州以南諸港係指定交通南海，其出航係藉冬季東北信風（遇東風或北風尚可開航，遇東南風或南風，則無開航之理），故易交通中南半島諸國。台灣、菲律賓諸島因偏處南海之東，故每為

東海航綫，南海航綫所甌脫。宋代泉州貿易大盛，航海術續有進步，而泉州港之出帆，一年祈風兩次（夏季西南風，及冬季東北風），兼通東海、南海諸國，由是台灣、菲律賓諸島乃始航路暢通。㉝

誠爲此說最精要之結論。

## 三、航海技術的重大進步：

五代以後我國海上交通大盛的另一因素，厥爲航海技術的進步。在唐末以前從事南海貿易者既多爲阿拉伯人，故有關航海資料極少見於我國史籍。至五代以後情況大變，華商既成爲貿易常客，我國之航海知識亦隨之大爲進步。其與泉州海外交通之發展有密切關係的有下列幾項：

1福建造船技術領先我國：五代以後閩商大量出海貿易，海舟爲彼等所必備。在第一章中，已論及自古福建地區即有製造海船的傳統，自此以後造船技術續有重大的進步。其時福建地區的海船建造，多爲民間造船業（迄宋室南遷止，少見官方在福建設有造船廠），完全是在繁盛的對外貿易中滋生成長，與其他地區爲官方經營者，大爲不同。如宋會要刑法二之一三七載南宋嘉定五年（一二一二）九月二十八日臣僚言：

漳、泉、福、興化，凡濱海之民所造舟船，乃自備財力，興販牟利而已。

而宋初成書的太平寰宇記中，泉州土產項下即有「海舶」一項，則造船業在宋初即已爲泉州主要製造業之一。而福建地區所造之海船爲最佳。徐夢莘三朝北盟會編卷一七六云：「海舟以福

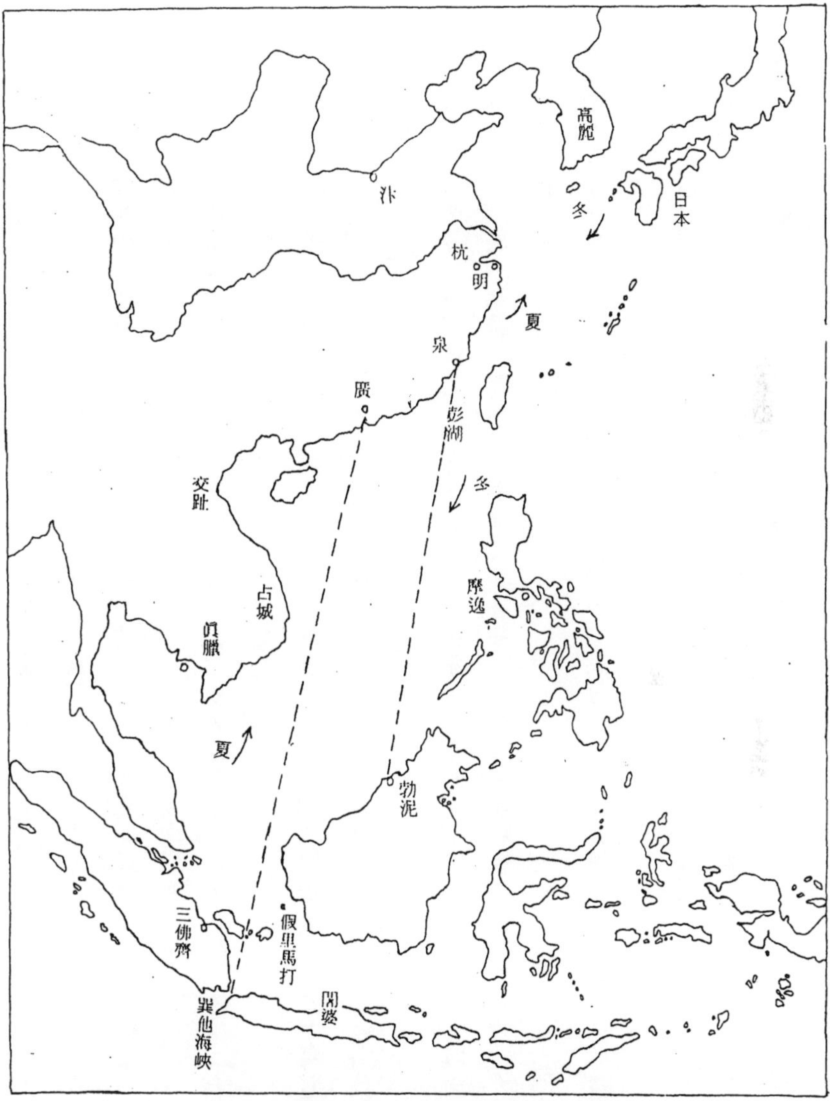


圖三　東西洋與泉、廣位置比較圖

建爲上。」忠穆集卷二更云：「南方木性與水相宜，故海舟以福建爲上，廣東、西船次之，溫、明州船又次之。」宋會要食貨五〇之十八載紹興二十八年七月二日福建路安撫轉運司更言：

> 昨准指揮令兩司共計置打造出戰魛魚船一十隻，付本路左翼軍統制陳敏水軍使用。契勘魛魚船乃是明州上下淺海去處，風濤低小，可以乘使，如福建、廣南海道深濶，非明海洋之比，乞依陳敏水軍見管樣造尖底海船六隻，每面濶三丈，底濶三尺，約載二千料，比魛魚船數已增一倍，緩急足當十舟之用。詔從之。

可見兩浙路明州一帶因「淺海去處，風濤低小」，所適用之戰船魛魚船是不能用於「海道深濶」的福建、廣東海面，而要就地造更大的戰船。粵人出海則多用廣東所造之藤舟，據嶺外代答卷六藤舟條載：

> 深廣沿海州軍，難得鐵釘、桐油造舟，皆空板穿藤約束而成，於藤縫中以海上所生茜草乾而窒之，遇水則漲，舟為之不漏矣。其舟甚大，越大海商販皆用之。

又據萍洲可談卷二所記廣州之船謂：

> 船方正若一木斛，非風不能動，其檣植定而帆側掛，以一頭就檣柱如門扇，帆席謂之加突，方言也。

廣船方正，不利破浪，而藤舟雖不至漏水，但難禦風濤，皆有缺點。福船據太平寰宇記卷一〇二泉州風俗條則載：「船頭、尾尖高，當中平濶，冲波逆浪，都無畏懼，名曰丫烏船。[34]」宜和奉使高麗圖經載由福建徵來之客舟，對福船的描寫更爲詳細：

（客舟）長十餘丈，深三丈，濶二丈五尺，可載二千斛粟。其制皆以全木巨枋攙疊而成。上平如衡，下側如刄，貴其可以破浪而行也。其中分為三處，前一倉不安艎板，唯于底安竈與水櫃，正當兩檣之間也。……船首兩頰柱，中有車輪，上綰繩索，其大如椽，長五百尺，下垂矴石，石兩旁夾以二木鉤……遇行則卷其輪而收之。後有正柂，大小二等，隨水淺深更易。當膺之後，從上插下二棹，謂之三副柂，唯入洋則用之。……每舟十艣……大檣高十丈，頭檣高八丈。

這種二千料的大船由於晚近泉州灣宋代海船的出土，得到了印證。泉州灣后渚港出土的海船，係南宋末年的海船㉟。長三四．五五公尺，寬九．九公尺，深三．二七公尺㊱，換算為長十丈多一點，寬三丈左右，深不及一丈（指船舷以下）；故其應為一千料至二千料的大船，即載重千石至兩千石，合六十噸至一百二十噸㊲；而其特點：長寬比小，尖底，多隔艙，多重板及雙桅等，除甲板以上朽壞無從稽考外，餘均與高麗圖經所載大體相符，是可見宋代泉州造船技術已達到相當高的水準，因此官方出使高麗常向福建徵調船隻：

舊例，每因朝廷遣使，先期委福建、兩浙監司顧募客舟，復令明州裝飾，略如神舟，具體而微㊳。

出使高麗，不就近於山東徵調，而委福建、兩浙監司招募，即可看出福建造船確有過人之處。

除了海船的出土以外，晚近泉州亦發現了古代船塢的遺址，在泉州東南位於法石鎮沿海的烏墨山澳、雞母澳一帶，掘出了零星的船板、船椗或船索；民國四十七年更有船桅的出土，都說明了此地爲昔日的造船之所㊴。宋代泉州造船業之盛，不只有文獻資料的記載，更有出土的實物爲證，故泉州造船駕於其他地區之上是顯而可見的。

2.祈風所顯示對風向之控制及利用：五代宋初以後，泉州對外交通興盛的原因，除了造船技術領先外，航海知識的進步，也占極重要的地位。緣泉州位於我國東南沿海中段，正居於海岸綫由東西向轉爲南北向之轉折點；此種優越之地理位置，加上對我國南方沿海一帶季候風之善於利用，遂使其成爲我國兼通日、韓與南海之唯一港市。宋代泉州市舶的祈風，就是對季候風的利用已達極高程度之最佳說明。

我國沿海有極規律之季候風（或稱信風、汛，後因來往商賈多乘之往來，亦稱貿易風），在南海方面，冬季吹東北風夏季則吹反向之西南風。唐時蕃商來廣州貿易，多乘夏季西南風來華，乘冬季東北季風南返。能了解季風之秘密，進而運用其做最有利航海之安排，是唐以後中外海上交通大盛的重要原因。此種季風秘密，由阿拉伯人傳來後㊵，國人亦逐漸了解，華商出海販易者亦漸知利用，而終於發展出地方官及掌管市舶官吏祈風之舉。在泉州方面，季風可以利用的價值更大。冬季東北季風對從事南海貿易諸港，如廣州而言，是蕃舶南返時，故一年中僅夏季爲貿易季節，一入冬令卽無蕃舶再來。而交通東海諸港則反是，華商類皆乘夏季西南季風赴日、韓，而乘冬季東北季風南返；是夏季爲淡季，而冬季反爲貿易旺季。宣和奉使高麗圖經云：「舟行皆乘夏至後南風，風便不過五日卽抵岸焉。」故宋商抵達高麗多在七、八、九月，乘西南季風也。回航則以十月十一月爲宜，以利用東北季風。泉州位於我國海岸綫之轉折處，遂可兼營兩地之貿易，冬季一方面有華商、蕃商往南海貿易，一方面有赴東北亞貿易者（尤以高麗爲最，見前）返來；夏季一方面有南海商客入港，一方面又有赴東北亞者出海；一年中幾無淡季可言。前引趙彥衞雲麓漫鈔所載福建市舶司常到諸國船舶所云：「以上船舶（南海）候南風方回，惟高麗北風方回。」就是泉州兼通南海、東北亞貿易之實況，也是它能逐漸凌駕廣州之上的根本原因。宋代泉州一年祈風兩次，正是最好的說明。

說到祈風，唐時廣東蕃商來華已知利用信風，懷聖寺尚有阿拉伯蕃商祈風的儀式。南宋方信儒南海百詠記其事云：

番塔，始於唐時，曰懷聖塔，輪囷直上，凡六百十五丈，絕無等級，其穎標一金雞，隨風南北，每歲五六月，夷人率以五鼓登其絕頂，叫佛號，以祈風信。

岳珂桯史亦云：

紹熙壬子，先君帥廣，余年甫十歲，嘗遊焉。……後有窣堵波，高入雲表，式度不比它塔。……歲四、五月，舶將來，群獠入於塔，出于竇，啁哳號嘑，以祈南風，亦輒有驗。㊶

回敎徒以四、五、六月南風將起時，有祈風之舉，明顯可見。而我國官吏後亦有祈風之舉，萍洲可談卷二載其事云：

舶船去以十一月、十二月，就北風；來以五、六月，就南風。……廣帥以五月祈風於豐隆神。

祈風應每年兩次，然所見廣州祈風資料，無論回教徒、官方均只言於五月祈「回船風」（南風），除史料失載之可能性極大外，可能與我國市舶司只重外商來販，抽解以取重利，對海商之南去，并不重視，是以無祈風之儀式，而僅設筵遣其行。嶺外代答卷三航海外夷條所載：

歲十月，提舉司大設筵蕃商遣之，其來也當夏至之後，提舉司征其商而覆護焉。

所述就是這情形。所謂祈風，并非不知風向之季節變化，不過是祈神「使風之從律而不愆」㊷，以後遂成例行公事；設筵遣商之事掩滅了冬季祈風之舉。至於泉州，則所見史料皆明言一年有兩次祈風——四月及十一月。泉州九日山祈風第三石刻（方豪所編訂）云：「舶司歲兩祈風于通遠王廟。」眞德秀祈風文亦云：「一歲而再禱焉。」其他祈風石刻，在初冬者謂「遣舶祈風」（第二石刻），孟夏者則曰：「禱回船南風」（第六石刻），均可明顯看出。不過迄今所見祈風石刻皆屬南宋㊸，值得探討的是泉州祈風儀式究起於何時？北宋時是否已有？若有，是設置市舶司以後（元祐二年，一〇八七）才有？還是以前就有？有關此問題，方豪「宋泉州等地之祈風」一文，已有說明。方師以祈風石刻常見「修歲祀」（第一石刻）、「修故事」（第二石刻）說明第一石刻決非祈風開始之時。乾隆泉州府志卷七山川二九日山條引南宋初李邴水陸堂記云：

泉之南安，有精舍曰延福，其刹之勝，為閩第一。院有神祠曰通遠王，其靈之著，為泉第一。每歲之春、冬，商賈市於南海暨番夷者，必祈謝於此。……車馬之蹟盈其庭，水陸之物充其俎，戕物命不知其幾百數焉。已而散胙飲福觴豆雜進，喧呼狼籍。有禪師慧遠遂以紹興元年尸是院……曰：吾教以殺牲為大戒……神許余以不殺，余將以是會以報神之功。

紹興元年（一一三一）在南渡後第五年，而其前已有祈謝通遠王之禮，是在北宋已有祈風之舉，應屬無疑。而方師更引閩書卷八方域志所載說明不但在北宋時已有祈風之舉，甚至在宋室設置泉州市舶司以前，已有祈風之舉：

> 山麓有寺曰延福……水旱疾癘，海舶祈風，輒見徵應。宋時累封通遠王，賜廟額曰昭惠，其後迭加至善利、廣福、顯濟六字。風之祈也，蓋宋時泉有市舶，郡守歲以四月十一日（方師辨爲十一月之誤）同市舶提舉，率屬以禱。宣和二年，提舉張佑陛辭，朝廷至頒御香詣殿焚之，其重如此。（又有廟）曰肉身王，姓陳名益，熙寧間西夏有警，詔求勇敢士，郡守辟益為巡轄官。元豐間，從守祈風，睹廟之靈，誓捨身為佐，遂值仗立化。僧泥益軀，別祠奉焉。

似乎不祇在市舶設置後之宣和二年（一一二〇）有皇帝頒香事，在市舶設置前之元豐年間（一〇七八—八五）已有祈風之舉。市舶設置前即有祈風之舉，其時海外交通貿易之盛，概可想見。

3.指南針應用於航海之重大貢獻——航海針路的出現：航海羅盤應用於航海，無疑爲宋代海上交通大盛的重要原因之一。往昔我國舟子航海，所恃者除風向外，晝則觀日，夜則觀星，或以繩鉤取海底泥嗅之辨舟之所在。簡言之，即仗量星象以定方向㊹。指南針應用於航海，則根本的改變了此種形態。

指南針應用於航海之始，已難稽考，唯北宋時已見於記載。萍洲可談卷二載：

舟師識地理，夜則觀星，晝則觀日，陰晦觀指南針，或以十丈繩鉤取海底泥嗅之，便知所在。

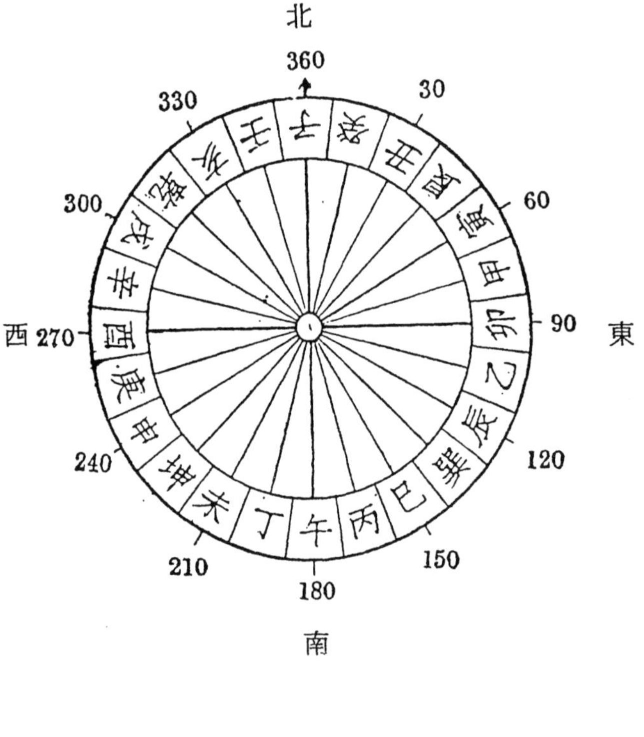


針位圖

宣和奉使高麗圖經卷三四半洋焦條亦載：

> 是夜，洋中不可住維，視星斗前邁，若晦冥，則用指南浮針，以揆南北。

是指南針在北宋哲宗元符二年至崇寧元年（一〇九九—一一〇二）或爻服知廣州時，已用於航海。在其前有關指南針之製法亦已見於其他載籍㊺。指南針應用於航海，使得已知利用季風之我國舟子得到最精確之方向指示器。原來此時航海技術已極進步，船舶順風入洋，風向變化，除當頭風外，均可以調整帆篷之方向，以順風勢繼續航行。萍州可談卷二所謂：「海中不惟使順風，開岸就岸風皆可使，唯風逆則倒退爾，謂之使三面風，逆風尚可用，可石不行」（疑有脫誤）即指此而言。前引宣和奉使高麗圖經卷三四客舟條所載更詳：

> 大檣高十丈，頭檣高八丈，風正則張布颿五十幅，稍偏則用利篷，左右翼張，以便風勢。大檣之巔，更加小颿十幅，謂之野狐颿，風息則用之。然風有八面，唯當頭不可行。……
>
> ……大抵難知正風，故布帆之用，不如利篷翕張之能順人意也。

更可看出航行除當頭風外，餘皆可用，祇要有更精密之方向指示，航海範圍當不限於順風濤可至之處。因此往昔不順風濤，海路又稱凶險之處㊻，海船亦能仗恃針路之指引，御風前往，上述東洋航路，出現泉州直航摩逸、三嶼等地（均在今非律賓群島）的直接航綫，就是最好的例子。雖然迄今能見之針路（或稱海道針經）最早僅能上推至明初鄭和航海圖，但，宋代史籍中已有用針盤定方向的記載。諸蕃志卷上闍婆國條云：「闍婆國，又名莆家龍，於泉州為丙巳方。」丙巳方位於一五七·五度處（見附圖），並不合於今爪哇之方位，其係得自航海舟子配合東北風之風向，所修定之航行方向是顯而可見的。其後航海既以針路為主，星象為輔，泉州對外交交通遂得以開闢更多新的貿易地區。

宋代閩南造船技術在我國既居首位，對風向之掌握又臻成熟，復因指南針用於航海，成為航行之利器，新闢諸航綫（主要指東洋航綫）於泉州又最為方便，泉州對外交通在五代以後愈來愈盛，是絲毫不足為奇的事。

❶ 黃巢殺蕃商事，見阿拉伯人馬素廸（Abu-l-Hassan Ali-el- Masudi）著「黃金牧地」，幷云蕃商遂止於馬來半島上之Kalah貿易。此論點見方豪，「宋泉州等地之祈風」（修訂後收入方豪六十自定稿，下冊），頁一二三〇。

❷ 參何敏求、陳壽、程璐，「中國地理概論」（正中，民二五），頁三一二—三。

❸ 陳書卷三五陳寶應傳載：「是時（指侯景之亂），東境饑饉，會稽尤甚，死者十七八，平民男女，竝皆自賣，而晉南獨豐沃。寶應自海道寇臨川、永嘉及會稽、餘姚、諸暨，又載米粟與之貿易，多致玉帛子女，其有能致舟乘者，亦竝奔歸之，由是大致貲產，士家强盛。」其時晉安郡之富庶可見。

❹ 引自大明一統志，卷七四，福州府形勝條。

❺ 沈懷遠有謂係南朝宋人，實誤。輿地紀勝，漳州府條有「唐沈懷遠碑」（咸通二年，九六一）記載，明謂其係唐末人。

❻ 詳見宋王存，元豐九域志（文海出版社影印乾隆校刊本），卷九，福建路，頁一。

❼ 宋樂史，太平寰宇記（文海出版社影印嘉慶刊本）、元豐九域志、宋史皆作太平興國六年。而歐陽忞，輿地廣記（文海出版社影印士禮居本），卷三四，頁三，則作淳化五年（九九四），疑誤。

❽ 有關五代宋初福建、泉州之州縣沿革，詳見太平寰宇記，卷一〇二，江南東道泉州、漳州條。

❾ 至今閩南大姓族譜均謂其族在唐末入閩，如鄭、林、黃、陳等。閩南一帶亦有傳言，謂隨王潮入閩之兵丁，將

原來男子都殺了，娶他們的妻子爲妻，所以女人叫做「諸傳人」，意卽無諸傳下來的人。男人叫做「唐補人」，意卽外來的唐人。唐末王氏入閩在福建移民史上的意義可見。詳見王孝泉「從地理、民族、學術的變遷說到研究福建文化的途徑」（福建文化一集三期，一九三二年四月），頁四—九。

⑩ 詳見嚴耕望，中國歷史地理（華岡），隋唐五代十國篇。

⑪ 戶數在二十萬以上之州有：潭州、汴州、京兆（長安）、杭州、吉州、洪州、福州及泉州等，戶數俱見元豐九域志。程溯洛，「宋代城市經濟概況」（歷史教學，一九五六年五月號）言戶數二十萬以上者僅有六州，不實。

⑫ 見廖剛，高峯文集（四庫珍本初集），卷一。此外，方勺泊宅集（讀書齋叢書本）卷中亦云：「七閩地狹瘠，而水源淺遠，其人雖至勤儉，而所以爲生之具，比他處終無有甚富者，墾山隴爲田，層起如階級然。」宋史卷一七三食貨志農田條亦謂：「淳熙元年十有一月，余瑞禮，鄭僑言『福建地狹人稠，無以贍養，生子多不舉。』」俱可見。

⑬ 見輿地紀勝，卷一三〇，福建路泉州府條載謝履「泉南歌」。

⑭ 有關佛教在福建的興盛，可閱竺沙雅章，「唐五代における福建佛教の展開」（佛教史學七卷一號，一九五八年二月），頁二四—四五。及「宋代福建の社會と佛教」（東洋史研究十五卷二號，一九五六年十月），頁一七〇—六二文。黃敏枝，「宋代寺院經濟的研究」（台大歷史所博士論文），第四章宋代福建的寺院與社會，亦可參考。

⑮ 詳見魏應麒，「五代閩史稿之一——宗教與神話」（中山大學語言歷史研究所週刊七集第七六號），總頁三〇〇五，以三表分別列出此三時期之所有寺觀。黃敏枝也由福建通志統計謂「五代以前佛寺極少，唐懿宗時有一〇二所，僖宗時有五六所，昭宗時更減至一八所，但閩時代增至二六七所。九四五年併入吳越後，迄九七八年納土降宋止，三十二年間又新建二二一所，合建達七八二所之多。」見黃敏枝，前引文，頁一九六。

⑯ 宋史卷一七三食貨志農田條謂「初，閩以福建六郡之田分三等，膏腴者給僧寺、道院，中下者給土著、流寓。」亦同。

⑰ 黃敏枝，前引文，頁一九七—八。

⑱ 見陳淳，北溪大全集（四庫珍本四集），卷四四，「上趙寺丞論拜提令」，頁三。

⑲ 同前書，卷四三，「擬上趙寺丞改學移貢院記」，頁一〇。

⑳ 有關閩南社會之貿易取向，過去學者因探討明清以後閩粵之移民海外，均謂此種取向在明中期後始形成。事實上如追溯其根源，自唐末以降，此種形態已逐步形成，故絕非在明末才形成。詳見陳達，南洋華僑與閩粵社會（長沙商務，民二七）第一部分。許烺光書評（載人文科學學報第一期，昆明，民三二年六月）已說明閩南社會在明末幷非由傳統農業社會直接走向海外貿易，而以僑鄉中農業人口只占十分之五，商業人口已占十分之三，說明其早具商業之傳統。而近人之著作，均沿襲前人之說，而未曾溯其本。如林麗月「閩南士紳與嘉靖年間的海上走私貿易」（師大歷史學報八期，民六九）一文卽是。

㉑ 參閱許烺光，「評南洋華僑與閩粵社會」，頁二〇七—二〇。

㉒ 詳見東西洋考（國學基本叢書本），周起元序文。

㉓ 我國史籍記載東、西洋名詞最早者，爲元大德八年（一三〇四）陳大震所著南海縣志一書（賴永樂大典殘本（二〇二冊）以存）。詳見饒宗頤，「南海地名新商榷——據永樂大典新資料立論」（香港大學金禧紀念學術講座稿，一九六一）一文。饒氏著作原爲英文，著者未見，其論點轉見於吳景宏，「元代中菲關係之探討」（大陸雜誌三三卷十期），頁三〇六—七。吳晗雖不知南海縣志一書，但在「十六世紀以前之中國與南洋」（清華學報十一卷一期）一文，頁一三七引汪大淵島夷志略，謂「東西洋名詞之構成，至晚當在元代以前」，其說極是。

㉔ 有關此點，日本學者宮崎市定有極精闢之見解。見氏著「南洋を東西洋に分つ根據に就いて」（收入アジア史研究，册四）頁五三三—五五。但其有關東西洋轉變說，則頗有疑問。

㉕ 詳見吳景宏，前引文，頁三〇六—七。

㉖ 如宮崎，前引文及許雲樵，「永樂大典中的南海資料」（星洲日報，一九六二年元旦特刊）等均持此說。

㉗ 詳見吳景宏，「五代兩宋時代中非關係之探討」（大陸雜誌三二卷二期），頁三八—四〇。

㉘ 宋史卷四八九勃泥條：「勃泥國在西南大海中，去闍婆四十五日程，去三佛齊四十日程，去占城與摩逸各三十日程，皆以順風爲則。」文獻通考同。

㉙ 嶺外代答係南宋浙人周去非所作，以曾官桂林通判，返鄉後問嶺南事者甚多，書以代答，故名。該書自序署淳熙戊戌（五年，一一七八）。引見卷二（知不足齋叢書本）海外諸蕃國條。

㉚ 諸蕃志爲趙汝适所作，趙氏曾提舉福建路市舶，自序題寶慶元年（一二二五），唯書中頗多抄襲嶺外代答處，其以泉州市舶司之資料所載諸蕃已極完備，加上嶺外代答有而已所無者，反爲蛇足之舉。如東洋引述周去非以傳言所載之女人國及沙華公國等是。

㉛ 趙彥衛「雲麓漫鈔」版本極多，有四卷本（如筆記小說大觀本）及十五卷本（如涉聞梓舊本），前者無此段，後者始有。今據涉聞梓舊本。該書自序署開禧二年（一二〇六）是著成年代早於諸蕃志。

㉜ 以上有關中非交通之論述，均參閱吳景宏「五代兩宋時期中非關係之探討」一文。

㉝ 見梁嘉彬，「論隋書流求與琉求台灣菲律賓諸島之發現」（學術季刊六卷三期，民四七年十二月卅一日），頁九七。梁氏其他著作亦屢言此點，見氏著，流求及東南諸海島與中國（東海大學，民五四）一書。

㉞ 本文各點大體依據王曾瑜，「談宋代的造船業」（文物，一九七五年第十期），頁二五一文寫成。

㉟ 詳見泉州灣宋代海船發掘報告編寫組，「泉州灣宋代海船發掘簡報」（文物，一九七五年第十期），頁一—八。認爲係宋末海船。陳高華、吳泰「關於泉州灣出土海船的幾個問題」（文物，一九七八年第四期），頁八一—二，雖言「船沉於至元十四年秋」，但亦承認該船在「宋末就已建成下海」而定其建造年代在宋亡前三年。兩說雖有不同，但可肯定是南宋末所造的船。

㊱ 見泉州灣宋代海船復原小組、福建泉州造船廠，「泉州灣宋代海船復原初探」（文物，一九七五年第十期），頁二八—三五。

㊲ 前引「復原初探」謂其爲載重二百噸之大船。陳高華、吳泰文則認爲係一千料至二千料之船，即載重六十噸至

一百二十噸之船，後說爲是，前說有問題。

㊳ 徐兢「宣和奉使高麗圖經」（國學基本叢書本）卷三四，海道一，客舟條。

㊴ 詳見泉州海外交通史博物館調查組，「泉州塗關外法石沿海有關中外交通史跡的調查」（考古，一九五九年第十一期），頁六一一—二。

㊵ 對季候風之了解，始於西亞。蓋印度洋上也有信風，風向同於南海。公元一世紀左右，羅馬水手已了解其中秘密，後由羅馬傳與波斯，波斯復傳給阿拉伯人。

㊶ 方信儒宋寧宗開禧二年任南海尉，書卽成於是時。岳珂，飛孫，紹熙壬子（三年）其父曾知廣州。彼等所述均親見或親聞，史料價值極高。雖藤田豐八否認懷聖寺始建於唐，但阿拉伯人在唐來華時已經了解南海季風之秘密，應無問題。

㊷ 眞德秀語，見眞文忠公文集（四部叢刊本），卷四九，祈風文。

㊸ 泉州九日山宋代祈風石刻之最早者（第一石刻）爲淳熙元年（一一七四）。最晚者（第九石刻）爲寶祐六年（一二五八）。見方豪「宋泉州等地之祈風」（方豪六十自定稿下册），頁一二〇一—四六。宋晞「宋泉州南安九日山石刻之研究」（學術季刊三卷四期，民四四），頁三二—五一。吳文良「泉州九日山摩崖石刻」（文物，一九六二年第十一期），頁三三—四七。均可參看。唯吳文錯誤極多，尤以將東峯崇寧三年八月方正叔等石刻，擅加「以遣舶祈風」字句而成祈風石刻（頁三六）爲最誤人。宋晞在「吳文良『泉州九日山摩崖石刻』讀後」（史學彙刊一期，民五七）一文，已辨明。

㊹ 木宮泰彥著，陳捷譯，「中日交通史」第十一章日本與北宋之交通（頁二八三）言宋商赴日「惟據天星以定方向」，唯未見注明出處。

㊺ 如沈括「夢溪筆談」卷二四，曾公亮「武經總要」卷十五等均載有。詳參徐玉虎，「鄭和時代航海術語及名詞之銓釋」（收入明代鄭和航海圖之研究，台北學生書局，民六五），頁二二—七。

㊻ 如彭湖落漈之傳說。元史卷二一〇瑠求傳云：「（瑠求）在南海之東，漳、泉、興、福四州界彭湖諸島，與瑠

求相對，亦素不通。天氣清明時，望之隱約，若煙若霧，其遠不知幾千里也。西南北岸皆水，至彭湖漸低，近瑠求則謂之落漈，漈者水趨下而不回也。凡西岸漁舟到彭湖已下，遇颶風發作，漂流落漈，回者百一。」前引嶺外代答載闍婆以東，亦有類似說法。

## 第四節　泉州市舶司之設置及其後泉州的對外交通

### 一、福建市舶司的設置：

前幾節已經說明了泉州在宋初雖未設置市舶司，但閩商（泉州商居多數）却始終未曾中斷他們往來貿易的活動。在這段期間，泉州商人往高麗者須先至明州註册，往南海者須至廣州，往返極爲不便，因此不但私自出海貿易，而且直接返回福建，形成走私貿易。前引文獻通考卷六二職官考十六載其事云：

泉人賈海外者，往復必使東詣廣（疑誤，他本作詣廣東），否則沒其貨。海道回遠，竊還家者過半，歲抵罪者衆。

這種情形，地方官並非不知，然始終未曾設法改善者，乃彼等能由其中獲得暴利。前引嘉祐八年（一○六三）至治平二年（一○六五）知泉州的關詠及參軍杜純事，即爲最好的例證。至神宗熙寧年間，王安石行新法時，此一問題才受到重視。蓋新法以富國爲主，市舶獲利不貲，當然亦在整頓之中，因此有人建議在泉州設置市舶司。宋史卷一八六食貨志互市舶法條載：

> 熙寧五年（一〇七二），詔發運使薛向曰：「東南之利，舶商居其一。比言者請置司泉州，其創法講求。」

似乎中央政府已有在泉設置市舶司的打算，是以下詔薛向探討其規制，薛向正新黨理財能手。宋史卷三二八薛向傳載：

> 神宗知向材，以為江、浙、荊、淮發運使。……時方尚功利，王安石從中主之，御史數有言，不聽也。向以是益得展奮其材業。

薛向得王安石之信賴可知。但其後由於安石之去職（七年），議未果行。其後復有陳偁於元豐年間再次上書請求。萬曆泉州府志卷十陳偁傳載其事云：

> 陳偁，字君舉，（南劍州）沙縣人。……熙寧八年（一〇七五），召開封府屬，新法行，請外知泉州，以治行聞，召見，改惠州。元豐五年（一〇八三）復知泉州。舊法蕃商至，必使詣廣東，否則沒其貨，偁請立市舶於泉，詔從其議。（乾隆泉州府志卷二九同）

但據文獻通考卷六二所云：「太守陳偁奏疏願置市舶於泉，不報。」則宋廷對陳偁元豐五年之請，並未作成任何決定，故於元祐二年（一〇八七）舊黨執政後，始由李常之請於泉州設置了市舶司。續通鑑長編哲宗元祐二年十月條載：

> 泉州增置市舶，從戶部尚書李常請也。

李常原亦屬新黨，後因反對王安石青苗法之收息，遂出知於外，與新黨漸疏，及司馬光執政，任其為戶部尚書，以示政府無意再從事聚斂。宋史卷三四四李常傳云：

> 熙寧初，（常）為秘閣校理，王安石與之善，以為三司條例檢詳官……安石立新法，常預議。不欲青苗收息……通判滑州……哲宗立，改吏部，進戶部尚書。或疑其少幹局，慮不勝任，質於司馬光，光曰：「用常主邦計，則人知朝廷不急於征利，聚斂少息矣。」

可見李常亦頗受舊黨之猜忌，而其看法則略同於新黨，只因青苗法不主張收息，與安石等意見不和，遂爲舊黨所援引，以示舊黨之最不同於新黨處——「不急於征利」。是以元祐時李常之請置市舶於泉，可能是看到過去陳偁的奏書，只是舊事重提，也可能出自一己之新措施，而終蒙朝廷准許。初議置市舶於泉，始於新政，而竟成於舊黨爲政時，實始料所未及。

有關泉州自熙豐起卽議置司，竟拖延達十五年之久始蒙批准的原因，日人成田節男以爲有兩個因素：其一是廣州方面的反對，其二是泉州內陸交通的不便❶。此二因素固有部份關係，但熙豐以來新舊黨交替爲政，政策始終搖擺不定，可能亦有部分原因（詳後）。

## 二、置司後泉州的對外交通：

泉州始置市舶，既成於舊黨之手，而彼等對新黨之「歛財」最表反對，其許置市舶於泉，係由與新黨有相同看法之李常所請，是故雖已置司，但并未受重視。因此由元祐二年（一〇八七）始置市舶至崇寧元年（一一〇二）甚或至大觀（一一〇七）以後，新黨有較長期之執政時，泉州市舶司始成定制。在其前近二十年中，泉州市舶屢設屢罷。此卽曾知泉州，元符二年（一〇九九）復知廣州之朱服子彧萍州可談卷二所云：

> 崇寧初，三路各置提舉市舶官，三方唯廣最盛。官吏或侵漁，則商人就易處，故三方亦

迭盛衰。朝廷嘗併泉州舶船令就廣，商人或不便之。

即可見此期泉州市舶之屢被罷廢，而「商人或不便之」一語說明了泉州商客及泉州對外貿易已達相當之基礎。其時罷時立，大體言之，舊黨上臺即廢市舶（或併入轉運使、茶鹽使等），新黨上臺，則又復置。如：

㈠徽宗崇寧元年（一一〇二）五月新黨追貶司馬光等四十四人官，七月蔡京任相，於十一月即有杭州明州市舶司依舊復置❷及三路各置提舉市舶之舉❸。是專任市舶官之始。

㈡徽宗大觀元年（一一〇七）正月，蔡京復相，而於是年三月七日即有「廣南、福建、兩浙市舶依舊復置提舉官」之詔令❹。

㈢大觀三年（一一〇九）六月，蔡京罷相，七月二日即「詔罷兩浙路提舉市舶官，令提舉常平兼理。」❺。

㈣政和二年（一一一二）二月，蔡京復相，五月二十四日即有「兩浙、福建路依舊置市舶」❻之詔。

其間雖少見罷廢市舶之詔，但由新黨當政後之「復置」，即知其前必曾被罷廢❼。因此泉州市舶司雖云置於一〇八七年，但一直要到崇寧、大觀以後，其功能才充分發揮出來。距北宋之亡僅二十餘年！

論及置司後泉州對外的交通，在東北亞方面，并不曾受到置司與廢司的影響，對高麗之貿易仍持續不斷。唯哲宗以後，高麗史所載赴麗貿易華商多不繫其里貫，是以其後之宋商即無從知其籍貫。置司後宋麗貿易商客中，肯定知其爲泉州商者有二人三次。哲宗元祐二年（一〇八七，卽高麗宣宗四年三月甲戌）赴麗之宋商徐戩爲一泉州商❽。元祐四年十月（一〇八九，宣宗六年十月）赴麗之宋商徐成，係泉州綱首❾。徐成次年（一〇九〇）三月曾再次赴高麗，這三次可以肯定屬泉州之商客，說明了福建與高麗間海上交通之繼續發展。其後元祐五年（一〇九〇）宋廷雖從蘇軾之請頒布了往高麗之禁令❿，但赴高麗貿易之宋商，仍絡繹於途⓫，在這些商客中可能仍有極多的泉州人。

除此之外，與東北亞交通最值得注意的是赴日貿易亦有泉州商客。北宋時代日本正值藤原氏全盛時期，對外貿易採閉關政策，禁止國人私自渡海販宋，故往來宋日間者，多爲宋商宋船⓬。除兩浙明州、溫州、台州籍不少外，福建商客（多福州人）亦不少。如一〇〇二年建州海商周世昌遭風漂至日本，一〇二六、一〇二七年福州商客陳文祐兩度赴日及一〇二八年福州商客周文裔之赴日等均是⓭。但尚未見泉州商客赴日者，至泉州置司後，則出現了赴日貿易之泉州商客——李充。充不但在崇寧元年以後曾數度赴日⓮，且留下了其在崇寧四年六月赴日本貿易時明州市舶司所發給之公憑。其樣式如後（見本書附錄）。

泉州往東北亞方向的交通，除至日、麗外，亦有至兩浙、江南東路販易者。前引莆田祥應廟碑有云：

> 往時遊商海賈冒風濤，歷險阻以牟利於他郡外蕃者，未嘗至祠下，往往不幸有覆舟於風波，遇盜于蒲葦者。其後郡民周尾商於兩浙，告神以往，舟次鬼子門，風濤作惡，頃刻萬變，舟人失道，涕泣相矚，尾曰：吾仗神之靈，不應有此，遂號呼以求助。虛空之中，

> 若有應聲，俄頃風恬浪息，舟卒無虞⑮。

是商於兩浙者。宋會要食貨五十之十一船項載建炎三年三月四日臣僚言：

> 自來閩、廣客船幷海南蕃船轉海至鎮江府買賣至多，昨緣西兵作過，幷張遇徒黨劫掠，商賈畏懼不來。……欲下兩浙、福建、廣南提舉市舶司招誘興販，至江寧府岸下者，抽解收稅量減分數。

建炎三年在南渡後不久，其「自來」一語，當指北宋以降泉州商客已有至鎮江府貿易者。

至於論及對南海的貿易，前引莆田祥應廟碑續云：

> 又泉州綱首朱紡，舟往三佛齊國，亦請神之香火而虔奉之，舟行迅速，無有艱阻，往返曾不朞年，後利百倍，前後之賈於外蕃者，未嘗有是，咸皆歸德於神。自是商人遠行，莫不來禱。

碑記成於紹興八年（一一三八），在南渡後十一年，此時祥應廟香火鼎盛，其溯源諸事，應在南渡以前不成問題。往三佛齊者，除朱紡外，尚有「前後之賈於外蕃者」，可見設司後泉州對南海之交通亦有長足之進步。

除此之外，泉州設市舶司後，曾遣人招納外人來華進貢貿易。宋會要職官四四之十載政和五年（一一一五）七月八日禮部奏云：

> 福建提舉市舶司狀，昨日興復市舶，已於泉州置來遠驛，與應用家事什物等幷足，定犒設饋送則例及以置使臣一員監市舶務門，兼充接引幹當來遠驛。及本司已出給公憑，付

> 劉著等收執，前去羅斛、占城國說諭招納，許令將寶貨前來投進外，今照對慕化貢奉諸蕃國人等到來，合用迎接犒設津遣差破當直人從與押伴官等，有合預先措置申明事件。

其所招納之占城、羅斛兩國先後來到。會要同頁續云：

> 福建市舶司依崇寧二年二月六日朝貢招納到占城、羅斛二國前來進奉。內占城先累赴闕，係是廣州解發外，有羅斛國，自來不曾入貢，市舶司自應依政和令詢問其國遠近大小强弱，與己（已）入貢何國為比奏。……八月十三日詔提舉福建市舶施述與轉一官，以詔誘抽買寶貨增益也。

由泉州市舶設立不久，卽招到占城、羅斛之貢使覲之，其時占城等地泉州商人來往必極頻繁。至羅斛國（在眞臘西，卽今泰國暹邏灣一帶）則爲入貢我國之始，更可見泉州商人能力之大，其曾來往羅斛等地，亦係不爭之事實。而泉州市舶使施述與竟以此有功轉一官，更係宋代開始獎勵對外貿易官吏之表徵。其後宣和元年十二月十四日，更有泉州市舶蔡柏及勾當公事趙實加官之舉：

> 詔福建提舉市舶蔡柏職事修舉，可特轉一官，勾當公事趙實轉一官，令再任[16]。

可見泉州市舶司在設置之初，已有良好之表現。可能係市舶收入極多，因而獎勵其主管官員，這更是往昔泉州對外貿易已有良好基礎所造成的。

再由北宋的市舶收入亦可看出泉州置司後的轉變。茲將文獻通考所見市舶收入資料列表於後，以作說明：

| 時間 | 市舶收入（緡） | 資料來源 |
|---|---|---|
| 太宗時（九七六—九九七） | 約五十萬 | 宋史張遜傳 |
| 仁宗皇祐間（一〇四九—一〇五三） | 五十三萬有餘 | 玉海卷一八六云：「海舶歲入象、犀、珠寶、香藥之類，皇祐中五十三萬有餘，治平中增十萬。」 |
| 英宗治平間（一〇六四—一〇六七） | 六十三萬 | 同右 |
| 徽宗崇寧大觀年間（一一〇二—一一一〇） | 百萬以上 | 文獻通考卷二十，市舶互市條言：「崇寧置提舉，九年之間，收置一千萬矣。」⑰ |

由英宗治平年間之約六十三萬緡，一躍至崇寧以後之九年間收置一千萬，雖不能盡歸功於泉州之設置市舶司，但由前述泉州之招徠外蕃，及市舶官吏之曾受獎勵諸事來看，泉州新設市舶司與宋代市舶收入突增應有相當之連帶關係。這由南渡前兩年（宣和七年，一一二五）賜予三路市舶司的度牒數目，也可約略看出：

（宣和）七年三月十八日詔，降給空名度牒，廣南、福建路各五百道，兩浙路三百道，付逐路市舶司充折博本錢，仍每月具博買并抽解到數目，申尚書省。⑱

以空白度牒賜三路市舶司爲博買本錢，泉州竟與廣州同爲五百道，遠高於兩浙之三百道，可見泉州此時之入口貨顯已在兩浙市舶司之上，而有與廣州市舶收入并駕齊驅之勢。

泉州在北宋設置市舶司，僅有短短的四十年（一〇八七—一一二七），如以崇寧、大觀起算，則僅二十餘年，有關市舶司設置後之史料又極貧乏，但由於往昔泉州對國內外貿易的良好基礎，及零星可見之資料，可知北宋之末，泉州對外貿易已可與廣州相比，南渡後在新局面的影響下，終於成爲我國對外貿易最大的港埠。

❶ 詳見成田節男，「宋元時代の泉州の發達と廣東の衰微」一文，頁四四。

❷ 見宋會要職官四四之八，玉海卷一八六。

❸ 見前引萍洲可談卷二。文獻通考卷二十市舶互市條亦云：「崇寧置提舉。」

❹ 見宋會要職官四四之九。

❺ 同註四。

❻ 同註四。

❼ 有關新舊黨之傾軋對市舶之影響，此處無暇詳論。可參閱石文濟，「宋代市舶司之設置與職權」（史學彙刊創刊號，民五七），頁四五—一六一。第三章第三節市舶司與中央及地方之關係，第三與新舊黨爭之關係。惟仍有可供深入探討處。

❽ 「論高麗進奉狀」見三蘇全集，東坡集，卷二七，頁十云：「同月三日准秀州差人押到泉州百姓徐戩。」知徐係泉州人。後更因售經板與高麗，爲蘇軾「送千里外州軍編管。」

9 「乞禁商旅過外國狀」見東坡集，卷二八，頁十八，有「據泉州綱首徐成狀稱。」可見彼亦爲泉州人。

10 宋會要職官四四之八，元祐五年十一月二十九日刑部言。

11 見宋晞，「宋商在宋麗貿易中的貢獻」，頁一五四—九，「宋商赴麗一覽表」。

12 詳參木宮泰彥，「中日交通史」，頁二七〇。

13 詳見木宮，前引書，頁二七一—九，「北宋交通一覽表」。

14 見木宮，前引書，頁二七九。

15 祥應廟碑記見「閩中金石略」，卷八，頁二十—五。

16 見宋會要職官四四之十一。

17 通考此段所載，崇寧置提舉，以後之九年，正崇寧之五年，加上大觀四年，因稱其崇寧、大觀間。

18 見宋會要職官四四之十一。

# 第三章 南宋、元代泉州對外交通的大盛

自宋室南遷後，由於人口大量南移，東南地區經濟持續成長，及財政仰賴市舶益切等諸多因素的配合，中國傳統大陸性帝國之型態逐漸減弱，向海洋的發展漸趨積極。在此一重要轉變之下，泉州地區的對外交通趨於極盛。在十二世紀中期至十四世紀末的二百五十年中，泉州成爲我國對外海上交通的樞紐。就泉州地區的發展而言，是空前絕後的。

## 第一節 宋室南遷與泉州地位之提昇

宋欽宗靖康二年（一一二七）四月，徽、欽二帝北狩，五月康王卽位於南京（應天府，今河南商邱）。六月十三日於罪己詔書中下令併市舶入轉運司，以示朝廷戒奢靡不尙爭利，刻苦復國之志：

> 市舶司多以無用之物，枉費國用，取悅權近。自今有以篤耨香、指環、瑪瑙、猫兒眼睛之類博買前來，及有虧蕃商者，皆重寘其罪，令提刑司按擧聞奏。

次日（十四日），卽下詔令兩浙、福建路提擧市舶司併歸轉運司❶。但次年又復置兩浙、福建

市舶司：

建炎二年（一一二八）五月丁未（二十四）復置兩浙、福建路提舉市舶司。賜度牒直三十萬緡為博易本，以尚書省言：市舶公私兼利，非取於民，自併歸漕司，虧失數多，市井蕭條，士人以併合為不便，故有是旨❷。

高宗不但恢復了市舶司，而且以後南宋對海外貿易也很重視，這與南宋的處境有密切關係。宋室南渡後，天下所失州郡既在一半以上，兵荒馬亂，賦稅徵收不易，而軍國多事，開支繁多，則南宋初年財政上的困難，可以想見。市舶收入既大，三路市舶司又偏處東南，無兵燹之虞，重開市舶不失爲籌措財源良好方式之一。顧炎武天下郡國利病書卷一二〇海外諸蕃條云：「（宋）南渡後，經費困乏，一切倚辦海舶。」雖有過當之處，但宋室南渡以後，市舶收入成爲南宋財政的主要來源則是事實。建炎以來繫年要錄（以下簡稱「要錄」）卷八八紹興五年（一一三五）四月戊午條載寶文閣直學士連南夫論海寇之患時云：「國家每歲市舶之人（入）數百萬。」紹興二十九年（一一五九）九月壬午條更云：「（張）闡前提舉兩浙市舶，還朝爲上言，三市舶司（兩浙、福建、廣南）歲抽及和買，約可得二百萬緡。」❸而泉州一地有名蔡景芳之綱首（船長），自建炎元年至紹興四年（一一二七—三四）的八年間，招誘販到貨物，所收純利卽有九十八萬貫（緡）之多❹。南渡後市舶收入之大增，在宋室歲入驟減的情況下，所佔比例一度竟高達五分之一❺。其後宋室收入雖逐漸增加，但市舶收入也占二十分之一左右❻。無怪乎高宗要說：

市舶之利最厚，若措施合宜，所得動以百萬計，豈不勝取之於民。朕所以留意於此，庶幾可以少寬民力爾❼。

這是宋室南渡後，市舶因受重視而興盛的第一個原因。其次一項重要因素，就是帝國重心東南移後，對海上防衛力量開始重視、講求。靖康之難以來，宋軍對金兵鐵騎之縱橫南北，幾無對策可言。建炎三年（一一二九），金人下高郵、揚州，高宗竟至落荒而逃，賴民舟渡江以全，因此高宗及中央主政大吏漸對水軍之重要性有了認識。上書請重視、建立水軍者漸多。如建炎二年元月己卯臣僚❽及三年正月吏部尚書呂頤浩❾均有防江勝於防淮之說，以江濶水軍可發揮戰力。其後因金人渡江南侵，進而有海防更重要之見解。蓋畏金人以海舟突入錢塘江而入杭州。「要錄」卷二一載建炎三年癸巳辛道宗言曰：

陸路措置固善，萬一賊邀車駕，由錢塘轉海道，將何以為計？（張浚）遂以辛道宗為節制司參議官，專一措置海船❿。

紹興五年（一一三五）資政殿學士李邴之上書所論更詳：

江浙為今日根本，欲保守則失進取之利，欲進取則慮根本之傷。……臣聞朝廷下福建造海船七百隻，必如期而辦，乞做古制，建伏波、下瀨、樓船之官，以數習水戰，俾近上將佐領之，自成一軍，而專隸於朝廷。無事則散之緣江州郡，緩急則聚而用之。臣度敵人他年入寇，懲創今日之敗，必先以一軍來自淮甸，為築室反耕之計，以綴我師。然後由登、萊泛海窺吳越，以出吾左，由武昌渡江窺江、池，以出吾右，一處不支則大勢去矣！願預講左支右吾之策⓫。

乃有徵召海船爲禦敵之舉。福建泉州既以造海船甲於我國，泉州地區海船之被徵召當屬必然。宋會要食貨五〇之十一載高宗建炎三年三月四日臣僚言：

自來閩、廣客船幷海南蕃船轉海至鎮江府買賣至多，昨緣西兵作過，幷張遇徒黨刼掠，商賈畏懼不來。……欲下兩浙、福建、廣南提舉市船（舶）司召誘，興販至江寧府岸下者，抽解收稅量減分數，非唯商賈咸集，百貨阜通，而巨艦銜尾亦足為防禦之勢。

是可見南渡之初已有利用閩、浙、粵海舟爲江防以禦金之舉。同年六月，兀朮渡江南擾，企圖一舉滅宋，高宗採呂頤浩乘海舟避敵之策，亡命於溫、台之間時所乘舟船，亦多徵集自閩省。「要錄」卷三十建炎三年十月二日條載：

上次明州，提領海船張公裕奏已得千舟，上甚喜。……先是監察御使林之平自春初遣詣泉、福，召募閩、廣海舟，為防託之計，故大舟自閩中至者二百餘艘，遂獲善濟。

次年正月，途次溫州時，以財用極度困乏，因命「福建市舶司悉載所儲金帛見錢，自海道赴行在。」⓬而得濟，凡此不但使高宗對市舶收入有更深一層的認識，尤其重要的是高宗更把海上視爲危急時避難逃亡之途，所以雖然臣僚一再上言，謂江浙僻處一隅，非恢復中原之勢，請幸荊襄以統籌大局，但高宗均不許，堅持建都臨安⓭。紹興四年（一一三四）冬十月，金人再度南侵，高宗北上親征時，竟先命六宮自「溫州泛海往泉州」⓮，似乎已預作失敗後海上亡命的打算，其重視東南沿海由此可知。是以宋末帝昺之走泉州，顧祖禹怨其不據粵而據閩爲其失策，蓋不知此係南宋自高宗以降，一貫之政策⑮。此外，更於紹興二年五月在兩浙、福建設立沿海制置使，以統籌海上禦金事務。沿海制置使設立後，雖分合不定，但其統轄之沿海諸水寨，以長江口平江府之許浦及明州外海之定海縣爲兩大基地，最盛時不但可巡弋福建、江浙沿海，且可北過淮東、山東海面⑯。海軍建立後除積極造船外⑰，更立法徵調諸路海船服役，福建乃成爲召募海舟最重要地區之一。原來之徵調海船對泉州地區已有之海上貿易有重大影響：

> 福建路海船頻年召募把隘，多有損壞。又拘靡歲月，不得興販，緣此民家以有船為累，或低價出售與官吏，或往海外不還，甚者至自沉毀，急可憫念⑱。

因此御史江躋請定福建地區輪流徵召海船之制，紹興二年八月頒行：

> 乞令本路沿海州縣籍定海船，自面濶一丈二尺以上，不拘隻數，每縣各分三番，應募把隘，分管三年，周而復始。遇當把隘年分，不得出他路商販，使有船人戶三年之間得二年逐便經紀，不失本業，公私俱濟。其當番年分輒出他路及往海外，不肯歸國之人，重重其罪，仍沒船入官⑲。

從此以後，泉州海船卽依此制輪流召赴江、浙前線服役。而紹興十八年閏八月在平定福建諸州賊亂後，更以所招兵丁創立殿前司左翼軍⑳，且曾增造船隻以加强戰力。如宋會要食貨五〇之十一載紹興二十八年令福建造魛魚船十隻，轉運、安檢兩司上書言：

> 契勘魛魚船乃是明州上下淺海去處，風濤低小，可以乘使。如福建、廣南海道深濶，非明州海洋之比。乞依（左翼軍統制）陳敏水軍見管樣，造尖底海船六隻，每面濶三丈，

底濶三尺，約載二千料，比舠魚船數已增一倍，緩急足當十舟之用。詔從之。

其後爲防禦海賊及金人，泉州水軍徵赴江浙者極多。如金主亮伐宋時，大破金水師於膠西海外之李寶，所率舟師卽非正規部隊而多爲閩、浙弓弩手㉑。又如宋會要食貨五〇之二一乾道二年（一一六六）九月二十一日殿前司云：

本軍差擇官兵二千人，募海船二十六艘，差左翼軍統領李彥椿部率，於江陰軍岸次繫泊，彈壓海賊，其船元係自泉州遣發，未給路券，乞令江陰軍依昨江上人船例，給錢米劵曆，應副食用，從之㉒。

同書卷五〇之二四亦載乾道七年（一一七一）十月十二日樞密院言：

明州正係要衝之地，制置使雖有水軍，皆諸處差至，不諳水勢。欲下廣東於增招水軍內抽差五百人，福州新招水軍盡行發遣，幷兩處官船器甲等。幷乞量抽船隻：福州延祥寨三隻，荻蘆寨兩隻，劉崎一隻，南匳寨一隻，泉州寶林寨三隻，潮州水軍兩隻，廣東水軍天地元黃宇字號五隻，幷來明州駐劄，從之。

而福建徵調海船常戍守最前線之海防要地——許浦。浙東所徵反至明州而已。宋會要五〇之二八載淳熙五年（一一七八）二月三日詔云：

將籍定三番海船內，將合起發番次數目，起發一番福建船，差官管押前來平江府許浦水軍擺泊，聽于友校閱。浙東船前來明州沿海制置司，於定海擺泊，聽水軍校閱，幷限八月一日到岸。

可看出福建海上力量受政府重視之情。這些都顯示福建海上勢力對宋室南渡後新建立的海上防衞力量有重大的貢獻。雖然宋室注重海防對泉州海外交通也有不利的影響（如前引⑱文），但整體來說，對泉州地位之提昇有重大幫助。因爲泉州的海外貿易既能帶給帝國極大的收入，當地的雄厚海上力量更給帝國海防以堅固之支持，宋室再不像過去那樣忽視泉州。泉州因而由僻處東南一隅，內陸交通不便（北宋以後已有改變，詳後）的可設可廢之港，一變而爲帝國生命線之所託。這是泉州能於宋室南渡後，重要性立即提高的另一原因。

在市舶收入成爲帝國財政重要來源下，南宋政府較前更積極經營對外貿易，高宗卽曾一再強調市舶之有助於國用。如紹興十六年（一一四六）九月二十五日高宗曰：

> 市舶之利頗助國用，宜循舊法，以招徠遠人，阜通貨賄㉓。

二十一年（一一五一）復曰：

> 提擧市舶官，委奇（寄）非輕，若用非其人，則措置失當，海商不至矣㉔！

以帝王之尊，重視市舶至如此程度，南宋政府之重視對外貿易可知。

爲增加市舶收入，南宋由開源與節流兩方面着手。在節流方面，對市舶支出大量撙節，如建炎二年，恢復兩浙、福建市舶司後，規定對海商駐舶，僅「依舊例支送酒食，罷每年燕犒。」上貢細色貨物，亦遵舊制團綱，不再「步擔雇人」送京㉕。對市舶司開支亦盡量裁減，如數次併福建路市舶司入茶司、提刑司等均是㉖。在開源方面，蕃貨至三路市舶司者，除朝廷急要者，規定均在市舶所在抽解，不加博買，以增加收入㉗。此外，最重要者，就是對中外商賈及市舶司有功官吏之獎勵。來販外商，有特殊貢獻者，甚至加官獎勵，如紹興元年廣州大食蕃商蒲亞里，因販進象牙二〇九株，博買得五萬餘緡，而受獎勵。後蒲娶華婦居廣州不歸，廣州市舶使連南夫竟奏請勸蒲歸國，以往來幹運蕃貨㉘；又如前引紹興六年泉州蕃船綱首蔡景芳，因「招誘販到物貨，自建炎元年至紹興四年，收淨利錢九十八萬餘貫」；另有名囉辛之大食商賈，因所販乳香值三十萬緡㉙，皆補承信郎㉚，都是極明顯的例證。此外，蕃商息錢如及額者，亦許補官以爲鼓勵㉛。

對招徠外商有功官吏之獎勵，除散見宋會要等書外，宋史卷一八五食貨志七香項下有最好之說明：

紹興六年，知泉州連南夫奏請，諸市舶綱首能招誘舶舟，抽解物貨，累價及五萬貫、十萬貫者，補官有差。……閩廣舶務監官抽買乳香，每及一萬兩者，轉一官；又招商入蕃興販，舟還在罷任後，亦依此推賞。

可見宋室南渡後對市舶官吏獎勵之一斑。此外，對綱運（尤其海道綱）舶貨入京而無損失者，亦有獎勵㉜，無怪南渡後市舶收入要大量增加了。建炎四年（一一三〇）泉州僅抽買之乳香數即達八萬六千七百八十斤之多，可見當時泉州對外貿易之盛㉝。

在宋室東南遷居臨安，海上武力建立後，東南沿海成爲帝國重心所在，泉州地位亦因而逐步上昇，而廣州則相對的下降，終而造成泉州對外交通凌駕廣州之上的結果。除上述海外形勢之改變外，泉州距行在近，廣州距行在遠；及日後兩浙市舶司之永久罷廢，是最重要的兩個原因。就泉、廣至行在的陸上交通而言，由廣州去杭，先由北江水運至南雄，越大庾嶺至虔州，然後順贛江而下至南昌，轉信江至上饒，由玉山走山路至浙，再順新安江而下抵杭州；沿途多有水道可供利用，交通雖稱方便，但路程較遠。由泉州往杭州之陸路交通，則自北宋以來，經歷了兩次重大之改變，使泉杭間交通大爲方便。原來由泉至浙、贛，均須經過福州，再溯閩江至延平北上。此路極爲難行，蓋泉州城北二十里有洛陽江，江濶浪急，由泉赴福，要繞道上游之仙遊縣來往。乾隆泉州府志卷四封域志附驛遞舖舍條云：

（宋）清源驛（在泉州），洛陽未橋時，路出城北朝天門，由朋山至仙遊，以達福州。

其不便可知。北宋仁宗嘉祐五年（一〇六〇），蔡襄（君謨）二度守泉時㉞，洛陽橋建成，橫跨洛陽江口㉟。從此以後，由泉赴福遂可出城東仁風門，經洛陽橋走惠安、興化、莆田沿海線至福州。而泉福新路也在蔡襄沿途種植松樹下，來往更爲方便。方輿勝覽卷十二載其事云：

仁宗朝（襄）以便養知泉州，架洛陽橋。先是蔡君謨為閩部使者，夾道種松以蔽敲毒，閩人卽橋旁作堂以祀之，又作詩二章以貽閩父老，俾祀公而歌之。一曰：道邊松，大義渡至漳泉東，問誰植之我蔡公。歲久廣蔭如雲濃，甘棠蔽芾安可同？委蛇夭矯騰蒼龍，行人六月不知暑，千古萬古長清風。一曰：洛陽橋，一望五里排琨瑤，行人不憂滄海潮，衢衢來往乘仙飆，蔡公作成去還朝，玉虹依舊還青霄，考之溱洧功何遼？千古萬古無傾摇㊱。

洛陽橋開闢了泉福新道，福州大義渡至漳泉之道邊松更方便了商旅之往來，由泉經福州、延平赴浙江之交通已極爲方便，但由於泉福路有大義渡之險，其後由泉赴浙竟捨福州而直趨延平，

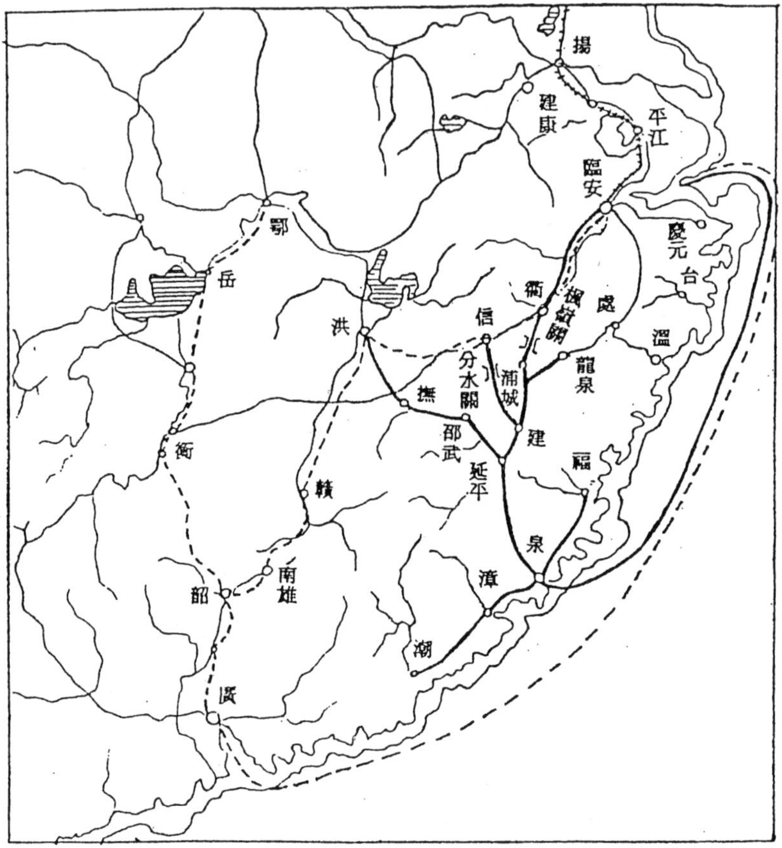


圖四　南宋泉、廣市舶司腹地交通略圖

交通又一變。乾隆泉州府志卷四封域志附驛遞舖舍載：

> 宋泉州舊驛在城西義成門。（名勝志）宋自西北取劍州路，出城西義成門，至南安汰口驛、永春桃源驛、德化龍潯驛、上壅驛，抵尤溪縣，迤邐經西芹至延平，避福州大義江之險。後廢㊲。

此路不但避開福州大義江之險，且較泉—福—延平路減少甚多里程。而由延平赴杭州，則可溯建溪至浦城，越楓嶺關（或仙霞關）至浙；或由崇安越分水關至贛，再順富春江抵杭，以距離之遠近言，泉杭路自較廣杭路爲近。

海路交通，由泉州至杭州更較由廣州至杭州爲便捷。故當時政府規定由泉至杭與由廣至杭的海運時間頗有不同。宋室南渡後，市舶所收珍奇寶貨之輸送行在，除特別貴重之物如眞珠、龍腦等所謂「細色」經由陸路綱運入京外，其餘香料等皆屬「麤色」㊳，全由海道綱運往行在。宋會要職官四四之三〇淳熙元年（一一七四）十月十日提舉福建路市舶云：

> 乞將細色步擔綱運，差本路司戶丞簿合差出官。押粗色海道綱運，選差諸州使臣諳曉海道之人管押，其得替待（？），闕官不許差，從之。

同書職官四四之二九乾道七年（一一七一）十月十三日詔，廣南市舶起發粗色香藥貨物，「限五個月到行在」。淳熙二年（一一七六）二月二十七日戶部更云：「欲令福建、廣南路市舶司，麤細貨物并以五萬斤爲一全綱，福建限三月程，廣南限六月程到行在。」㊴由此可知，泉州到臨安只需由廣州到臨安的一半時間。所以無論就陸上或海上交通言，泉州都因距臨安較近，而比廣州為便捷。這是泉州在宋室南渡後，地位不斷上昇終至凌駕廣州之上的原因之一。

泉州地位提昇的另一原因，就是兩浙市舶司的永久罷廢。兩浙市舶司在北宋初年即已設置，但始終收入不多，故不占重要地位，此即萍洲可談卷二所云：「三方（市舶司）唯廣最盛」之意。至南宋後帝國建都於杭州，明州距杭太近，宋人不欲外人直接登堂入室，終至促成兩浙路永久廢司之舉。宋史卷四八七高麗傳載：

> 初，高麗入使，明、越州困於供給。……我使之行海乘二神舟，費亦不貲。昔蘇軾言於先朝，謂高麗入貢有五害，以此也。惟是國於吳會，事異東都，昔高麗入使率由登、萊，山河之限甚遠，今直趨四明，四明距行都限一浙水耳。

兩浙市舶司收入既無多，復近國都所在，終在孝宗乾道二年（一一六六）六月三日被永久罷廢。宋會要職官四四之二八記其事云：

> 詔罷兩浙路提舉市舶司，所有逐處抽解職事，委知（州）通（判）知縣監官同行檢視，而總其數，令轉運司提督。先是臣僚言，兩浙路惟臨安府、明州、秀州、溫州、江陰軍五處有市舶，祖宗舊制，有市舶處知州帶兼提舉市舶務，通判帶主管，知縣帶兼，而逐務又各有兼官。市舶置司，乃在華亭，近年遇明州舶船到，提舉官者，帶一司公吏，留明州數月，名為抽解，其實騷擾。餘州瘠薄處，終任不到，可謂素餐。今福建、廣南路，皆有市舶司，物貨浩瀚，置官提舉，誠所當宜，惟是兩浙路置官，委是冗蠹，乞賜罷廢，故有是命[40]。

由此時廢司起，其後又先後罷杭州市舶務（紹熙元年，一一九〇），溫州、秀州、江陰軍之市舶務（慶元元年，一一九五），僅留明州市舶務，除與日、韓仍有貿易外，對南海之貿易，則全以泉州爲總吞吐口。以後宋代公牘，遂無三路市舶之名，而改稱泉、廣市舶司，這也是泉州在南宋對外貿易大盛的另一原因。

除以上諸因外，宋宗室之遷泉，可能亦與泉州地位之提昇有關。建炎三年金兵南下時，南外宗正司由鎮江募舟載三百四十餘人至泉州㊶，此後即定居於泉。彼輩與朝廷互通聲氣，應亦有助於泉州地位之提昇。

總之，宋室南渡對泉州地位之提昇有重大影響。宋室南遷後，帝國財政收入驟減，市舶所得成爲帝國財政上一項重要來源。渡江以後，江防、海防的重要亦促使宋室建立海上武力，以保僃危如累卵之國祚，均直接造成泉州海外貿易與交通之興盛。其後之積極鼓勵對外貿易，受惠最大者亦泉、廣兩處。而南遷後，新帝國中心轉移至杭州，又形成朱熹所謂「豈非天旋地轉，閩浙反爲天下之中」的形勢，加以泉、杭間陸路交通的改善，使得泉州取代了過去廣州之海外交通樞紐地位，故到宋室罷廢兩浙市舶司後，促成了泉州對外交通的極度繁盛，這種情形除在宋末曾一度衰微外，一直持續到元末明初，長達二百五十年之久。

❶ 見宋會要，職官四四之一一。宋史卷二四高宗本紀建炎六年六月條，卷一八六食貨下互市舶法條略同。

❷ 見建炎以來繫年要錄（以下簡稱「要錄」），卷十五，頁十八。宋會要職官四四之一二，宋史高宗本紀略同。

❸ 宋會要，職官四四之二六，誤爲二百緡。

❹ 宋會要，職官四四之一九。

❺ 建炎以來朝野雜記甲集卷十六有云：「渡江之初，東南歲入不滿千萬。」而市舶收入二百萬，占五分之一左右。

❻ 以紹興二十九年，歲入四千至四千五百萬緡計算。詳見桑原騭藏，「中阿交通史」，頁二六〇。

❼ 宋會要，職官四四之二〇，紹興六年十月三日上曰。

❽ 「要錄」，卷十五，頁五。

❾ 「要錄」，卷十九，頁四，建炎三年正月戊戌條。

❿ 宋史，卷二五，高宗本紀二，建炎三年三月癸巳條略同。

⓫ 宋史，卷三七五，李邴傳。

⓬ 「要錄」，卷三一，頁三，建炎四年正月條。

⓭ 如張浚卽一再上言請高宗幸川陝。呂頤浩、趙鼎等亦數次上書請幸荆襄，均是。事均見「要錄」，卷三二。

⓮ 「要錄」，卷八一，頁十七。

⓯ 顧祖禹語見其「讀史方輿紀要」，卷九五。有關此說，桑原，「中阿交通史」，頁一五〇—一有詳論。

⓰ 見吳潛，許國公奏議，卷三，頁五。有關南宋海上武力的建立，請參閱羅榮邦（Lo, Jung-Pang），"The Emergence of China as a sea power during late Sung and early Yüan periods"（*Far Eastern Quarterly*），XIV, 4（August 1955），pp. 489-93. 文中謂南宋海上武力北至高麗，東達日本。

⓱ 如前引李邴言命福建造海船七百餘隻外，宋會要，食貨五〇之十一亦載有平江府之造船。

⓲ 宋會要，食貨五〇之十三，紹興二年八月十一日侍御史江躋言。

⓳ 見同上。「要錄」，卷五七，頁五，紹興二年八月戊戌條；宋史，卷二七，高宗本紀，紹興二年八月條，均略同。

⑳ 見宋史，卷三十，高宗本紀，紹興十八年閏八月條。

㉑ 事見宋史，卷三七〇，李寶傳。寶未出師前駐劄平江，高宗問：「舟幾何？」答曰：「堅全可涉風濤者，百二十艘。」「兵幾何？」答曰：「僅三千，皆閩、浙弓弩手，非正兵也。」日後卽仗此輩弓弩手大破金水師於膠西海外。

㉒ 宋史，卷三二，孝宗本紀云：「（乾道二年）秋七月己酉，調泉州左翼軍二千人屯許浦鎭。」是遣發在七月，到許浦則在九月。

㉓ 宋會要，職官四四之二四。

㉔ 宋會要，職官四四之二五。

㉕ 宋會要，職官四四之十二，建炎二年七月八日詔。

㉖ 如紹興二年七月六日，福建安撫轉運司奏請併市舶司以提刑司兼領。雖未成，但九月二五日，詔市舶司職事令福建提擧茶事兼領，至十二年始移茶司於建州，再恢復市舶司之獨立設置。

㉗ 宋會要，職官四四之二〇—一，紹興八年七月十六日臣僚言。

㉘ 宋會要，職官四四之十三—四，紹興元年十一月二六日提擧廣南路市舶張書言及同書，職官四四之二十，紹興六年十月三日上曰。

㉙ 宋史，卷一八五，食貨志香項。

㉚ 宋會要，職官四四之十九，紹興六年十二月十三日詔。

㉛ 宋會要，職官四四之二五，紹興二七年六月一日上曰。

㉜ 如宋會要，職官四四之二九，紹興七年十月十三日，廣州發舶至行在，無欠損者，推賞。又如宋會要，職官四四之三三載，紹熙三年臣僚奏請發海道綱至京，達十萬斤者，減兩年磨勘，帝從之。

㉝ 宋史，卷一八五，食貨志香項。

㉞ 蔡襄曾兩度任泉州知州，初次任期極短，至和三年二月任，閏三月卽移知福州。嘉祐三年再任，五年去職。

㉟ 泉州洛陽橋，又名萬安橋，爲我國古代著名之橋樑，與北方之趙州橋齊名。詳見茅以昇，「介紹五座古橋」（文史論叢，一九七四年三月號），頁一八五—九七。

㊱ 宋史卷三二〇蔡襄傳；乾隆泉州府志卷二九名宦傳，均有記載，唯較爲簡略。

㊲ 同書同卷南安縣條亦云：「宋汰口驛在劉店、鄭山間，上通尤溪，爲上北孔道，後廢。」亦指此路而言。

㊳ 粗、細色之分，見宋會要，職官四四之十一—二，建炎元年十月二三日承議郎李則言，唯日後粗、細色成分有變動。

㊴ 宋會要，職官四四之三一。

㊵ 宋史，卷一六七，職官志，提舉常平、茶馬、市舶等職條同。

㊶ 見「要錄」，卷三十，頁八，建炎三年十二月甲午，皇叔監門衛大將軍眉州防禦使知南外宗正事士𢬵言。

## 第二節　南宋泉州海上交通的盛況

宋室南渡後，由於上節所述諸項因素的影響，泉州對外海上交通逐步凌駕廣州之上，成爲我國對外交通、貿易的重要港埠。有關此問題，學者論述者已多❶。本文僅就以下幾點，略作探討，以補以前學者所說之不足。

### 一、國內沿海交通樞紐地位之形成——近接三吳，遠連二廣❷：

宋室南渡後泉州海上交通繁盛的第一個表徵，就是國內沿海交通之興起，使得泉州逐步在此海上交通中居於樞紐地位。前節已說明南宋由於政治中心杭州在海濱，政府又努力提倡對外交通貿易，故東南沿海一帶海運有空前之發展，海道運輸，已不似以前一樣僅限於體積小、重量小、價值大之奢侈品，而包括體積重量較大而價值較小的一般商品，譬如前節所述諸市舶司麤色物貨之運行在及日常稻米的運輸均由海道運送。此處先言稻米之運銷，前已說明福建地區自五代以來由於人口大量增加，山多田少，已有糧食不足的現象，而南渡後人口驟形增加，缺糧現象更爲嚴重。眞德秀眞文忠公文集，卷十五，奏乞撥平江（府）百萬倉米賑糶福建四州狀有云：「福與泉、興，土產素薄，雖當上熟，僅及半年，專仰南北之商轉販以給。」同書卷十七知泉州謝表亦云：「泉雖閩鎮，古號郊樂，其奈近歲以來，浸非昔日之觀。征榷大苛，而蠻琛罕至，澇傷相繼，而農畝寡收……粟生於地者幾何，日伺鄰邦之轉餉……盼盼焉帆檣之來。」至於泉州仰仗轉餉處，趙汝愚趙忠定公奏議卷二，請支撥和糴米萬石付泉、福、興化三州賑糶奏說的很清楚：「本路（福建）地狹人稠，雖上熟之半，猶仰客舟興販二廣及浙西米前來出糶。」朱文公文集卷二五，與建寧司論賑濟劄子亦云：「廣南最係米多去處，常歲商賈轉販，舶交海中。」李曾伯可齋續藁後卷六奏乞調兵船戍欽仍行海運之策亦云：「又如閩浙之間，蓋亦嘗取米於廣，大抵皆海運，雖風濤時乎間作，然商船涉者如常。既可以至閩、至浙、至瓊，則亦可以至欽，明矣！」可見即在平時，福泉地區亦須仰仗客舟由浙西及兩廣運米來糶，日常海運已極頻繁，至遇有荒歉時，由兩廣及浙西來糶之舟更多。如朱文公文集卷九八傅（自得〔應爲修〕）公行狀云：

> 至是泉州大旱，而守利督租，諱之。公奏請募舟二廣，糴以助民食，由是米不翔貴。

前引趙忠定公奏議卷二請支撥和糴米十萬石付泉、福、興化三州賑糶奏亦云：

> 今歲適值二廣更旱，米價比常年增及一倍以上，州縣閉糴，客舟至彼皆空載而返。緣此雖是秋成之際，大州（福）米價全不甚減，泉州、興化其價尤貴。

更可明顯看出每遇天災，福、興、泉、漳諸州仰賴客舟由兩廣或浙西糴米益切，泉州與浙西、兩廣之海上交通，自必更爲頻繁。其中尤以閩廣間之交通爲最。眞文忠公文集卷十五，申樞密院乞修沿海軍政狀云：「又福、泉、興化三郡，全仰廣米以贍軍民，賊船在海，米船不至，軍民便已乏食。糶價翔貴，公私病之。」❸更由於福建居於浙、廣間，有時成爲此兩地稻米之轉運站。建炎以來繫年要錄卷三四，建炎四年五月己卯條載：

> 詔廣東轉運司募使臣押糧舟，自海道至福州交納。

同書同卷同年六月甲午條亦載：

> 中書門下奏，行在仰食者衆，食廩不豐，請委諸路漕臣及秋成和糴。詔廣東糴十五萬斛，福建十萬斛，并儲之漳、泉、福州。

由廣東和糴之米，或至福州交納，或儲之漳、泉、福州，已可顯明看出福建沿海諸地的轉運地位。而建炎以來朝野雜記卷十五載紹興五年事，說的更爲明白：

> （紹興）五年，上在臨安，又命廣東漕臣市米至閩中，復募客舟至行在。

「要錄」卷九十紹興五年六月辛未條載其事更詳：

左丞議郎值寶文閣知婺州周綱，特轉一官。綱，紹興初為廣東轉運判官，奉詔以本司錢市米十五萬斛，自海道至閩中，復募客舟赴行在。故遷之❹。

除了稻米的運銷外，由福建海商販往外地的大宗貨物，還有布匹及生鐵。嘉泰會稽志卷十七布帛條云：「今越人衣葛出閩賈。」淳熙三山志卷四一土俗類三物產鐵條亦云：「商賈通販於浙間，皆生鐵也。慶曆三年（一○四三）發運使楊吉乞下福建嚴行禁法，除民間打造農器、鍋斧外，不許私販下海。兩浙運使奏，當路州軍自來不產鐵，並是泉、福等州轉海興販，逐年商稅課利不少，及官中取納折稅，收買打造兵器。乞下福建運司曉示，許令有物力客人興販，仍令召保出給長引，只得詣浙路去處販賣，本州出給公據。」至正四明續志鐵器條亦云：「生鐵出閩、廣，船販常至，冶而器用。」均可見閩、浙間，布匹、生鐵之運輸。

國內沿海交通繁盛的另一因素，就是閩廣二市舶司起發物貨入行在，亦大多改由海道運送。前引宋會要職官四四之三○載淳熙元年十月十日福建路市舶司言：

今乞將細色步擔綱運，差本路司戶丞簿合差出官，押麤色海道綱運，選差諸州使臣諳曉海道之人管押，其得替待，闕官不許差，從之。

可知大多數的粗色舶來品是「海道綱運」入行在的。而會要職官四四之二九載其前之乾道七年十月十三日詔，則說明廣州市舶司的情形：

今後廣南市舶司起發麤色香藥物貨，每綱以二萬斤正，六百斤耗為一綱，依舊例支破水腳錢一千六百六十二貫，三百三十七文省，限五個月到行在交納。

其粗色綱及水脚錢等均可見其由海路運送的情形。會要刑法二之一四四載嘉定十五年十月十一日臣僚言，所述更爲明白：

泉廣每歲起綱，所謂粗色，雖海運以達中都，然水脚之費，亦自不貲。

可見南渡後閩廣二市舶司起發行在之香料物貨，除小部分所謂細色者外，大多都由海道赴行在。國內海上交通在此種頻繁轉運下，自然更盛。以當時宋代沿海交通而論，淮北既已淪於金人之手，海運交通所能及之區，大抵僅限於江南❺，即北起長江沿岸之江陰軍，南至廣南西路之欽州及海南島而止，沿海諸港如杭州、明州、溫州、福州、泉州、潮州、廣州、瓊州等均有船隻往來。江南杭州間有運河聯繫，海上交通幷非重要，而杭州與浙東、福建、廣東之往來，因地形之阻隔，稻米、布匹、生鐵之運銷及泉、廣間市舶貨物之輸送等，使得海運交通極爲發達。即國內海運主要集中於廣、杭之間，而泉州正位其中間，於是泉州乃成爲當時我國沿海交通之輻輳地區。觀眞文忠公文集，屢見南、北洋之辭❻，即稱泉州以北爲北洋，以南爲南洋，以當時情形論之，泉州既爲全國（南宋）海岸線之中點，又爲對外貿易最大港口，以其畫分南、北洋，當屬最恰當之舉。此舉與今日以上海畫分我國南、北洋者，屬於相同之情況，而泉州爲宋元時期之「上海」，亦可證明。而泉州商客赴國內各地貿易者亦屢見於記載，如劉克莊後村先生大全集卷十二城南詩詠廣州有云：「瀕江多海物，比屋盡閩人。」是在廣州城南沿粵江一帶從事貿易之商賈多爲閩人。前述稻米、布匹及生鐵貿易，亦可明顯看出閩商赴浙貿易者不在少數。而杭州外港之一的澉浦，有閩商赴該地貿易亦屬當然。常棠澉水志（紹興三年，一二三〇修）

卷五寺廟門醫靈祠條云：「開熙（禧）二年，里人孟毅夢神曰：吾閩中吳眞君，當食此方，福祐斯民。晨見海中有一神主，浮海至岸，遂居于測，毅因捨財，剏殿尊奉，後閩商繪像傳塑，俱祈療病者甚驗。」是澉浦一帶亦有閩商從事貿易。

在國內沿海交通值得一提，復與對外貿易有相當關聯者，則爲泉州與海南島交通貿易之興盛。宋史卷一八六食貨志商稅條載元豐年間瓊管奏云：

> 海南收稅，較船之丈尺，謂之「格納」。……貿物自泉、福、兩浙、湖、廣至者，皆金銀物帛，直或至萬餘緡。

知在北宋時泉、瓊間已有貿易交通。嶺外代答卷三海外黎蠻條更云：

> 熟黎多湖廣、福建之姦民，狡悍禍賊，外雖供職於官，而陰結生黎以侵省地，邀掠行旅，居民官吏經由村峒，每舍其家。

可見南宋初年（嶺外代答成書於淳熙五年，一一七八）海南島之熟黎，除多湖廣人外，福建「移民」亦極多。彼等長久以來即置身於官吏或外來商客與生黎中，居間牟利，已說明了閩人與當地之深厚關係。諸蕃志卷下對此地記載更詳，如吉陽軍條云：

> 泉舶以酒、米、麵粉、紗絹、漆器、瓷器等為貨，歲杪或正月發舟，五、六月間回舶，若載鮮檳榔搀先，則四月至。

瓊州條亦載：

> 屬邑五……皆有市舶。昌化……又有白馬井，泉味甘美，商舶回日，汲載以供日用。……

一石峰在海洲巨浸之間，形類獅子，俗呼獅子神，實貞利侯廟，商舶祈風于是。

萬安軍條則載：

城有舶主都綱廟，人敬信，禱卜立應，舶舟往來祭而後行。……閩商值風飄蕩，貲貨陷沒，多入黎地耕種之，歸〔疑有脫誤〕官吏及省民經由村峒，必舍其家，恃以為安。……物貨……惟檳榔❼、吉貝獨盛，泉商興販，大率仰此。

可見泉舶與海南四郡無處無貿易關係，而流落當地閩人，又多係「值風飄蕩，貲貨陷沒」者，其間往來船舶之頻繁，可想而知。海南僻處廣南西路海中，其熟民多湖廣人，與兩廣來往密切自不足爲奇；但與泉州關係密切，則不能不說是南宋以後泉州對外交通貿易大盛的另一表徵。海南島在我國固然地處僻野，文化落後，但在中國與南洋尤其中南半島諸地之交通中，則居於鎖鑰地位。泉州與當地交通之頻繁，想亦不全限於國內貿易，應有與占城、眞臘諸國往來中間站之地位的可能❽，只是未見諸史料明載而已。

## 二、海外貿易地區的擴大——連海外之國三十有六島❾：

宋室南渡後，泉州海外交通大盛的第二個表徵，就是與海外貿易地區的擴大與來往之頻繁。泉州與海外交往地區，約可分爲下述三區來說明。一爲南海諸國，指南海沿岸地區，包括中南半島及南洋群島諸地。二爲東北亞地區，包括流求以北諸「國」而言，其三爲越麻六甲海峽西去之印度洋地區。以下卽依此區分，分別論述泉州對外交通的情形。

雲麓漫鈔⑩卷五福建市舶司常到諸國船船條載：

大食、嘉令、麻辣、新條、甘秠、三佛齊國，則有真珠、象牙、犀角、腦子、乳香、沉香、煎香、珊瑚、琉璃、瑪瑙、玳瑁、龜筒、梔子香、薔薇水、龍涎等。真臘亦名真里富、三泊、緣洋、登流眉、西棚、羅斛、蒲甘國，則有金顏香等。渤泥國則有腦版。闍婆國多藥物。占城、目麗、木力千、賓達儂、胡麻巴洞、新洲國，則有夾煎。佛羅安、朋豐、達囉啼、達磨國，則有木香。波斯蘭、麻逸、三嶼、蒲哩喚、白蒲邇國，則有吉貝布、貝紗。高麗國則有人參、銀、銅、水銀、綾布等物。大抵諸國產香略同。以上舶船候南風則回，惟高麗北風方回。凡乳香有揀香、缾香（分三等）、袋香（分三等）、榻香、黑榻水濕、黑榻纏末。如上諸國多不見史傳，惟市舶司有之。

此項記載，已大略的述說了與泉州有貿易關係諸國，但試與泉州市舶使趙汝适所著諸蕃志加以比勘，則知遺漏者尚多。僅將嶺外代答、雲麓漫鈔、諸蕃志所載諸國，列表於後⑪以作說明：

| 嶺外代答 | 雲麓漫鈔 | 諸蕃志 | 今地 |
|---|---|---|---|
| 安南（交趾） | | 交趾 | 越南北部 Tongking 東京、北圻 |
| 占城 | 占城 | 占城 | 越南中部 Annam 中圻 |
| | 目麗 | 日麗 | 越南中部 |
| | 木力千、胡麻巴洞 | | 越南中圻一帶 |

| | | | |
|---|---|---|---|
| 賓瞳朧 | 賓達儂 | 賓瞳朧 | 越南蒲朗或藩龍 Phanrang |
| 賓陀陵 | | | 蒲朗以北 |
| 眞臘 | 亦名眞里富 | 眞臘 | 高棉 Kamboja |
| 三濼 | 三泊、綠洋 | 綠洋 | 在高棉 |
| | 西棚 | 西棚 | 高棉 |
| | 羅斛 | 羅斛 | 泰國南部 Lawo Lophuri 華富里 |
| 蒲甘 | 蒲甘 | 蒲甘 | 緬甸中部 Pugan |
| | | 曼陀蠻 | 安達曼群島 |
| 登流眉 | | 登流眉 | 馬來半島中部 |
| | | 凌牙斯加 | 北大年及吉達一帶 Lengkasuka |
| | 新洲國 | 吉蘭丹 | 吉蘭丹 Kelantan |
| | | 登牙儂 | 丁家奴 Tringganu |
| | 朋豐 | 蓬豐 | 彭亨 Pahang |
| | 達磨 | 單馬令 | Tambralinga 馬來半島東北岸班東灣南 |
| 佛羅安 | 佛羅安 | 佛羅安 | 馬來半島東岸龍運 |
| | 達囉啼 | 加羅希 | Grahi 斜仔 |

| | | | |
|---|---|---|---|
| 麻囉奴 | 麻囉奴 | | 馬來半島南一小島（或說在菲島） |
| 上下竺（竺嶼） | | | 馬來半島東南一小島 Pulo Aor |
| | | 凌牙門 | 新加坡海峽林加島 Lingga I. |
| 藍里 | | 藍無里 | 蘇島西北 Lambri |
| | 甘秠 | 監篦 | 蘇島東部 Kampar 甘巴 |
| 三佛齊 | 三佛齊 | 三佛齊 | 蘇島巨港附近 Palembang |
| | | 巴林馮 | 巨港（見前） |
| 波斯 | | 波斯 | 指蘇島西部一地 |
| 闍婆（甫家龍） | 闍婆 | 闍婆（甫家龍） | 爪哇中部北岸 Java |
| | | 蘇吉丹 | 爪哇中部 |
| | 新條 | 新拖 | 爪哇西部 Sunda 巽他 |
| | | 打板 | 爪哇東部 Tuban 杜坂 |
| | | 戎牙路 | 爪哇東部泗水附近 Janggale 章伽拉 |
| | | 麻籬 | 峇里 Bali |
| | | 底勿 | 帝汶 Timor |
| 十二子石 | | | Kayimaza |

| | | | |
|---|---|---|---|
| | 渤泥 | 渤泥 | 汶萊或婆羅州 Borneo |
| | 波斯蘭 | | 蘇祿群島之巴西蘭 Basilan |
| | 摩逸 | 麻逸 | 明多羅 Mindoro（Mait） |
| | 三嶼 | 三嶼 | 非島之三島 |
| | 蒲哩喚 | 蒲里嚕 | 呂宋東岸 Polillo |
| | 白蒲邇 | 白蒲延 | 巴布亞 Papua |
| | 高麗 | 新羅 | 韓國 |
| | | 毗舍耶 | 台灣南部或非島 |
| | | 倭國 | 日本 |
| | | 流求 | 琉球 |
| | | 細蘭 | 錫蘭（斯里蘭卡） |
| 麻離（麻囉拔） | | 南毗 | 印度西海岸 Malabar |
| | | 故臨 | 印度西海岸 Quilon |
| | | 胡茶辣 | 印度西北 Guzerat |
| | | 注輦 | 印度東海岸 Coromandel coast |
| | | 麻囉華 | Malwa |
| | | 鵬茄囉 | Bangala |

| | | | |
|---|---|---|---|
| 大秦 | | 大秦 | 巴格達一帶 |
| 天竺 | | 天竺 | 泛指印度 |
| | | 大食 | 泛指回教諸國 |
| | | 麻嘉 | 今 Mecca |
| | | 層拔 | 非洲東海岸之 Zanjibar |
| | | 弼琶囉 | 非洲東北角 Berbera |
| | | 勿拔 | Mirbat（依馮承鈞注） |
| | | 中理 | 東北非之 Somali |
| | | 甕蠻 | 阿曼 Oman |
| | | 記施 | 波斯灣之 Kish I. |
| | | 白達 | 巴格達 Baghdad |
| | | 弼斯囉 | 今 Basra 港 |
| 吉瓷尼 | | 吉瓷尼 | 今 Gnazni |
| 勿斯離 | | 勿斯離 | Mosul |
| 眉路骨惇 | | 蘆眉 | 小亞細亞之 RŪM 或指羅馬 |
| 木蘭皮 | | 木蘭皮 | 跨北非、西班牙之 Al-Moravide |
| | | 勿斯里 | 埃及 Misr |
| | | 遏根陀 | 亞里山卓港 Alexandria |

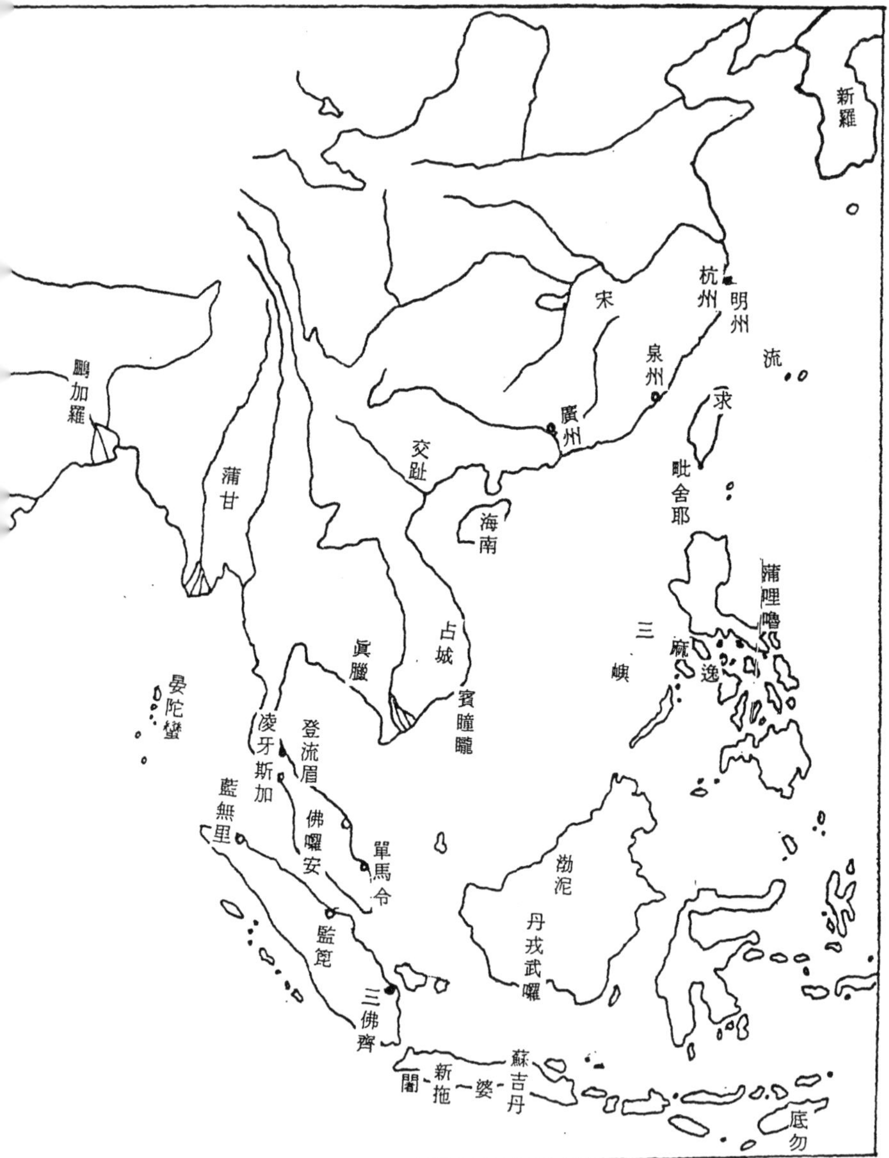
新羅
杭州
明州
宋
流求
泉州
廣州
交趾
毗舍耶
海南
鵬加羅
蒲甘
蒲哩嚕
三嶼
麻逸
占城
眞臘
賓瞳朧
晏陀蠻
凌牙斯加
登流眉
藍無里
佛囉安
單馬令
渤泥
丹戎武囉
監篦
三佛齊
蘇吉丹
新拖
闍婆
底勿

圖五　諸蕃志所載諸國圖

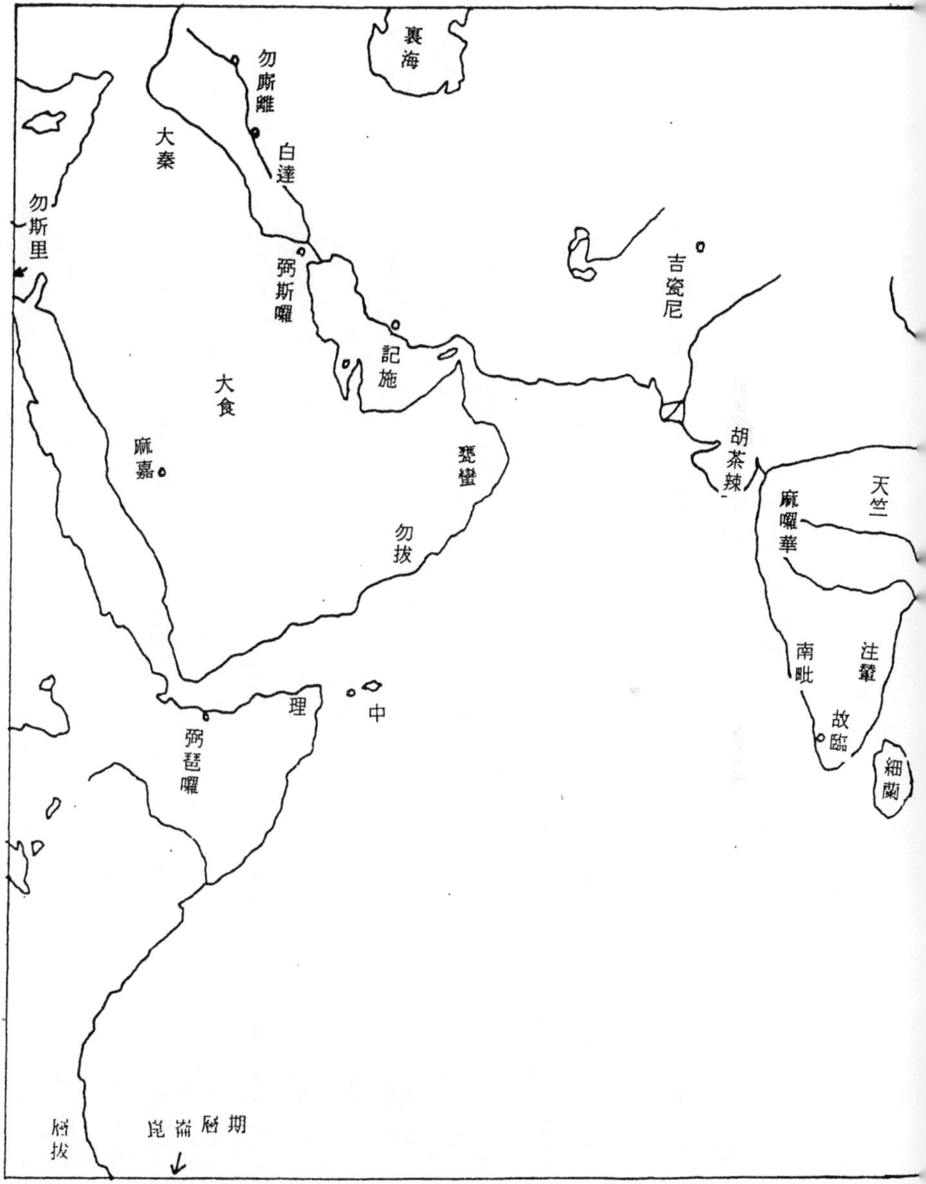
裏海
勿廝離
大秦
白達
勿斯里
弼斯囉
吉瓷尼
記施
大食
胡茶辣
麻嘉
甕蠻
天竺
麻囉華
勿拔
南毗
注輦
故臨
細蘭
中理
弼琶囉
層拔
崑崙層期

大體說來，南海諸國中位於中南半島諸國所載極詳細，如占城（在今越南中南部，包括目麗〔諸蕃志作日麗〕，木力千〔諸蕃志作烏麗〕、賓達儂〔瞳矓〕、胡麻巴洞〔烏麻拔〕等屬國），眞臘（今高棉）、三泊（諸蕃志作三濼）、綠洋（諸蕃志作綠洋）、登流眉、羅斛（位湄南河下游Love）、蒲甘（Pugan）等，大體分布於東起今越南，西至今緬甸地區，均與泉州有貿易交通存在⑫。

南海沿岸地區的島嶼部分（包括馬來半島部分，因其時半島上許多地區均與蘇門答臘島上的三佛齊有關聯），依雲麓漫鈔及諸蕃志所記，約有下列諸地：在西洋方面則有三佛齊(Srivijaya，在蘇門答臘島，都巴林馮Palembang）、藍無里(Lambri在蘇島西北區，爲赴印度錫蘭必經之地）、達囉啼（諸蕃志作加羅希Grahi今Chaiya）、佛囉（羅）安（Berangan）、朋（蓬）豐(Pahang)、達磨（疑爲諸蕃志之單馬令Tambralinga今Ligor，以上四地疑均在馬來半島），其他如凌牙斯加（Lengkasuka，卽狼牙修，包括馬來半島東岸之Patani及西岸之Kalah）亦在馬來半島。蘇島以東則有闍婆（Java今爪哇）、渤泥（Borneo今婆羅洲）等亦屬西洋諸國。屬東洋的則有大略位於今菲律賓群島之麻逸（Mait今Mindoro島）、三嶼、蒲哩（嚕）喚、白蒲邇（巴布亞）等地⑬。

東北亞地區⑭，除趙彥衛所記之高麗（諸蕃志作新羅、沿舊名）與泉州關係最密切外⑮，尚有倭國（日本）亦有貿易往來。諸蕃志卷上新羅國條云：「地出人參、水銀、麝香、松子、榛子、石決明、松塔子、防風、白附子、茯苓、大小布、毛施布、銅磬、瓷器、草蓆、鼠毛筆等，商舶用五色纈絹及建本文字博易。」與高麗貿易可見。同書倭國條亦云：「倭國在泉之東北，今號日本國。……多產杉木、羅木，長至十四五丈，徑四尺餘，土人解為枋板，以巨艦搬運至吾泉貿易。泉人罕至其國。」

至於印度洋上諸國，依諸蕃志所載，舶船所至處有：細蘭（Sihadipa，即獅子國）、東海岸南部之注輦（Cola，即瑣里）、印度西海岸南端之南毗（Malarbar 海岸）、故臨（Kulam，今 Quilon）、北端之胡茶辣（Guzerat）、大食國（包括白達 Bagada、記施 Kish、麻嘉 Mecca 等西亞回教地區）。至於北非之勿里斯（Misr，今埃及）及東非諸國如層拔（Zangibar）、弼琶羅（Barbera）、中理（Somali）等地，可能也有間接甚或直接的貿易關係⑯。

以上很簡略的敘述了南宋泉州貿易所到之地。這些地區較同時代的廣州或往昔泉州之來往地區擴大甚多，其擴展地區，除各地屬國增多（開化程度日高，諸島均有貿易城邦出現）外，最值得注意的新地區有二：其一是所謂東洋貿易地區的出現。前已說明，宋代以前我國對南海貿易概集中於所謂西洋地區，北宋以後渤泥以東地區開始與廣州、泉州貿易，是我國往昔所未有之現象。其二就是印度洋地區貿易範圍的擴大。舉凡印度東西兩岸所有大「國」、西亞阿拉伯回教各地區，尤其是非洲東海岸地區亦逐步納入此一貿易圈中。海外貿易地區的擴大，無疑是南宋時代泉州對外海上交通空前繁榮的第二個表徵。

三、泉州之空前繁榮——城內畫坊八十，生齒無慮五十萬：

泉州在宋室南渡前，已極為繁榮，故在大觀元年（一一〇七）已升為望郡⑰。宋室南渡後，泉州對外交通愈盛，其城市之繁榮更甚於往昔。南宋張綱華陽集卷一「迻（連）南夫知泉州」云：「泉之地並海，蠻胡賈人，舶交其中，故貨通而民富。」眞文忠公文集卷十五申尚書省乞撥降度牒助宗子請給奏云：「慶元以前，未以爲難者，是時本州田賦登足，舶貨充羡，稱爲富州。」天下郡國利病書福建備錄引郭造卿閩中經略議云：「夫泉自宋鹽場多於他鄉，而番舶於此置司，故其郡爲獨富。」輿地紀勝卷一三〇福建路泉州府條載陳讜賀韓尙書文云：「況今閩粵莫盛於泉州，外宗分建於維城，異國悉歸於元市。」又載前人賀黃左使文云：「泉號佛國，而風俗素淳，舶交島夷而財富本裕。」又載傅誠賀米少卿文亦云：「眷止清源（泉州），實今巨鎭。舟車走集，繁華特甚於甌閩，山水透迤，氣象宛同於伊洛。」其繁榮可知。以下試由人口之增長、城市之擴大及外商在泉州居留三方面，對南宋泉州之繁盛作一探討。

泉州之戶數，在北宋元豐年間已高達二〇萬一千四百零六戶，是當時我國戶數在二十萬以上有數的州郡之一（見前）。至南宋末淳祐年間（一二四一—五二）戶數更高達二五萬五千七百五十八戶之多（其中主戶一九萬七千二百七十九，客戶五萬八千四百七十九），口數高達三四萬八千八百七十四口之多（其中主丁二二萬六千六百一十七，客丁十二萬二千二百五十七）[18]，以戶數計算增加率達二六・九%，與同時代其餘州郡比較，雖不算太高，但泉州爲對外貿易口岸，來往番商不著戶籍者極多，如連同不著戶籍者計之，比率應該更高。而泉州城內的人口，由前引輿地紀勝卷一三〇陸宇修城記所說：「生齒無慮五十萬」來看，竟有五十萬之衆。若以每戶五口計之，泉州州城居民可達十萬戶左右。縱使除去其中爲數不少的不在籍商旅計之，最少也可有五萬戶之衆，這在當時是除臨安府外，我國最大的三個城市（鄂州、成都府與泉州）之一⑲。以五萬戶之城內人口與淳熙年間泉郡七邑總戶數二十五萬餘戶來比較，竟有五分之一左右的人聚居於晉江城，泉州人口集中城市之現象亦可明顯看出。

泉州戶口的大量增加與聚集城中，自然造成泉州城內之擁擠現象，城中土地既感不足，乃向城外擴張，市區因之擴大。有關泉州城市之擁擠，可由城內河渠之被侵佔作爲民屋，河渠因之壅塞看出。萬曆泉州府志卷四規制志上城池項載：

> （泉州）羅城、子城內外濠溝，如人之一身，血脈流貫，通則俱通，滯則俱滯。民家傍濠溝而居者，多填委糞壤，以致堙閼，而跨溝爲屋者尤甚。宋治平三年夏六月大雨，時通淮濠塞，水無所洩，壞民屋千數百家……紹興十八年守葉廷珪乃闢通淮門，引巽水入。……後復塞。淳熙年間，守林枅嘗浚之，又復塞。嘉定間，守真德秀命五廂居民開浚；打量官溝共五千二十有九丈，明（民）溝三千丈，凡溝在官地者官任之，在民屋內者自浚，搜剔甚詳，乃弛民房租而懲其不率者，越三祀，又堙塞如故。

至於泉州城的擴張，南宋也占極重要的地位。經過南宋的擴建後，泉州城甚至較福建省城爲大。明王世懋閩部疏云：「泉州城大於福。」泉州城有衙城，有子城，又有羅城、翼城，充分的顯示其不斷擴大的歷程。衙城卽今泉州府之垣牆，傳言係五代留從效開府建牙處。子城築於唐貞元年間⑳，周圍三里，百六十步，有四門，東曰行春，西曰肅清，南曰崇陽，北曰泉山，除泉山門外，其餘三門淸時尚存（參閱附圖晉江縣城池圖）。羅城在子城外，爲五代南唐保大年間

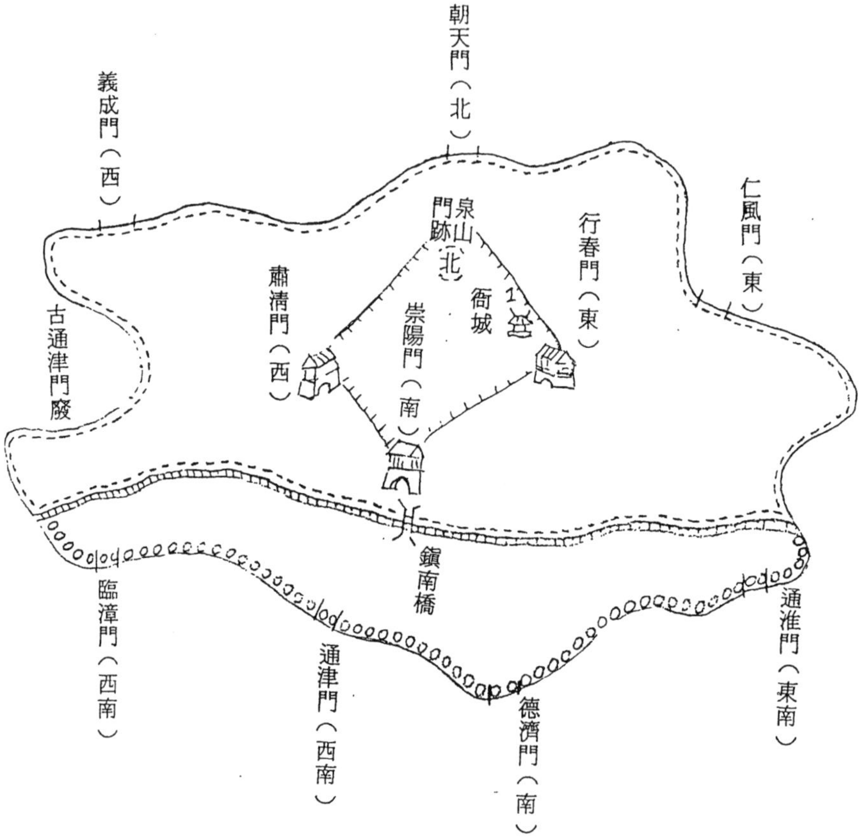


1. 衙城，即今泉州府署，相傳係五代留從效開府建牙處。

2. ┬┬┬┬┬┬┬子城，築於唐貞元年間（見貞元九年歐陽詹"北樓記"）（785-805）

3. ————羅城，南唐保大中留從效所築。（943-957）

4. 0000翼城，南宋紹定三年（1230）知州游九功始拓城南地築。

5. ———今城，元至正十二年（1352）監郡偰玉立廢羅城與翼城合。

**圖六　泉州城池擴大圖**

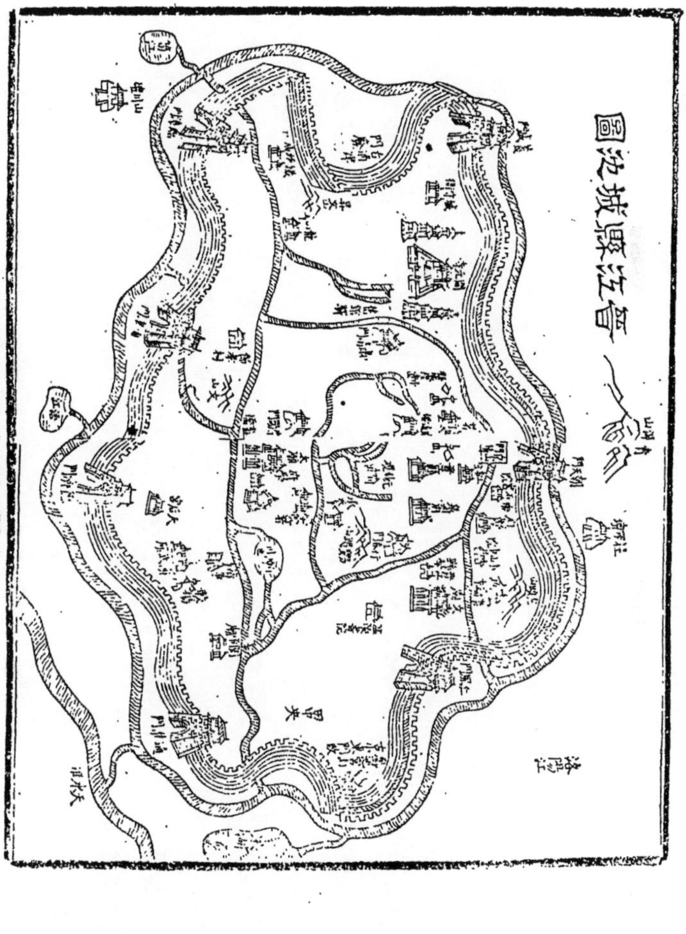


影印自乾隆晉江縣志

（九四三—五七）留從效所築[21]，周二十里，高一丈八尺，門凡七：東曰仁風，西曰義成，南曰鎮南，北曰朝天，東南曰通淮，西南曰臨漳，曰通津。由於五代王延彬妹天祐中（九○四—七）爲西禪寺尼時拓城西地包寺，及陳洪進建崇福寺於城東松灣，復拓城東北地包寺，因此羅城形如葫蘆，因名葫蘆城或鯉魚城，皆以其形似。由五代經北宋迄南宋末築翼城止，泉州城即指羅城而言。其間經歷多次之增修，如北宋宣和二年郡守陸藻之增築外甎內石，南宋紹興二年郡守連南夫，十八年郡守葉廷珪，淳熙、紹熙中郡守鄧祚、張堅、顏思魯，及嘉定四年郡守鄒應龍等都曾重修，至宋理宗紹定三年（一二三○）最重要的一次擴築，即翼城的建築開始。自泉州海外交通開始以來，外舶來泉皆停泊於城南晉江沿岸，因此城南晉江沿岸一帶成爲外商之居留區，商業繁盛甲於全州（詳後）。泉州府志卷十一城池志引元莊彌邵重濬南壕記云：「一城要地，莫盛於南關，四海舶商，諸蕃琛貢，皆于是乎集。」南門外既如此繁盛，因此郡守游九功乃於紹定三年[22]在南羅城外，沿江添築翼城，東起浯浦，西至甘棠橋，而將城南富足地區納入城中。泉州府志卷十六壇廟寺觀志天后宮條引隆慶府志云：

> 宋慶元二年（一一九六）泉州浯浦海潮庵僧覺全夢神命作，官乃推里人徐世昌倡建，實當筍江、巽水二流之滙，番舶客航聚集之地。時羅城尚在鎮南橋內，而是宮適臨浯浦之上。

是天后宮等原皆在羅城外，自築翼城後，始納入城中。至元至正十一年（一三五一）郡守偰玉立始廢羅城南段而與翼城合。至是城周擴爲三十里，高二丈一尺，門仍七。東、西、北、東南、西南門仍舊，改南門曰德濟門，廢通津門，而於臨漳、德濟之間建門曰南薰，始成今之泉州城㉓。南宋末年泉州翼城之興築，無疑與海外交通之繁盛所造成泉州南門外之富庶有密切關係。

除了城池之擴大、商賈之富庶外，由泉州晉江一地宋元時代所建橋樑之大、之多亦可看出泉州之富庶。前引天下郡國利病書福建備錄引郭造卿閩中經略議續云：「故其郡（泉州）爲獨富，餘力及於橋道，而寺觀甲七閩。今（明代）科甲雖多於昔，而橋道之類多廢，則其富盛不及昔者尚多耳。」程光裕先生曾統計宋元時代泉州橋樑之建築占諸志所載總數之比例極大，茲列表於下以作說明：

## 唐以後泉州晉江縣所建橋樑統計表

| 時代／總數＼資料來源 | 八閩通志卷十八 | 重纂福建通志卷二九 |
|---|---|---|
| 總數 | 71 | 128 |
| 唐 | | 1 |
| 五代 | 3 | 2 |
| 北宋 | 17 | 16 |
| 南宋高宗 | 9 | 10 |
| 南宋 | 20 | 20 |
| 元 | 4 | 5 |
| 明 | 1 | 4 |
| 清 | | 8 |
| 不詳 | 13 | 58 |
| 宋元所占比例 | 76.1% | 43% |
| 備註 | 另增宋僧2，宋里人1，元僧1，宋元時代共54座 | 另增宋僧2，宋里人1，元僧1，宋元時代共55座 |

| | | | | | | | | | | | | |
|---|---|---|---|---|---|---|---|---|---|---|---|---|
| 古今圖書集成一〇四八卷 | 66 | | 2 | 12 | 9 | 14 | 3 | 2 | | 21 | 60.6% | 另增宋僧1，元僧1，宋元時代共40座 |
| 乾隆泉州府志卷十 | 103 | 1 | 2 | 15 | 12 | 20 | 3 | 4 | 6 | 39 | 51.5% | 另增宋僧2，元僧1，宋元時代共53座 |
| 乾隆晉江縣志卷二 | 100 | | 3 | 14 | 12 | 20 | 3 | 2 | 3 | 57 | 53% | 另增宋時1，僧道詢（宋時人）2，元僧1，宋元時代共53座 |

（本表採自程光裕，「宋元時代泉州橋樑之研究」一文，新添宋元所占比例一項）

由表中可知宋元時代所修橋樑約占全數一半以上，其中尤以南宋爲最多，而高宗時代修建橋樑更爲各時代之冠㉔。而迄今仍稱偉大建築之橋樑，如順濟橋、石筍橋、烏嶼橋（長五里）等皆爲其時所修，不但顯示了南宋時代泉州的富饒，對泉州交通之改善亦極有助益。如南宋嘉定四年（一二一一）順濟橋之建成，對泉州與漳、潮州之交通即大有助益。乾隆泉州府志卷十順濟橋條引何喬遠記云：「浯渡橋（即順濟橋）者，郡南門橋也。是所取漳、潮道，南鄉海濱之民，悉茲來往。」其餘如石筍橋等對泉州的對外交通亦有重要的貢獻。

南宋時泉州對外貿易之盛，除城大民富外，復可由外人居留的情形窺知一斑。宋元時代泉州來往外商甚多，均集中於泉州城南晉江沿岸一帶居住。諸蕃志卷上大食國條載：「有番商曰施那幃，大食人也。蹻寓泉南，輕財樂施，有西土氣習，作叢家於城外之東南隅，以掩胡賈之遺骸。」同書天竺國條亦載：「雍熙間，有僧囉護哪航海而至，自言天竺國人。番商以其胡僧，競持金繒珍寶以施，僧一不有，買隙地建佛刹於泉之城南，今寶林院是也。」同書南毗國、故臨國條又載：「時羅巴智力干父子，其種類也，今居泉之城南。」均可見外商最初均於城南一帶居住。前引元莊彌邵重濬南壕記所云：「一城要地，莫勝於南關，四海舶商，諸蕃琛貢，皆于是乎集。」更是最好的寫照。其後外商甚至與民雜居而有留居城中者。劉克莊後村大全集卷六二「吳潔知泉州制」云：「今言郡難治者有四：民夷雜居也，貴豪盤錯也，財粟彈（殫）竭也，珠犀黠涴也。」卽以「民夷雜居」爲四難之首。樓鑰攻媿集卷八八汪（大猷）公行狀述其任泉州知州時云：

> 蕃商雜處民間，而舊法與郡人爭鬥，非至折傷，皆用其國俗，以牛贖罪，寢以難制。公號於衆曰：「安有中國而用夷俗者，苟至吾前，當依法治之。」㉕

甚者夷人有在州學前建樓事。朱文公集卷八九傅（自修）公行狀述其通判泉州時云：

> 有胡賈建層樓於郡庠之前，士子以為病，言之郡。賈貲鉅萬，上下俱受賂，莫肯誰何。乃群訴於部使者，請以屬國，使者為下其書，公曰：「是化外人法不當城居。」立戒官兵，卽日撤之。而後以當撤報，使者亦不悅，然以公理直，不敢問也。

可見番商不但居於城中，且公然興建房舍，官吏於受其賄賂後，竟亦不加干涉，雖有「化外人法不當城居」之律，但已形同具文㉖。而番商多富有，爲討好官府，每有工役，常出資助官。

葉適水心集卷十九林湜㉗墓誌銘載：

> （湜）知泉州晉江縣，分造戰船，公曰：負郭豈有羨錢耶？何忍歛百姓。將捨去，諸番義公之為，助其役，舟先就，而民不知㉘。

萬曆泉州府志卷四鄒應龍傳亦載：

> 嘉定四年，守鄒應龍，以賈胡簿錄之資，請於朝，而大修之，城始固㉙。

蕃商既能破例居於城中，而爲官府不禁，又能與人鬥毆，交通官府，出資築城造船，則南宋時居泉州的外人必定人數甚多，且多財力雄厚者。南宋時泉州城外有番商公墓，卽爲最好的說明。林之奇㉚拙齋文集卷十五泉州東坂葬蕃商記云：

> 負南海，征蕃舶之州三，泉其一也。泉之征舶，通互市於海外者，其國以十數，三佛齊其一也。三佛齊之海賈，以富豪宅生於泉者，其人以十數，試郍（疑為那）圍其一也。試郍圍之在泉，輕財急義，有以庇服其疇者，其事以十數，族蕃商墓其一也。蕃商之墓，建發於其疇之蒲霞辛，而試郍圍之力能以成就封殖之。其地占泉之城東東坂，既翦薙其草萊，夷鏟其瓦礫，則廣為之窀穸之坎，且富棟宇，周以垣牆，嚴以扃鑰，俾凡絕海之蕃商有死于吾地者，舉於是葬焉。經始於紹興之壬午（三二年，一一六二），而卒成乎隆興之癸未（元年，一一六三）。（下略）

迄今泉州城東一帶所發現之阿拉伯人墓碑，雖多屬元時，但也有三方爲宋時者，茲錄碑文於後：

死者黑提漆，異國阿拉伯女人，她是有名的人高尼微的愛女，卒於回曆四百年□月二十四日的上午（北宋眞宗大中祥符二年，一〇〇九年）（原文爲阿拉伯文，馬克恩譯）

死者外國人，名安其拉亞里……卒於回曆六〇九年（南宋嘉定五年，一二一二年）（原文爲阿拉伯文，馬克恩譯）

死者阿拉伯人，名麥哈默德·伊本·阿里伊本·歐斯曼，卒於回曆六五九年（南宋景定元年，一二六〇）（原文爲阿拉伯文，馬堅譯）㉛

蕃商公墓的建築與宋時外人墓碑的發現無疑是宋代泉州曾有衆多外商居留的最好證據。

總之，宋室南遷後，泉州對外交通的繁盛，由前述國內貿易之發達，海外貿易地區之擴大，來往之頻繁，及泉州因海外貿易所帶來的富庶情形，均可明顯看出。其他方面，如對外商居留區之管理、進出口貨物稅之抽解與博買等，桑原「唐宋貿易港研究」、「中國阿拉伯海上交通史」，藤田「宋代市舶司與市舶條例」、孫葆「唐宋元海上商業政策」及石文濟「宋代市舶司之設置與職權之研究」等論文，已有詳細之探討，本文不再重複。

❶ 如桑原隲藏著，馮攸譯，中國阿拉伯海上交通史。藤田豐八著，楊鍊譯，「宋代市舶司與市舶條例」（收入中國南海古代交通叢考，頁二三九—三四二）及石文濟，「宋代市舶司之設置與職權之研究」（史學彙刊創刊號）等均是。

❷ 輿地記勝，卷一三〇，福建路泉州條風俗形勝引南宋初連南夫修城記云：「近接三吳，遠連二廣，萬騎貔貅，千艘犀象。」又引陸宇修城記云：「泉距京師五十有四驛，連海外之國三十有六島，城內畫坊八十，生齒無慮五十萬。」頗能形容宋室南渡後泉州之盛況。

❸ 同書同卷申尚書省乞措置收捕海盜狀亦云：「兼福、泉、興、漳四郡，全靠廣米，以給民食。」亦可得見。

❹ 宋會要食貨四〇，所載略同。

❺ 事實上，南渡之初閩商赴江北販易者仍多。如「要錄」卷三五，建炎四年秋七月丙午條載：「詔閩、越商賈常載重貨往山東販賣，令沿海諸州禁之。」

❻ 如卷八申樞密院措置沿海事宜狀云：「圍頭去（泉）州一百二十餘里，正闞大海，南北洋舟船往來必泊之地。」（頁一三）又云：「況自南洋海道入州界，烈嶼首爲控扼之所，圍頭次之。」（頁一八）又云：「小兜寨取城八十里，海道自北洋入本州界，首爲控扼之所。」（頁二三）均可見。

❼ 檳榔爲當時我國與海南島貿易之重要貨品。嶺外代答卷八檳榔條載：「海南販之瓊管，收其徵稅，計居什之五，廣州稅務收檳榔稅，歲數萬緡。推是，則諸處所收與人之所取不可勝計矣！」其貿易數量之大可知，對泉州之貿易量想亦不在少數。

❽ 諸蕃志卷下海南條有云：「（吉陽軍）𨑳海之極……南對占城，西望眞臘，東則千里長沙，萬里石牀。」已說明了海南島在我國與中南半島交通上的地位。

❾ 「連海外之國三十有六島」一語，有認爲係指澎湖三十六島而言，然觀其「連海外之國」所指，似亦可指泉州與海外諸貿易地區而言。

❿ 本文據涉聞梓舊十五卷本，序署開禧二年（一二〇六）。

⓫ 本表地名之考證，大體依 F. Hirth &W. W. Rockhill, *Chau Ju-Kuo : His works on the Chinese and Arab Trade in the Twelfth and Thirteenth Centuries*, entitled *Chu-fau-chi*, Taipei, Chengwen, 1970（1st edition 1912）及馮承鈞，諸蕃志校注（商務）兩書。有關東洋地名間亦參考吳景宏，「五代

兩宋時代中非關係之探討」（大陸雜志三二卷三、四期）一文。

⑫ 詳見馮承鈞，諸蕃志校注卷上。

⑬ 詳見吳景宏前引文，頁三二。

⑭ 其時雖有有關流求及毗舍耶（台灣南部或非律賓Visaya群島）的記載，但尚爲商旅不及之區。

⑮ 南宋泉州與高麗仍有貿易往來，如「要錄」卷七八，紹興四年秋七月辛未條載：「高麗羅州島人光金與其徒十餘人泛海詣泉州，風折其檣，泊楚、泰州境。」

⑯ 詳見拙著，唐宋元時代中國與東非之關係（政大非洲研究計劃，民六四年），頁一五－二四。

⑰ 見宋史，卷八九地理志五福建路泉州條。

⑱ 見萬曆泉州府志，卷六版籍志戶口條引淳祐志所載。乾隆泉州府志，卷十八戶口志同。

⑲ 詳見梁庚堯，「南宋城市的發展」（食貨月刊復刊十卷十、十一期，民七十年一月一日、二月一日），頁四三六。

⑳ 見乾隆晉江縣志，卷二規制志城池條。萬曆泉州府志卷四規制志上，乾隆泉州府志卷十一城池志謂係唐天祐二年王審知所建，俱誤。詳見唐歐陽詹，貞元九年撰，北樓記（載福建金石志，石二），頁十一。

㉑ 亦有謂在唐末時已築。蓋下文所述唐天祐間王延彬妹拓城西地，是其時已有羅城。

㉒ 萬曆泉州府志卷四規制志上及乾隆晉江縣志卷二規制志均作紹興三年，誤。蓋游九功在寶慶元年（一二二五）始任泉州知州。見乾隆泉州府志卷二六文職官上。同書卷十城池志不誤。

㉓ 有關泉州城歷次之擴建，詳參前引泉州府志、晉江縣志規制志。

㉔ 見程光裕，「宋元時代泉州之橋樑研究」（史學彙刊第二期，民五八年八月），頁五九－六一。黃敏枝，宋代寺院經濟的研究，第四章宋代福建路的寺院與社會，第二節曾對程氏所作統計有所修正，見該文頁二一二－三。

㉕ 乾隆泉州府志，卷二九名宦傳略同。

㉖ 見藤田豐八，「宋代市舶司與市舶條例」，頁二八五－七。

㉗ 林湜，紹興庚辰年（三十，一一六〇）進士，孝宗淳熙年間任晉江知縣，乾隆泉州府志卷二九有傳。

㉘ 乾隆泉州府志卷二九林湜傳云：「淳熙中以功治晉江縣，時大造戰艦，當科民，湜不忍，欲投檄去，諸蕃寓居者義之，咸助其役，艦就而民不知。」亦略同。

㉙ 鄒應龍，字景初，慶元二年（一一九六）進士，嘉定三年（一二一〇）守泉。乾隆泉州府志卷二九鄒應龍傳載之更詳：「郡城故卑薄，鄒應龍以賈胡簿錄之貲，（下同）。」

㉚ 林之奇曾任泉州市舶使。唯年月不詳。觀此段記載，應在紹興末，隆興初。

㉛ 碑文載吳文良，泉州宗教石刻，頁六、十一及十二。此處轉引自蘇宗仁，宋代泉州市舶司研究（港大碩士論文，一九六〇），頁三七二—三。

## 第三節　南宋中期以後泉州海上交通的中衰

——兼論蒲壽庚之崛起

南宋泉州對外交通雖臻極盛，但南宋中期以後因幾項因素之影響而趨衰微。這些因素中有史料可稽的有以下三項，一爲海寇之猖獗，二爲政府之苛征與官吏之不法，三爲宗室之欺壓，爰於本節作一探討，並由此進而一論蒲壽庚崛起之原因。

### 一、海寇之猖獗

閩廣之海寇幾與南宋一代相終始❶，具有愈演愈烈之趨勢，高宗建炎、紹興時閩廣海賊已多，宋會要兵第十三載：

孝宗隆興元年十一月十二日，臣僚言：竊見二廣及泉、福州，多有海賊嘯聚，其始皆由居民停藏資給，日月既久，黨衆漸熾，遂為海盜之害。如福州山門，潮州沙尾，惠州潨落，廣州大奚山，高州碙州，皆是停賊之所，官兵未至，村民為賊耳目者，往往前期告報，遂至出沒無常，無從擒捕。

此時盜賊雖兇，不過橫行海上，至南宋末寧宗、理宗時期竟至公然登岸刼掠。包恢❷敝帚藁略卷一防海寇申省狀云：

蓋海寇未嘗無之，然未見如近年之猖獗；近年雖無歲無之，然未見如今年之兇橫。前乎此，但聞就海刼船，今則敢登海岸而放火刼殺矣；前乎此，猶聞舟小人寡，今則衆至數千，而巨艘千數矣！

南宋海賊之猖獗由下表可見一斑❸：

## 南宋福建一帶海賊統計表

| 時期 | 海寇名 | 剿撫者 | 資料來源 |
|---|---|---|---|
| 南宋初 | | 泉州通判傅知柔 | 泉州府志卷二九名宦傳 |
| 紹興五年（一一三五） | 朱聰 | 知州連南夫 | 「要錄」卷九四 |

| | | | |
|---|---|---|---|
| 紹興六年（一一三六） | 鄭慶、鄭廣 | 福建安撫使張效遠 | 「要錄」卷一〇四 |
| 紹興十三年（一一四三） | | 安撫使葉夢得 | 重纂福建通志卷二六六 |
| 紹興十五年（一一四五） | 陳小三 | 安撫使薛弼 | 同右 |
| 紹興十六年（一一四六） | 海寇間作 | 知州陳康伯 | 泉州府志卷二九名宦傳 |
| 乾道八年（一一七三） | 毗舍耶 | 知州汪大猷 | 府志、通志并見 |
| 開禧中（一二〇五—七） | 「過海龍」羅動天 | 泉州會判胡大正 | 府志卷二九名宦傳 |
| 嘉定十年（一二一七） | 王子清、趙希却 | 知州眞德秀 | 西山先生眞文忠公文集卷十五申尚書省乞措置收捕海賊狀 |
| 紹定五年（一二三二） | 海寇犯泉州境 | 知州眞德秀 | 重纂福建通志卷二六六 |
| 咸淳十年（一二七四） | | 提舉福建市舶蒲壽庚 | 同右 |

海寇猖獗，刼掠海上來往商賈以取財，因此來往泉、廣間商賈，屢爲彼等所侵襲，嚴重影響當時對外貿易。而廣杭間米穀運輸，亦常爲海寇掠奪，對南糧北運也影響頗大。西山先生眞文忠公文集卷十五申尙書省乞措置收捕海賊狀云：

> 賊船見泊深澳，正屬廣東界分，正南北咽喉之地，其意欲刼米船以豐其食，刼番船以厚其財，擄丁壯、擄舟船以益張其勢。……兼福興漳泉四郡全靠廣米，以給民食，而福建提舶司正仰番船及海南船以來，以供國課，今為賊船所梗，實切利害。

申樞密院乞修沿海軍政狀亦云：

> 今賊徒深入廣南，正當舶回之時，必有遭其剽刼者，豈不虧失國課。又福泉與三郡全仰廣米以贍軍民，賊船在海，米船不至，軍民便已乏食。

更明白的說明了海賊對市舶收入及廣泉間米穀運輸之影響❹。爲防海寇，北宋時卽在東南沿海設寨置防，不過要到宋室南渡沿海制置司設立後，海防始較穩固。在福建地區負責防制海賊者爲殿前司左翼軍，但對海賊仍多採招安之策❺，眞正討平者並不多見。尤其到南宋中葉以後，左翼軍徒具虛名，根本無力剿賊。眞文忠公文集卷八申樞密院措置沿海事宜狀謂：

> 左翼軍雖有水軍之名，舟楫之具，初無一有，或遇寇警，臨時差顧，往往緩不濟事，兼人船未嘗相習，豈能衝冒風濤，與狂寇爭一旦之命。

因此眞德秀除了建議精練水軍外❻，幷重新布置了泉州沿海一帶之海防，將原先距泉州城不及一里之寶林寨改爲陸軍駐守，而移水軍於下游之法石寨，負責港區之警戒。幷增強永寧寨、新立圍頭寨，以為防衛泉州港外圍以南之兩個重要據點。至泉州港以北則有晉江縣扼晉江、洛陽江口之石湖寨及惠安縣之小兜巡檢寨。經此佈置，泉州港之防務始有完整之體系❼；但仍無法根絕遠處海寇之橫行。是以有學者認為唐宋時代市舶司之設置，均在河口之內陸設埠，最主要原因，即在避免海賊之侵襲❽。此說雖未必為是，但海賊侵擾對市舶及海上交通的影響是可以想見的。

## 二、政府之苛征與官吏之貪瀆：

影響泉州海外交通的另一因素，就是政府抽解、博買的比率日漸增高，及泉州地方官的挾權勒索往來蕃商。宋代對蕃貨入口除禁榷物❾全由政府收買專賣外，其餘貨物則於抽解、博買後，准許自由買賣。所謂「抽解」，是市舶司以官價抽買部分蕃貨發解赴京，官價是由市舶司「酌蕃貨輕重」定之，都較市價為低，商賈極為吃虧。所謂「博買」，又稱和買，乃於抽解之外，再擇良者，以時價收購數分，博買雖依時價，但博買者皆屬同類貨物之上品，所剩為中下品，舶司可獲厚利，商賈却損失甚大。故抽解、博買所占比例高低，對蕃商利益影響極大。而由下表可見：

| 時代 | 抽解分數 | 博買分數 | 資料來源 |
|---|---|---|---|
| 宋初 | 細色1／10<br>粗色1／15 | | 宋會要職官四四 |
| 淳化二年（九九一） | 1／10 | 細貨½ | 宋會要職官四四<br>宋史卷一八六食貨下五<br>市舶法條（較詳細） |
| 元祐二年（一〇九九）<br>至<br>崇寧元年（一一〇二） | 細色（珍珠龍腦）1／10<br>粗色3／10 | | 萍洲可談卷二「象牙重及三十斤，並乳香，抽外，盡官市，蓋榷貨也。」 |
| 紹興十四年（一一四四）<br>至<br>紹興十七年（一一四七） | 4／10 | | 宋會要職官四四 |
| 隆興二年（一一六四） | 犀角、象牙2／10<br>眞珠1／10 | 4／10<br>6／10 | 宋會要職官四四之二五<br>宋史卷一八六食貨下五<br>市舶法條 |

南宋官方之抽解、博買的比例有日漸增加之趨勢，商賈獲利漸薄。蕃商懼此苛征，遂裹足不前，

故自南宋中期以後，外商來華者日少。宋史卷一八六食貨下互市舶法條載：

隆興二年（一一六四）臣僚言，熙寧初立市舶以通物貨，舊法抽解有定數，而取之不苛。輸稅寬其期，而使之待價，懷遠之意實寓焉。邇來抽解既多，又迫使之輸，至貨滯而價減。擇其良者如犀角、象齒，十分抽二，又博買四分；珠十分抽一，又博買六分。舶戶懼抽買數多，止販粗色雜貨。若象齒、珠、犀比他貨至重，乞十分抽一，更不博買⑩。

可見至隆興二年，抽（解）、（博）買之數極大，蕃商已感懼怕，至十三世紀初年，情況更劣。宋會要職官四四之三三載開禧三年（一二〇七）正月七日前知南雄州聶周臣言云：

泉、廣各置舶司，以通蕃商，比年蕃船抵岸既有抽解，合許從便貨賣。今所隸官司，擇其精者，售以低價，諸司官屬復相囑託，名曰和買，獲利既薄，怨望愈深，所以比年蕃船頗疏，征稅暗損。乞申飭泉、廣市舶司照條抽解和買入官外，其餘貨物不得毫髮拘留，巧作名色，違法抑買。如違，許蕃商越訴，犯者計贓坐罪，仍令比近監司專一覺察。

可以看出由於抽解、博買比例日增，使蕃商幾無利可圖，故至十二、十三世紀之交，蕃船來泉者日少，泉州之對外交通亦因此而日趨式微。

除這些因素外，更有地方官人爲之貪瀆不法，使蕃商更裹足不前。前引後村先生大全集卷六二「吳潔知泉州制」論知泉州者有四難，其一卽「珠犀點涴」。前引泉州府志卷二九名宦一記北宋仁宗嘉祐八年，關詠之守泉亦謂：

泉有番舶之饒，官州者多市取其貨，十不償一，惟詠與參軍杜純無私買。

可知北宋時泉州地方官依仗權勢侵漁蕃客的情形已極平常。至南宋，官吏之侵漁益盛。泉州府志卷二九載南渡初，建炎年間（一一二七—三〇）通判泉州之林孝淵傳云：

> 提舉市舶按收舶貨，吏循例取腦一匣以納，孝淵厲聲曰：「公則官物，私則商物，何例之有？」斥反舶庫。

可見其時陋規已多。官吏侵占之舶貨無疑加重蕃商之負擔。泉州府志卷四六傅自修傳載其紹興間出任泉州市舶使時云：

> 傅自修，字勤道，晉江人，紹興中監泉市舶務。宿弊十去八、九，後蕃商為貪吏所困，號泣岸下，或詰之，對曰：昔官有鬚而白者主我，故多載，今不見此官人，衆奪殆盡。聞于朝，由福建機幕除提舉福建市舶，番商舉手相賀。

蕃商受貪吏爲害之深可見。紹興二十五年（一一五五）在任之泉州市舶使鄭震竟以私買市舶物貨而被免職。宋會要職官七十黜降官七載：

> （紹興二十五年十一月二十七日）……權知嚴州鄭震（八月尚任泉州市舶使）……並放罷，以臣僚言……震為福私買市舶貨物……故也。

此外以不法被罷黜者尚有淳熙年間任市舶使之潘冠英；嘉泰間任市舶使之曹格及嘉定間任市舶使之趙不熄。宋會要職官七二黜降官九載：

> （淳熙十三年，一一八六）八月七日，朝奉大夫提舉福建市舶潘冠英降一官，以發納犀角、象牙多短小，不堪應用，故有是命。……十四年正月十一日，提舉福建市舶潘冠英放罷，

言者按其苛歛誅求，誘致無衙，蕃商海泊畏避不來，故有是命。

宋會要職官七四黜降官十一載曹格被罷云：

（嘉泰三年，一二〇三，九月）二十三日，江東提擧常平劉述，福建提擧市舶曹格，並放罷，以監御使林行可言述借法濟貧，格移易乳香。

宋會要職官七五黜降官十二載趙不熄被罷云：

（嘉定六年，一二一三，十月）二十二日，提擧福建市舶趙不熄更降一官，先因臣僚言其多抽蕃舶，抄籍誣告，得旨降兩官放罷，旣而給事中曾從龍復乞更行鐫降，永不得與監司郡守差遣。

這些例子都明示市舶官吏不乏苛歛蕃商，移易公物，多抽蕃舶者。歷任市舶使中雖亦有清廉自守或蠲除陋規者，但其事反足證明當時官吏侵漁之烈。如大明一統志卷七五泉州府條顏思魯傳云：

淳熙十六年（一一八九），以龍圖閣直學士知泉州，始至，卽蠲海舶諸稅，諸商賈胡尤服其淸⑪。

眞德秀傳云：

嘉定十年（一二一七）知泉州時，番舶懼苛征，至者歲無三、四。德秀至郡，首寬之，遂歲增三十六艘。

後村先生大全集卷二送「眞舍人帥江西」第二首贊眞德秀之清廉亦云：

舶客珠犀湊郡城，向來點涴幾名卿，海神亦歎公清德，少見歸舟箇樣輕。

大明一統志提舉市舶司趙崇度傳，載其事更詳：

（趙）嘉定間提舉市舶，先是海商貨至，官競刮取，命曰和買，實不給一錢，於是商舶滋少，供貢缺絕。崇度與郡守真德秀同心剗洗前弊，罷和買，禁重征，逾年舶至三倍。故事，歲以土物送諸貴人，下洎曹吏皆饜滿，崇度曰：「吾不能朘脂膏以市寵榮。」悉罷之。

嘉祐間（一二三七—四〇）爲泉州僉書判官之胡大正傳亦載：

郡為番商之會，每舶至，檢視者得利不貲，大正秋毫無所取。

曾任泉州市舶使之林逵傳⑫載：

（林）居官清白，司泉州市舶。嘗受酢十甕，他日發之，金也，遽還之，歎曰：「昔畏四知，予畏一心。」

重纂福建通志卷十四列傳宋十一載淳祐十一年（一二五二）任泉州市舶使之劉克遜云：「嚴禁官吏向番商強買。明諭番商，番商聞風並集，舶計驟增。」南宋末通判泉州攝郡守篆兼市舶使之方蒙仲（澄孫）⑬傳亦云：

（方）由國子監出為泉州通判，攝郡守篆，兼司舶，剔除蠹弊，黜籍舞文之吏，不得逞，終秘書丞。

以代理知州兼市舶使，竟無法去除蠹弊，至宋末其病之深可知。

總之，自宋室南遷以後，抽解、博買有日漸增加之趨勢，復加以市舶官吏不乏苛歛蕃商，貪縱不法之人，縱有少數市舶官吏清廉自守，力矯時弊，但仍無法改變番舶來者日少之趨勢，市舶收入，對外貿易均因之而大衰。

南宋市舶抽解、博買比例日增，官吏不法者侵擾蕃商，或亦爲造成南宋泉州走私貿易繁盛的原因之一。宋室南渡後，泉州地位重要，初期市舶收入大增，對政府收入有重大貢獻，因此政府一再頒令禁止私販，但走私貿易却始終不絕。「要錄」卷一六三，紹興二十三年（一一五三）八月戊子條載：

上謂大臣曰：比累禁私商販海，聞泉州界尚多有之，宜令沿海宋臣常切禁止，勿致生事。

至眞德秀紹定五年（一二三二）再度守泉時，走私情形更爲嚴重。眞文忠公文集卷十五申尚書省乞撥降度牒添助宗子請給狀云：

富商大賈，積困誅求之慘，破蕩者多，而發船者少，漏泄於恩、廣、潮、惠間者多，而回州者少。嘉定間某在任日，舶稅收錢猶十餘萬貫，及紹定四年，才收四萬餘貫，五年止收五萬餘貫，是課利所入又大不如昔矣！

走私亦爲貿易活動的一種形態，故走私貿易雖對泉州市舶收入影響甚大，但並不一定顯示泉州對外貿易必因之而大受影響。不過，政府既禁止私販，則守法者必不屑爲之。旣令有人從事走私貿易，亦必如眞德秀所言，移於他處進行，故走私貿易對泉州對外貿易言，總有若干不良的影響。

### 三、宗室之寄治郡中：

前已約略提及，宋室南渡後，南外宗正司移設於泉州，宗室隨來者甚多。宋宗室原無西外、南外之分，均集於汴京。北宋末徽宗崇寧三年（一一○四）以宗室衆多，京師不能容，乃令秦王位下子孫出居西京（洛陽），謂之西外。太祖位下子孫出居南京（應天府），謂之南外。太宗位下子孫仍居汴，設大宗正司領之。靖康亂起，汴京不守，而睢、洛無恙。後北方相繼淪陷，宗室南徙者甚多，大宗正司徙江寧，南外移鎮江，西外移揚州。金人渡江，大宗正司隨帝移杭，南外由海路移於泉州，西外由陸路移廣州、潮州，建炎三年轉移於福州。此後終宋末，西外在福，南外在泉⑭，皆由州郡給養。西外人數尚少，南外人數則較多，成爲泉州的一大負擔。如紹興元年，南外有宗子女婦共三百四十九人，歲費錢六萬緡；西外一百六十六人，歲費錢約三萬緡⑮。其後戶口增加甚速，州郡負擔日重。朱熹在紹興末任同安縣主簿時說到：

> 宗室奉給，一年多一年，駸駸四五十年後，何以當之。事極必有變，如宗室生下，便有孤遺請給，初立此條，止為貧窮全無生活計者，那曾要得恁地泛及。……頃在漳州，因壽康登極恩，宗室量試出官，一日之間，出官者凡六十餘人，州郡頓添許多俸給，幾無以支吾。朝廷不慮久遠，宗室日盛，為州郡之患，今所以已有一、二郡倒了，緣宗室請給浩瀚。……他日為州郡之害未涯也⑯。

至紹定五年（一二三二）眞德秀再度守泉時，情況更劣：

（前略）本州通年以來公私窘急，上下煎熬……然其供億之難，蠹耗之甚，則惟宗子錢米一事而已。考之故牘，建炎置司之初，宗子僅三百四十有九人，其後日以蕃衍，至慶元中，則在院者一千三百餘人，外居者四百四十餘人矣！至於今日，則在院者一千四百二十七人，外居者八百八十七人，比之慶元雖僅增五百人，然自建炎至淳熙間（一一二七—一一八九）則朝廷運司應贍之數多，而本州出備者少；淳熙以後至於今日，則朝廷運司應贍之數少，而本州出備者多。……比年以來，屬籍日增，以俸錢言之，每歲支一十四萬五千餘貫，而漕、舶兩司所給之錢僅五萬四千四百貫，而本州出備者九萬六百貫也。以米言之，每歲支二萬二百餘碩，以價計之，每碩為錢三貫文，計錢六萬六百餘貫，運司所撥與化軍通判廳幾僅七千五百貫，而本州自備者五萬三千一百貫也。合錢米計之，凡出備者一十四萬三千七百餘貫，以區區一州之力，而獨當其費，日深日重，至於如此[17]。

南外宗室寄寓泉州，對泉州財政負擔之重可見。茲將南外宗人之增加與歲費緡錢之驟增，列表於後：

| 年代 | 宗室人數 | 所費緡錢 | 資料來源 |
|---|---|---|---|
| 建炎初（一一二七—三一） | 三四九人 | 六萬貫 | 文獻通考卷二五九 帝系考 |

| | | | |
|---|---|---|---|
| 慶元中（一一九五—一二〇〇） | 一七四〇餘（在院一三〇〇 外居四四〇） | | 眞西山文集卷十五申尚書省乞撥降度牒添助宗子請給狀 |
| 嘉泰中（一二〇一—一二〇四） | 一八二〇餘 | | 萬曆泉州府志卷九 |
| 嘉定十一—十二年（一二一八—一二一九） | 二三一四（在院一四二七 外居八八七） | 二十萬五千六百餘貫（南外官屬開支在外） | 同前眞西山文集 |
| 紹定中（一二二八—一二三二） | 三三〇〇餘 | | 萬曆泉州府志卷十 |

南外宗人增加之速誠如王邁所云：

> 置司之初，隸於南邸僅三百四十有九人，嗣是若木之枝，日以蕃䌖，按舊籍，至慶元已四倍，今日又七倍之[18]。

州郡負擔之重，亦可得見。其中，慶元以後市舶司亦須負擔二萬二千四百餘貫[19]。對舶司收入亦有重大影響。這不過是宗室寄寓泉州對泉州府及市舶司、轉運司，在財政上的負擔，而宗室仰仗與帝室之特殊關係，在地方挾勢爲暴欺凌府臣，侵奪市舶，對泉州海外交通影響尤大。朱文公集卷八九直秘閣贈朝議大夫范公（如圭）神道碑云：

> 南外宗官寄治郡中，挾勢為暴。前守不敢語，至奪賈胡浮海巨艦。其人訴於州、於舶司者三年，不得直。占役禁兵以百數，復盜煑海之利，亂產鹽法，為民苦病。

大明一統志卷七五泉州府條范如圭傳載之更詳：

> 紹興二十九年起知泉州，時南外宗正官寄治郡中，挾勢為暴，占役禁兵以百數，如圭裁之以法，宗室大沮恨，密譖之，遂以中旨罷⑳。

南外宗人寄寓泉州，既給州郡帶來沉重之負擔，宗人復仗勢欺人，於郡中胡作非爲，至「奪賈胡浮海巨艦」，以知州之尊，加以制裁，竟被解職；宗室爲害泉州之重、之深可見。無怪乎宋末蒲壽庚等要挾怨盡殺宗室！

以上三者對泉州海外交通之影響，於文中已約略可見，至寧宗慶元（一一九五——一二〇〇）以後泉州對外交通乃日衰一日。前引宋會要職官四四之三三載開禧三年（一二〇七年）時，已是「比年番舶頗疏，征稅暗損」，至嘉定以後，情況更差。前引眞西山文集卷十五申尙書省乞撥降度牒添助宗子請給狀云：

> 慶元以前，未以為難者，是時本州田賦登足，舶貨充羨，稱為富州，通融應付未覺其乏。自三、二十年來，寺院田產與官田、公田多為大家鉅室之所隱占，而民間交易率減落產錢而後售，日朘日削，至於今七縣產錢元計三萬四千七百餘貫文，今則失陷一千六百餘貫，經界未行，版籍難考，不坍落者指為坍落，非逃亡者申為逃亡，常賦所入大不如昔矣！富商大賈積困誅求之慘，破蕩者多，而發船者少，漏泄於恩、廣、潮、惠間者多，

而回州者少。嘉定間（眞在任爲嘉定十年，一二一七）某在任日，舶稅收錢猶十餘萬貫，及紹定四年（一二三一）纔收四萬餘貫，五年止收五萬餘貫，是課利所入，又大不如昔矣！雖有材健之守，亦無術可為！

南宋初三路市舶收入近二百萬緡，其中泉州收入多少，雖不可知，但應不低於三分之一。但到紹定四年（一二三一）泉州已爲我國第一大貿易港時，舶稅收入竟僅得四萬餘緡，市舶收入之減少或可反映泉州貿易之中衰。由此時起，至宋末止，泉州對外貿易恐仍無起色。宋末劉克莊後村大全集卷十六載：

溫陵（即泉州）為閩巨屏，舊稱富州，近歲稍趨凋敝，或謂非兼舶不可。

在這種情勢下，遂至造成蒲壽庚之崛起！

有關蒲壽庚之事蹟，過去中外學者已有深入的研究。日人桑原騭藏「中阿交通史」㉑，原名「提舉市舶西域人蒲壽庚之事蹟」，對蒲壽庚與宋元時代泉州海外交通之關係有所論述；羅香林先生「蒲壽庚研究」㉒一書，復依據蒲氏家譜，對蒲壽庚之先世及行實有所考訂，蒲壽庚其人事蹟乃大白於天下。蒲壽庚，宋末先提舉泉州市舶，後更出任福建安撫沿海都制置使，集軍事、經濟大權於一身。宋史瀛國公本紀所謂：「擅蕃舶之利者三十年。」即指此而言。宋末，景炎元年（一二七六）二月，臨安淪陷，端宗（帝昰）即位於福州，十一月入海，欲泊泉州，蒲壽庚有異志，殺諸宗室及士大夫與淮兵之在泉者，降元。帝昰移潮州，終於厓山亡國。論者每謂，如壽庚不曾降元，以泉州雄厚之海上力量支援宋室而對付不善水戰之蒙古，宋或不至於如此速亡。但如了解本節前述之諸問題，并試一察蒲壽庚之身世，卽知其降元並非偶然。

蒲先世爲阿拉伯人（閩書謂其先西域人，鄭所南心史謂其先南蕃人），藤田豐八、桑原騭藏早有論及，然均沿閩書說，謂其先世居廣，至其父蒲開宗時，由廣移泉㉓。羅香林據所得德化蒲氏家譜考定，其先世雖爲阿拉伯人，信仰回教，但係由陸路入居中國，且至蒲壽庚時入居中國時日已極久（可能在五代以前）；先居四川，其後裔在宋代爲官者極多，至壽庚父仕賓，始因知（泉州）晉江縣而流寓泉州㉔。此二說雖論其先世，然對了解蒲壽庚其人有重大關係；蓋如前說，蒲先世因「互市」㉕而來華，居廣州蕃坊中，後以廣州衰微，乃於十三世紀初期徙居泉州繼續從事海舶貿易，則蒲氏爲一世代從商，沾染華俗較淺之蕃商，至壽庚亦不改㉖。但如從後說，則其先世雖爲外蕃，但入居中國或在唐末，來華已有三百年，且其先代，自六世祖蒲宗孟以下，累世爲官；雖仍保有其回教信仰，但華化已深㉗。因此，此二說何者爲是，實有判明之必要。按蒲仕賓其人，泉州府志，晉江縣志，皆不見其名，惟閩書所載蒲開宗其人，則見於泉州府志卷二七文職官下，寧宗嘉泰四年（一二〇四）任泉州安溪縣主簿。是與二說皆有衝突。前說雖謂開宗移泉，但未云其以任官流寓泉州；後說雖云其原居四川，以官晉江知縣徙泉居住，但名號、官職兩不相符。但如由蒲壽庚的書法及其兄壽宬心泉學詩稿來考察，或能略窺端倪。壽庚以商賈之身，酷嗜書法㉘，而心泉學詩稿所收其兄壽宬詩文，意境頗高，用辭典雅，充分顯露其文學之修養，純由心泉學詩稿來看，極難想像其出於華化不深之蕃商之手。羅香林且認其頗受中唐以來「詩無僧字格還卑」之影響㉙，而深信其先世絕非來自廣州之蒲姓蕃商，而係來自蒲氏家譜所載累世爲官之四川蒲氏。如此，則泉州府志之蒲開宗應卽爲蒲氏家譜中之蒲仕賓，卽羅說爲是。以下試以此說一論蒲壽庚之興起。

蒲氏旣以開宗（仕賓）爲官泉州，而流寓於此，長子壽晟，次子壽宬，卽稟持家風，受經史敎育，出仕爲官㉚。三子壽庚，「少豪俠無賴」㉛，乃經營海舶，從事貿易；以其官宦子弟身分來往市舶司與官府，以其傳統回敎信仰交好蕃商，故能於十三世紀中期左右，成爲泉州有數的大商賈。前已言及眞德秀二次守泉時（紹定五年，一二三二）泉州市舶收入的窘況，政府爲突破此一窘態，增加收入以支持日漸困難的國用，終於寶祐六年（一二五八）方澄孫罷市舶使後，起用深通海外貿易，且信回敎之蒲壽庚爲泉州市舶使㉜。往昔泉州市舶使皆由科舉出身之流官充任，破例起用富商蒲壽庚，實爲南宋以來第一人㉝。其後其勢力日益壯大，更在咸淳十年（一二七四）北方相繼淪於蒙古時，以平定海賊，被任爲福建安撫沿海都制置使；以市舶使兼水軍統領，更爲南渡以來所僅見，遂使其掌握了整個福建的海上力量。景炎元年（一二七六），更授以「福建東建招撫使，總海舶」，而成爲名符其實的閩南王。但最後終在保衞其海上勢力，不願其與宋室俱亡㉞之情勢下，殺盡平日魚肉州民的宗室，背宋投元。但也由於他的降元，使泉州海上力量未受重大損害㉟，得以在元代大放異彩。

總之，往昔學者認爲宋元時代是泉州海外貿易、交通之極盛期，其間並未曾中衰。但事實不然，在寧宗慶元（一一九五—一二〇〇）以後，泉州之海外貿易曾因上述三個因素的影響而一度中衰，而蒲壽庚其人也是在這個背景下崛起的。能瞭解這個事實，對蒲壽庚其人當有更深一層的認識。

❶ 南渡之初卽有海賊之患。桑原騭藏，中阿交通史，頁二〇五以爲自古廣東、福建、浙江沿海卽爲海賊之巢穴，頗値得商榷。以其所舉諸人而論，東晉之盧循，原在長江下游一帶爲寇，被追剿後始竄居永嘉，過閩中而亡命嶺南。唐之馮若芳，主要根據地在廣東萬安州（今萬寧縣）（見唐大和尚東征傳）。宋末張瑄，在淮南、江北一帶出沒。元末方國珍，在浙東，是海賊以閩廣間之潮、惠一帶爲根據地，應在南宋一代泉州興盛以後。

❷ 包恢，理宗淳祐年間（一二四一—五二）曾任福建提刑。

❸ 本表以桑原，中阿交通史，頁二〇六之表爲基礎，另加其他資料作成。

❹ 有關此，請參閱曾我部靜雄，「南宋の貿易港泉州の水軍とその海賊防衛策」（東北大學文學部研究年報第五號，昭和二九年），頁六四—五。

❺ 見桑原，中阿交通史，頁二〇七，「中國官吏之招安策」一節。

❻ 見西山先生眞文忠公文集，卷九，申樞密院措置軍政狀。

❼ 詳見曾我部靜雄，前引文，頁六七—七一。

❽ 詳見前引 Araniz, "Mémoire sur les Antiquités Musulmanes de T'siuan-tcheou（泉州）" *Tong Pao*, 1911, p. 682. 此處轉引自桑原・中阿交通史 頁二〇七。

❾ 宋初禁榷物爲珠貝、瑇瑁、犀牙、賓鐵、鼊皮、珊瑚、瑪瑙及乳香等八種。見宋會要職官四四之二太平興國初條。

❿ 宋會要職官四四之二七略同。

⓫ 乾隆泉州府志卷二九名宦傳同。

⑫ 乾隆泉州府志卷二六，文職官上列林逵於謝釆伯後，李韶前。前者紹定間（一二二八—三二）任，後者端平年間（一二三四—六）任，則逵任舶使應在紹定、端平間。

⑬ 方澄孫任通判，府志謂在淳祐間，但其攝郡守篆，兼司舶事，應在寶祐六年（一二三八），蓋九日山祈風第九石刻云：「寶祐戊午（六）四月辛卯，莆田方澄孫被旨攝郡兼舶。」而其前一年寶祐五年之石刻，郡守尚為謝壐。

⑭ 有關宗室之移徙，建炎以來朝野雜記甲集，卷一，大宗正司、兩外宗正司廢置條；文獻通考卷二五九，帝系考，宋宗室條及宋史卷一六四職官志，均可參看。有關西外、南外之來源，朱子語類，卷一一一，有詳細之敘述。此外，曾我部靜雄有「宋の宗室」一文，收入中國社會經濟史の研究（東京吉川弘文館，昭和五一年，頁一七八—二一〇），亦可參看。

⑮ 見文獻通考，卷二五九，帝系考。

⑯ 朱子語類，卷一一一，朱子八，論財。

⑰ 西山先生眞文忠公文集，卷十五，申尚書省乞撥降度牒添助宗子請給狀。後村先生大全集，卷一六八，「眞文忠公行狀」有相同記載。

⑱ 見王邁，臞軒集，卷五，泉守眞公申請宗子給俸記。邁，興化軍仙遊人，嘉定十年進士。眞德秀守泉時，邁任南外睦宗院教授，竭忠以裨郡政，與眞德秀甚為相得。宋史卷四二三有傳。

⑲ 同註十七。

⑳ 乾隆泉州府志，卷二九名宦傳同。

㉑ 桑原該書，民國四年起發表於史學雜誌。民國十二年由上海東亞研究會刊行。中譯本有二，一為馮攸譯本（商務，民十八年）更名為「中國阿拉伯海上交通史」，較通行。一為陳裕菁譯本（中華，民十八年），名「蒲壽庚考」。

㉒ 蒲壽庚研究一書，民國四十八年十二月由香港中國學社出版。

㉓ 桑原甚且考定蒲開宗移泉時間在十三世紀初期，見是書頁二九九。如以泉州府志所載蒲開宗其人確係壽庚父，則以其任官時間嘉泰四年（一二〇四）來說，亦極符合。

㉔ 詳見羅香林，蒲壽庚研究，頁十六—三三。羅香林先生所據爲德化蒲氏家譜。稍後發現泉州南門城忠所蒲氏家譜所述與德化蒲氏家譜略同。詳見吳文良，泉州宗教石刻，頁二六，註爲璣抄錄泉州城南忠所蒲氏家譜，此處轉見蘇宗仁，泉州市舶司研究，頁九〇—一。

㉕ 明末曹學佺，大明輿地名勝志，泉州志勝卷五云：「宋末，西域人蒲壽宬與弟壽庚，以互市至。」

㉖ 見桑原，中阿交通史，考證五。

㉗ 見羅香林，蒲壽庚研究，「蒲壽庚先代之籍貫與行實」一章。

㉘ 見同上註，頁五。

㉙ 見同上註，頁一三八，「蒲壽庚家族之文學淵源」節。

㉚ 宋末壽晟爲官蒲州知州。壽宬爲官梅州知州，後知吉州，以宋室危，不受命。

㉛ 閩書卷五十二，蒲壽庚傳語。

㉜ 任市舶使年月係推測，見蒲壽庚研究，頁四〇—一。

㉝ 羅香林謂「授蒲壽庚市舶使，乃以其人先經營海舶，有經濟上之實力，宋室爲增益舶稅計，乃授蒲氏斯官。」其說甚是，但未注意宋室往昔未嘗以市舶使職授富商也。

㉞ 宋亡後，蒲壽庚曾以其降元是爲民著想。乾隆泉州府志卷七五拾遺上，引莆陽文獻陳元龍傳云：「蒲壽庚以泉州降元，告其民曰：陳元龍非不忠義，如民何？聞者哭之。」可見其心態。

㉟ 泉州亦曾遭火災。見泉南雜志卷下：「泉南號文章之藪，而載籍甚少，何也？何忤奄先生曰：「蒲氏之變，泉郡概遭兵火，無復遺者。」元史卷十世祖本紀至元十六年（一二七九）五月辛亥條云：「以泉州經張世傑兵，減今年租賦之半。」是亦曾遭損失。

# 第四節　元代泉州對外海上交通之復盛

元代泉州對外交通重新轉盛的原因很多，就泉州本身來說，蒲壽庚之降元，使泉州海上力量未受重大損失，實爲最重要因素。蒲壽庚在宋末已主市舶，入元後繼續掌握市舶職務甚久❶，使泉州對外交通幾乎未受宋元易代的影響。反觀廣州，則大爲不然。景炎元年（一二七六）底蒲氏降元時❷，廣東尚在宋人之手，一直要到祥興元年（一二七九）元兵才在珠江口外厓山消滅宋室的最後力量。在這三年中，廣東在蒙古鐵騎下，損失慘重，有「廣東之戶，十耗八、九」之說❸。而廣州也遭遇了元兵長達兩年半（景炎元年，一二七六—景炎三年底，一二七八）之圍攻，毀損極大，因此元初廣州之對外貿易一時難以恢復❹，泉州即成爲對南海貿易之唯一港埠❺。元史卷一二九唆都傳載：

帝以江南既定，將有事於海外，陞（唆都）左丞，行省泉州，招諭南夷諸國。

世祖爲招諭南海，而令唆都行省泉州，以負其責，則泉州在對外交通上顯居特殊之地位。而元史卷十一世祖本紀至元十八年（一二八一）九月所載，則更暗示泉州實爲當時中國對外貿易唯一港口：

癸酉，世祖令商賈市舶物貨已經泉州抽分者，諸處貿易，止令輸稅。

泉州既爲元初中國對外貿易唯一港口，則泉州對外貿易再度轉盛，蓋有其因。

其次，就元帝國的因素來說，元代是東西交通極盛的時代。在滅宋前，它已占有整個亞洲大陸北境，歐亞間陸上交通在其優良之站赤（驛站）制度下，爲之大開❻；滅宋統一中國後，復在南宋已有之良好基礎上，利用降將、降臣經營海上交通，遂使元代的海上交通亦臻極盛。數百年來不通聲氣的東西陸路及海路交通，至此又復聯爲一體。

元在國內外交通上有幾項重要措施，也和元代海上交通之大盛及泉州之復興有關。在國內交通方面，泉州既爲當時對外貿易第一大港埠，故由泉州至大都之陸上、海上交通均極爲重要。在陸路交通來說，由大都至泉州是當時元代控制江南的重要幹線。由海路上來說，泉州市舶貨物之發解赴京，均先集中於杭州❼，再行北運。而元代又仰仗淮南、蘇浙之食米供應❽，故由泉、杭北漕之船，絡繹於途❾。這兩路均以泉州爲起點，無疑更加重了它的重要性❿。

在對外交通方面，元代繼續在陸上的擴張政策，對緣海而居諸國不聽招撫者，皆加征討，故有征日本、占城、爪哇之舉。這幾次出征均與泉州有關⓫，其中尤以征爪哇之舉最爲重要。該役滙集了江南、湖廣、福建三省之兵兩萬人，載運了由慶元（寧波）走海路來的足數一年之用的糧食、輜重，由泉州后渚港啓行⓬，充分的證明了前述泉州爲兩道交會點的實情，也顯示當時泉州不但是對南海的貿易中心，也是政治、軍事中心。此外，元政府對海外貿易之獎勵，亦有助於泉州對外交通之復盛。如天妃（即閩俗所稱媽祖）封典之擴大，以及屢次派遣使臣招諭南海諸國及官營海外貿易之展開等都是。至元十五年（一二七八）元尚未完全滅宋，即有加封媽祖天妃之舉，其後屢次加封，且列入國家祀典之中，經常遣使致祭⓭，無疑是對東南沿海一帶（以泉州爲主）海上交通、貿易鼓勵的表示，而派遣使臣招諭南海諸國，則在元占有泉州後卽頻繁的展開。元史卷十世祖本紀載：

（至元十五年）八月，詔行中書省左丞唆都、蒲壽庚等曰：諸蕃國列居東南島砦者，皆有慕義之心，可因蕃舶諸人宣布朕意。誠能來朝，朕將寵禮之。其往來互市，各從所欲。

蒲壽庚等奉詔後，卽遣使奉璽書十通，詔諭諸蕃。未幾，占城、馬八兒（Mabar，印度東南海岸一帶）等俱奉表稱藩⓮。其後遣使南海者更多，其中尤以楊庭璧之使馬八兒、俱藍（Kulam今Quilon，卽諸蕃志之故臨）爲最著。楊庭璧曾三度赴印度，其中至元十八年正月之第二次航程有簡略記載，他是自泉州出航，三月後抵僧加邪山（Singhala今Ceylan），轉馬八兒登岸。前後招諭印度、蘇門答臘等地十「國」與元通商⓯。至於與南海、印度洋的通商，元代除了繼續鼓勵商賈出海外，官營的海外貿易亦開始出現。元史卷九四食貨志市舶條載：

（至元）二十一年，設市舶都轉運司於杭、泉二州，官自具船、給本，選人入蕃，貿易諸貨。其所獲之息，以十分為率，官取其七，所易人得其三⓰。

是我國官營海外貿易之始。雖有論者以爲此種官營貿易近似壟斷，對民間海外貿易有重大影響，但在元代大多數時間是官營、私商並存的⓱。因此對民間海外交通、貿易並無太大影響，且有相輔相成之作用。這些措施無疑都對泉州海上交通之恢復有所幫助。

最後，再就南海方面來看，也出現了對泉州海外交通、貿易的有利因素，其中影響最大的就是宋末元初華人之大量移民南海各地。宋以前華人出海販易者頗多，短期留居當地者間或亦有，但長期留居海外者則未嘗見。宋末以江南逐漸淪於異族之統治，宋人南往占城、眞臘、三佛齊、闍婆諸國者甚多，宋亡後，遺民亡命、乞師海外者更多，這些人大都留居當地，不再返鄉⑱。元成宗元貞二年（一二九六）奉使眞臘（今高棉）之周達觀，在其眞臘風土記中，初次記載了留居當地唐人的情形⑲。至正九年（一三四九）以前常往返南海之汪大淵，在島夷志略中，亦有記載。而晚近在勃泥（Bronei，即汶萊）所發現的宋末景定五年（一二六四）之宋人墳墓，也證實了宋人留居海外的事實⑳。華人之長期留居南海諸地，對元代華商至當地從事貿易無疑有許多方便。

以上這些因素使得元代的泉州成爲我國對外海上交通之總吞吐口，來往南海之商旅、官吏無不以泉州爲出入門戶，如馬可波羅（Marco Polo，一二九一年初到華）、馬黎諾里（J. Marignolli，一三四六年返歐），皆由泉州離華。孟高維諾（J. de Monte Corvino，一二九三年來華）、和德里（Odoric da Pordenone，一三二六年來華）及伊本・拔都達（Abu Abdullah Mahemed Ibn Batuta，一三四九年返歸Tangier）等皆由泉州入華，泉州之對外交通、貿易達於鼎盛。元初來華之馬可波羅記載當時泉州之盛況云：

> 這裏（刺桐）是海港。所有印度的船皆來到這裏。載着極值錢的商品，許多頂貴重的寶石和許多又大又美的珍珠。他也是四鄰蠻子國（指被滅之南宋所轄地區）商人所群聚的一個商埠。一言以蔽之，在這個商埠，商品、寶石、珍珠的貿易之盛，的確是可驚的。由這城的海港，所有這一些貨皆分配到蠻子全國。我鄭重告訴你們罷，假如有一隻載胡椒

的船去到亞力山大港（Alexandria），或到奉基督教諸國之別地省，比例起來，必有一百隻來到這刺桐港。因為你們要曉得，據商業量額上說起來，這是世界兩大港之一㉑。

元末來華之伊賓·拔都達更云：

泉州（Zaitium）誠世界最大港之一。或逕稱為世界唯一之最大港亦無不可。余曾目睹大帆船（Junk）百艘，輻湊其地。至於其他小船，則更不可勝數㉒。

可見元時泉州不但為我國第一大商港，即在當時之世界亦屬有數之大商港。有關此點，汪大淵島夷志略一書，最足以反映元時泉州對外貿易之繁盛。汪大淵，字煥章，南昌人。由卷首至正己丑（九年，一三四九）三山吳鑒序文，知此書成於至正九年，前此汪大淵常由泉州附舶歷遊南海諸國，該書即係其記往昔歷遊南海之見聞而成，為我國繼諸蕃志以後，敘述泉州對外交通之最佳著作。茲將諸蕃志及島夷志略所載南海諸地區，列表於下，以比較元末泉州與宋代泉州對外貿易地區的擴大㉓：

| 諸蕃志 | 島夷志略 | 今地 | 備考 |
|---|---|---|---|
| 交趾 | 交趾 | 安南北圻及中圻北部 | |
| 占城 | 占城 | 安南中圻及南圻 | |
| 賓瞳朧 | 賓瞳朧 | 安南Phanrang | |
| | 靈山 | 安南歸仁以北 | |

| | | | |
|---|---|---|---|
| | 崑崙山 | 崑崙島 Pulo condore | |
| 眞臘 | 眞臘 | 高棉 | |
| 登流眉 | | 在馬來半島 | |
| 眞里富 | | 泰國佛丕 | |
| 羅斛 | 羅斛 | 泰國南部或東部 Lophuri | |
| | 暹 | 泰北 | |
| 蒲甘 | | 緬甸中部 Pugan | |
| | 八都馬 | 緬甸東南之 Martaban | |
| | 談邈 | 緬甸 Tavoy 塔瓦 | |
| | 羅婆斯 | 尼古巴群島 Nicobar Is. | |
| | 戎 | 克拉地峽東岸 Chumpon 春篷 | |
| | 東冲古刺 | 宋卡 Sunkla Sungora Singora 宋腒勝 | |
| 凌牙斯加 | 龍牙犀角 | 馬來半島 Lengkasuka 北部 | |
| | 蘇洛南 | Srokam之譯音，今 Kedah | |
| 吉蘭丹 | 吉蘭丹 | Kelantan | |
| 登牙儂 | 丁家盧 | Trengganu | |

| | | | |
|---|---|---|---|
| 蓬豐 | 彭坑 | Pahang | |
| 單馬令 | 丹馬令 | 馬來半島南部 Tambralinga | |
| 佛囉安 | 佛來安 | 馬來半島西岸之 Beranang | |
| | 東西竺 | 馬來半島東南之 Pulo Aor | |
| | 龍牙門 | 麻六甲海峽東部入口 Lingga | |
| | 龍涎嶼 | 蘇島西北之小島 | |
| 藍無里 | 喃巫哩 | 蘇島西北之 Lambri | |
| | 花面 | 蘇島西北某地，今 Battak | |
| | 須文答剌 | Sumadra(Sumatra)蘇門答臘 | |
| | 淡洋 | 蘇島棉蘭附近Tamiyang | |
| 賓窣 | 班卒 | 蘇島西北部 Pansur，今 Barus | |
| 監篦 | 監篦 | 蘇島東部 Kampar 甘巴 | |
| 三佛齊 | 三佛齊 | 蘇島巨港一帶 | |
| 巴林馮 | 舊港 | Palembang | |
| 新施 | 孫陀 | 西爪哇之 Sunda 巽他 | 諸蕃志云：「番商罕至興販」 |
| 闍婆 | 爪哇 | 爪哇中部北岸 | |
| 打板 | 杜瓶 | 爪哇東部 Tuban 杜坂 | |

| | | | |
|---|---|---|---|
| 蘇吉丹 | | 爪哇中部 | 諸蕃志：「番商罕至焉。」 |
| 戎牙路（或作重迦盧） | 重迦羅 | 泗水附近 Tanggale 章伽拉 | |
| | 八節那間 | 泗水之南 Pachekan | |
| 麻籬 | 彭里 | 峇厘 Bali | |
| 底門（底勿） | 吉里地悶 | 帝汶 Gili Timor | |
| 假里馬打 | 假里馬打 | 渤泥西岸之Karimata | |
| 渤泥 | 渤泥 | BaOneo | |
| 丹重（戎）武（布）囉 | 丹重 | 加里曼丹島（即婆羅州）南部 Tanjongpura | |
| | 萬年港 | 文萊港 | |
| | 蒲奔 | 加里曼丹島東南 Balikpapan | |
| | 文誕 | 班達（Banda）群島? | |
| | 文老古 | 摩鹿加（Molucca）群島 | |
| 三嶼 | 三島 | 非律賓 | |
| 蒲哩嚕 | 蒲里咾 | 呂宋東 Polillo 群島 | |
| 麻逸 | 麻逸 | 明多羅 Mindoro | |

| | | | |
|---|---|---|---|
| | 麻尼魯 | 馬尼拉 | |
| | 民多朗 | 民答那峨 Mindanao | |
| | 蘇祿 | 蘇祿（Sulu）群島 | |
| 毗舍耶 | 毗舍耶 | 台灣南部或 Visaya Is. | |
| 流求 | 琉求 | 台灣 | 諸蕃志云：「商賈不通」 |
| 細蘭 | 僧加剌 | 錫蘭 Sinhala | |
| | 高郎步（浪阜） | 錫蘭之可倫坡 Colombo | |
| | 沙里八丹 | 印度東岸今 Negapatam，昔 Solipatam | |
| 鵬茄囉 | 朋加剌 | 印度東北之 Bangala 孟加拉 | |
| | 北溜 | 馬爾地夫（Maldive）群島 | |
| 南毗 | 小唄喃 | 印度西岸南部 Kaulam，即 Quilon | 南毗泛指 Malabar Coast 一帶 |
| | 班達里 | 印度西岸之 Fondaraina | 從沈曾植「島夷志略廣證」說 |
| | 下里 | 印度西岸之 Hili | 同右 |
| | 古里佛 | 印度西岸 Calicut | 同右 |

| | | | |
|---|---|---|---|
| | 放拜 | 印度西岸之Tana 港，卽今之Bomboy | |
| 麻囉華 | 華羅 | 印度西北海岸Malwa | |
| | 甘埋里 | 波斯灣Kerman海口之Hormoz | |
| 弼斯囉 | 波斯離 | 波斯灣頭之Basra | |
| 麻嘉 | 天堂 | 卽麥加Mecca | |
| | 麻那里 | 阿拉伯半島南岸或非洲東岸 | |
| 勿斯離 | 麻呵斯離 | 敍利亞一帶Mausil | |
| 層拔 | 層搖羅 | 東非之Zanjibar | |
| | 哩伽塔 | 北非地中海岸Magreb | |

島夷志略所載與諸蕃志不同者，爲志略多係汪大淵親歷之處，而趙汝适之著諸蕃志則僅「閱諸蕃圖……迺詢諸賈胡，俾列其國名，道其風土」㉔，因此諸蕃志所記僅記其較著之地名，而島夷志略所載地名，則較詳細，且對當地情形有較確實之記載。除此之外，貿易地區也顯較南宋時爲大。在中南半島及馬來半島方面，除貿易港埠記載較多外，大體仍舊。在東洋方面，流求在宋時，諸蕃志云：「商賈不通。」島夷志略則載其地與元通商貿易。在非律賓群島中，除習見之三嶼（島）、蒲里嚕、麻逸等地外，蘇祿群島、民多郞（民答那峨）等較遠地區亦已與泉

州通商。在東印度群島方面，渤泥（即加里曼丹島 Kalimantan）除習見之文萊港外，東西兩岸諸地，如東南沿岸之蒲奔（Balikpapan）、西南之假里馬打（Karimata）、南部之丹重（Tanjongpura）等均有華商來往。爪哇島除有新貿易港埠出現外，最值得注意的是爪哇以東所謂大東洋地區，諸蕃志所載「蕃商罕至」處，如彭里（Bali，即峇里），古（吉）里地悶（Gili Timor，即帝汶）、文誕（Banda）、文老古（Molucca，即摩鹿加）等島均成華商常至之處。在西洋方面，除蘇門答臘島貿易口岸增多外，最值得注意的是印度洋地區記載之詳明。如錫蘭島之高浪步（Colombo），印度東岸之沙里八丹（今 Negapatam）、西岸之小唄喃（Kulam，即故臨 Quilon）、下里（Hili）、古里（佛）（Calicut）、放拜（Bombay，即孟買）等地，均成華商常至之處。印度以西，如北溜（Maldive Is.）、甘埋里（波斯灣 Hormoz 一帶）及非洲東岸之層搖羅（Zanjibar）等地，亦均汪大淵所至之處，不過所載地名似不如印度詳細。這反映了一個事實，卽印度西南岸一帶成爲東西交通的新中心─原先中西海上交通有兩個中心，印度洋以波斯灣爲中心，印度以東，則以蘇門答臘之三佛齊爲中心，轉運中阿間的貨物。至此由於華商越麻六甲海峽西去者日多，印度西岸一帶遂成中阿間貿易的新轉運站。島夷志略卷下甘埋里國（波斯灣 Kerman 之 Hormoz）條載：

> 甘埋里國居西南洋之地，與佛朗（指西亞一帶）相近。乘風張帆，二月可至小唄喃（印度西南之 Kulam，即故臨）。其地造舟為馬船，大於商船……下以乳香壓重，上載馬數百匹。……所有木香、琥珀之類，均產自佛郎國，來商販於西洋。互易去貨丁香、荳蔻、

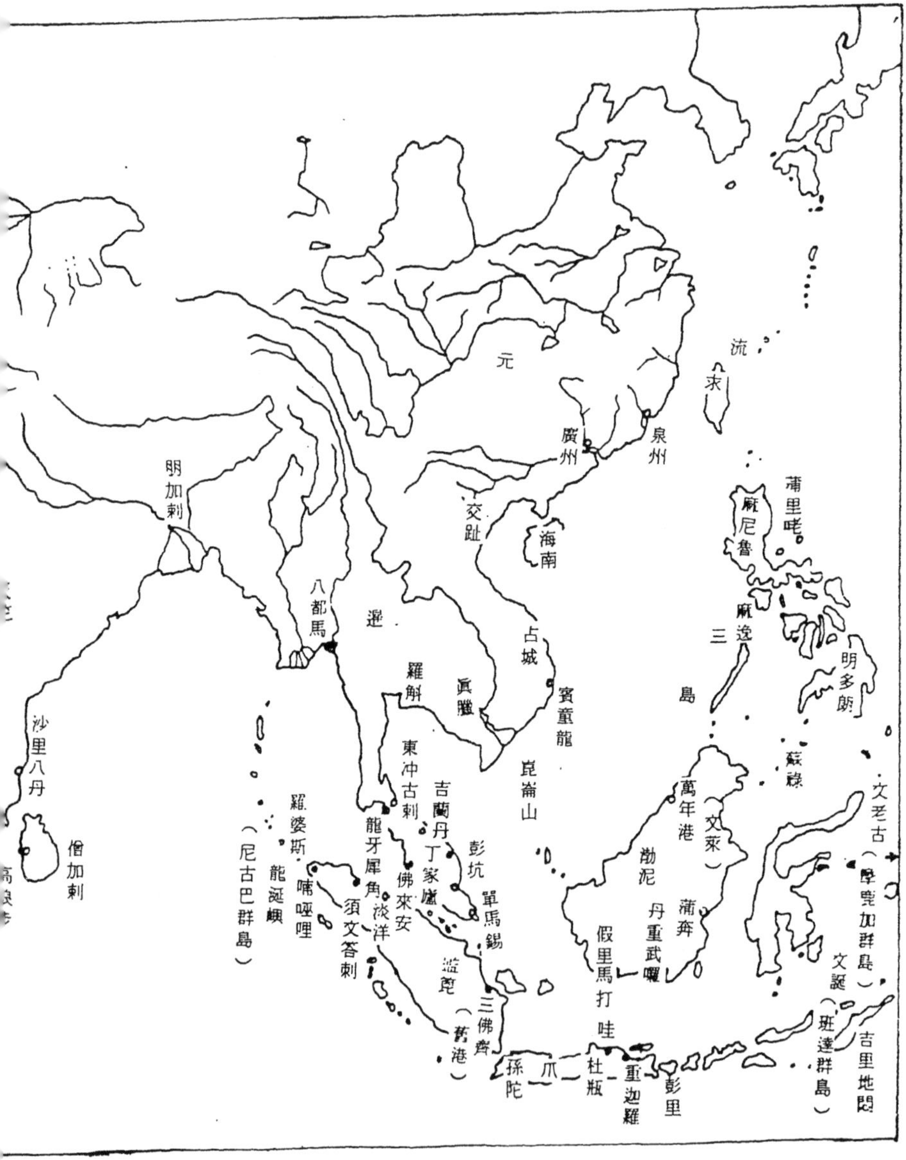


圖七　島夷志略所載諸地名圖（不可考者尚多）

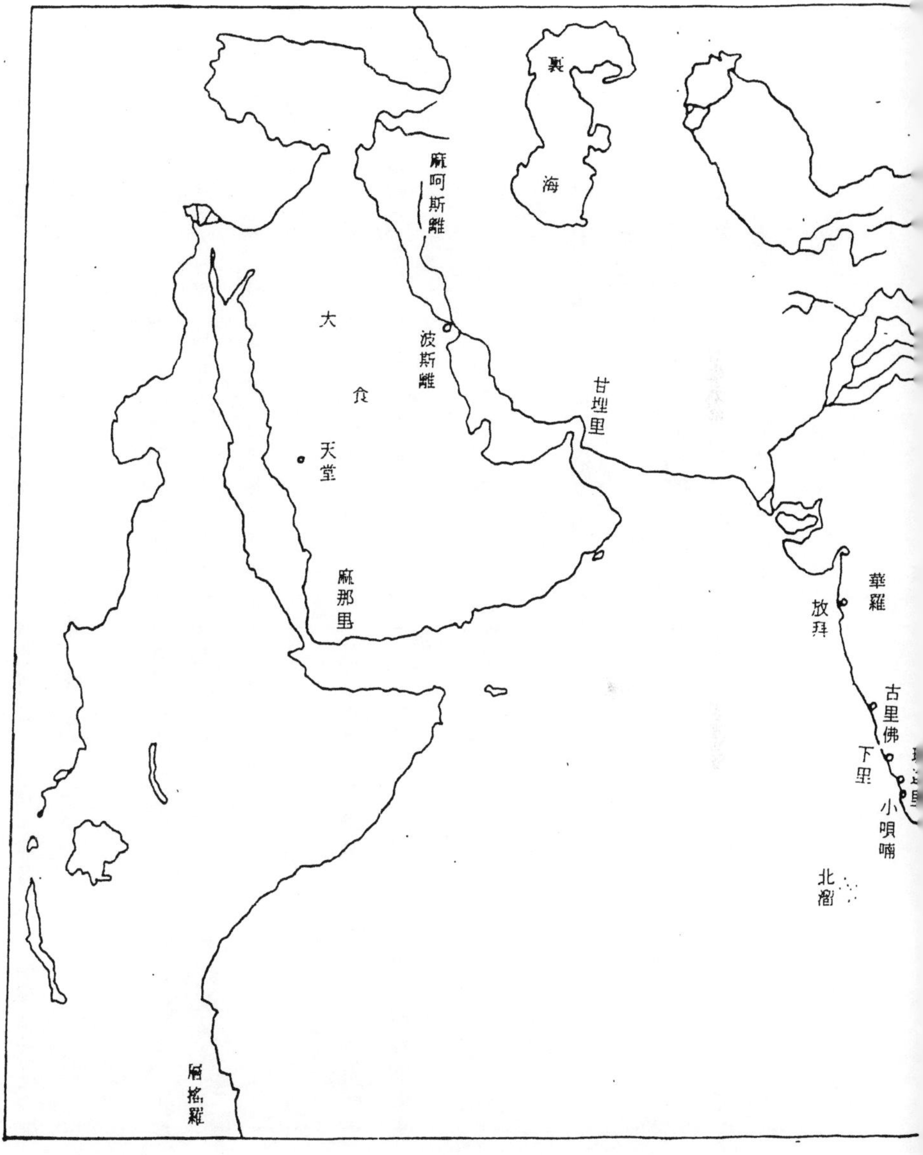
裏海
麻呵斯離
波斯離
甘埋里
大食
天堂
麻那里
華羅
放拜
古里佛
下里
小唄喃
北溜
層搖羅

青緞、麝香、紅色燒珠、蘇杭色緞、蘇木、青白花器、甆瓶、鐵條；以胡椒載而返，椒之所以貴者，皆因此船運去尤多，較商船之取，十不及一馬。

同書同卷古里佛（Calicut）條亦云：

當巨海之要衝，去僧加剌（錫蘭）密邇，亦西洋諸國馬頭也。……其珊瑚、珍珠、乳香諸等，皆由甘理里、佛郎來也。去貨與小唄喃國同。蓄好馬，自西極來。故以舶載此國，每疋互易動金錢千百或至四千為率，否則番人議其國空乏也。

同卷小唄喃傳亦云：

（上略）或風汎到遲，馬船已去，貨載不滿，風汎或逆，不得過喃哑哩洋，且防高浪阜（可倫坡，Clombo）鹵股石之厄，所以此地駐冬，候下年八九月馬船復來，移船回古里佛互市。

馬可孛羅遊記册四，頁四一九，俱藍（Coilum）國條亦云：

到這個來的商人，有由蠻子（中國南部）、阿拉伯和雷萬忒（Levant 地中海東岸一帶）來的，經營的商業很大，因為他們來時由自己國裏載着許多貨物。回去時，他們的船又滿裝這王國裏的貨物。

馮承鈞譯馬可波羅行記一七七章記麻囉拔國（Malibar，「遊記」作八羅孛）云：

船舶自極東來者，載銅以代沙石。運售之貨有金錦、綢緞、金銀、丁香及其他細貨香料；售後就地購買所欲之物而歸。此國輸出之粗貨香料，泰半多運往蠻子大省；一部分由商船運至阿丹（Aden，即亞丁），轉運至埃及亞歷山大，然其額不及運往極東者十分之一。此事頗可注意㉕。

多數華商直接至印度西海岸貿易，無須再如宋時以三佛齊爲轉運站，無疑是元代中西貿易大盛的重要表徵。而由當時雙方商賈來往之交易品，亦可看出泉州海外貿易之盛。貿易品中，由南海來者以香料爲最重要，林天蔚「宋代香藥貿易史稿」一書㉖已有詳細研究。至我國販往南海之貿易品種類頗多，大致與宋代無異。玆將諸蕃志、島夷志略及眞臘風土記所載我國販往南海之貿易品列表於下：

| 諸蕃志 | 島夷志略 | 眞臘風土記 | 販往地區（綜合前二書，眞臘風土記所載當指販往眞臘一地而言） |
|---|---|---|---|
| 瓷器（盆鉢） | 處州磁器碗、青白花碗、青白處州磁器、瓦壜、大小埕、大小水灌 | 泉、處之青瓷 | 占城、眞臘、三佛齊、單馬令、凌牙斯加、佛囉安、細蘭、闍婆、故臨、南毗、層拔、渤泥、麻逸、三嶼（以上諸蕃志）流求、三島、無枝拔、占城、丹馬令、日麗、麻里嚕、遐來物、彭坑、吉蘭丹、丁家盧、戎、羅衛、羅斛、東冲古剌、尖山、淡邈、蘇洛鬲、八節那間、嘯噴、爪哇、龍牙菩提、班卒、蒲奔、文老古、龍牙門、靈山、花面、淡洋、針路、 |

| | | |
|---|---|---|
| | 錦綾、假錦、纈絹 | 鐵、鐵鼎、鐵針 |
| | 建陽錦、五色絹、皁綾、建寧錦、蘇杭五色緞、龍緞、南北絲 | 鐵塊、鐵鼎、鐵鍋、針、倭鐵、鐵線、鐵 |
| | 五色輕縑帛 | 鐵鍋、針 |
| 蘇門傍、須文那、勾欄山（作青器，疑爲青磁器之誤）、曼陀郎、都督岸、文誕、蘇祿、龍牙犀角、舊港、喃啞哩、加里那、千里馬、小唄喃、古里佛、朋加剌、天堂、天竺、甘埋里、烏爹、班達里。 | 真臘、三佛齊、單馬令、凌牙斯加、細蘭、闍婆、故臨、南毗、渤泥、三嶼、新羅（以上諸蕃志）麻逸、交趾、明多郎、真臘、彭坑、丁家盧、羅衞、東冲古剌、八都馬、尖山、三佛齊、渤泥、爪哇、重迦羅、都督岸、文誕、蘇門傍、班卒、文老古、古里地悶、勾欄山、龍牙門、特番利、班達里、喃啞哩、大巴丹、加里那、土塔、撻吉那、須文那、小唄喃、加里將門、波斯離、哩伽塔、天堂、古里佛、朋加剌、大烏爹、層搖羅、甘埋里、烏爹。 | 三佛齊、佛囉安、闍婆、麻逸（以上諸蕃志）三島、麻逸、交趾、八都馬、八節那間、三佛齊、嘯噴、渤泥、暹、爪哇、花面、麻里嚕、彭坑、羅衞、日麗、遐來物、針路、蘇洛鬲、龍牙菩提、蒲奔、文 |

| | | | |
|---|---|---|---|
| | 條 | | 老古、東西竺、蘇祿、都督岸、靈山、古里地悶、班卒、龍牙門、淡洋、撻吉那、東淡邈、千里馬、大八丹、加里那、班達里、喃哑哩、金塔、波斯離（倭鐵、鐵器並列）、小唄喃、古里佛、大烏爹、萬年港、馬八兒嶼、阿思里、天堂。 |
| 赤銅 | 銅珠、銅鼎、青銅、白銅 | 銅盤 | 層拔（以上諸蕃志）三島、麻逸、交趾、明多郎、遐來物、彭坑、戎、東沖古剌、蘇洛鬲、針路、八都馬、淡邈、三佛齊、嘯噴、暹、撻吉那、特番利、東淡邈、勾欄山、舊港、都督岸、萬年港、麻呵斯離。 |
| 白布 | 花布、小花印布、青布、紅布、海南布、土印布、紅油布 | 麻布、薰草布 | 層拔（以上諸蕃志）三島、占城、明多郎、賓童龍、丹馬令、日麗、遐來物、羅斛、針路、三佛齊、暹、龍牙犀角、舊港、龍牙菩提、班卒、蒲奔、假里馬打、花面、須文答剌、勾欄山、重迦羅、文老古、文誕、都督岸、曼陀郎、金塔、東淡邈、萬年港、天竺、特番利。 |

| | | |
|---|---|---|
| 琉璃珠、瓶、五色燒珠 | 金 | 銀 |
| 土珠、紅黃燒珠、紫燒珠、烏瓶 | 金、金珠、雲南葉金 | 銀、花銀 |
| 水晶（精）珠 | 金 | 銀、銀珠 |
| 麻逸、三嶼（以上諸蕃志）流求、占城、真臘、吉蘭丹、三佛齊、嘯噴、暹、爪哇、文誕、蘇祿、靈山、舊港、龍牙菩提、文老古、戎、羅衞、針路、淡邈、假里馬打、班達里、放拜、馬八兒嶼、阿思里、東淡邈。 | 真臘、三佛齊、佛囉安、細蘭、闍婆、渤泥、麻逸（以上諸蕃志）流求、龍涎嶼、占城、羅斛、八都馬、渤泥、明加羅、爪哇、龍牙門、班卒、蘇祿、小唄喃、古里佛、高郎布、淡洋、喃啞哩、撻吉那、烏爹、大烏爹、馬八兒嶼、哩伽塔、波斯離。 | 真臘、三佛齊、佛囉安、細蘭、闍婆、渤泥（以上諸蕃志）龍涎嶼、占城、賓童龍、真臘、戎、羅衞、蘇洛鬲、八都馬、古里地悶、文老古、蘇祿、重迦羅、撻吉那、小唄喃、古里佛、東淡邈、高郎布、喃啞哩、大烏爹、阿思里、波斯離、哩伽塔、天堂、層搖羅、天竺。 |

| | | | |
|---|---|---|---|
| 漆器（臙脂漆碗楪） | 漆器 | 溫州之漆盤 | 占城、佛囉安、麻逸、闍婆（以上諸蕃志）民多郎、彭坑、戎。 |
| 草蓆 | | 明州之蓆 | 占城（島夷志略） |
| 涼傘 | 黃油傘 | 雨傘 | 占城、真臘（以上諸蕃志）須文答剌。 |
| 絹扇 | | | 占城、單馬令（諸蕃志）。 |
| 鉛 | 鉛 | | 占城、渤泥、麻逸（以上諸蕃志）千里馬。 |
| 錫 | 錫 | 眞州之錫鑞 | 占城、闍婆、三嶼（以上諸蕃志）明多郎、丁家盧、羅斛、東西竺、曼陀郎、高浪布。 |
| 酒 | 酒 | | 占城、真臘、三佛齊、單馬令、凌牙斯加、佛羅安（以上諸蕃志）占城、明多郎、丁家盧、曼陀郎、高郎布。 |
| 糖 | 白糖、糖霜 | | 占城、真臘、三佛齊、單馬令（以上諸蕃志）蘇門傍、土塔、大八丹。 |
| 皮鼓（皷） | 鼓、鼓板之屬 | | 真臘（諸蕃志）丹馬令、彭坑、吉蘭丹、針路、尖山、文誕、大烏爹、烏爹。 |
| 醯醢 | | | 真臘（諸蕃志）。 |
| 薑 | | | 三佛齊（諸蕃志）。 |

| | | | |
|---|---|---|---|
| 米 | 米 | | 三佛齊、單馬令、淩牙斯加、佛囉安（以上諸蕃志）勾欄山。 |
| 大黃 | | | 三佛齊、故臨、南毗（諸蕃志）。 |
| 樟腦 | 樟腦 | | 三佛齊、故臨、南毗（以上諸蕃志）喃啞哩。 |
| 鹽 | 鹽 | | 單馬令（諸蕃志）東沖古剌、都督岸。 |
| 麥 | | | 佛囉安（諸蕃志）。 |
| 砒霜 | | | 闍婆（諸蕃志）。 |
| 鵬砂 | | | 闍婆（諸蕃志）。 |
| 白（綠）礬 | 白礬 | | 闍婆（諸蕃志）八都馬、馬八兒嶼。 |
| 硃砂 | | | 闍婆（諸蕃志）。 |
| 白芷 | | 白芷 | 闍婆（諸蕃志）。 |
| 川芎 | 川芎 | 草芎 | 闍婆（諸蕃志）下里。 |
| 五色茸 | | | 渤泥（諸蕃志）。 |
| （鉛）網墜 | | | 三嶼（諸蕃志）。 |
| 建本文字 | | | 新羅（諸蕃志）。 |
| | 水銀 | 水銀 | 暹、加里那、捷吉那（島夷志略）。 |
| | 紙札 | 紙箚 | 交趾（島夷志略）。 |

| | | | |
|---|---|---|---|
| | 硫黃 | 硫黃 | 假里馬打、撻吉那（島夷志略）。 |
| | | 焰硝 | |
| | | 桐油 | |
| | 牙梳、木梳、篦子 | 木梳、篦箕 | 交趾、大八丹、波斯離（島夷志略）。 |
| | 瑪瑙 | | 流求（島夷志略）。 |
| 牙臂環 | 牙錠、牙箱 | | 摩逸（諸蕃志）、麻逸、尖山、嘯噴、渤泥、龍牙菩提，層搖羅。 |
| | 玲 | | 吉蘭丹（島夷志略）。 |
| | 棋子 | | 羅衛（島夷志略）。 |
| | 手巾 | | 羅衛（島夷志略）。 |
| | 海南檳榔 | | 羅斛（島夷志略）。 |
| | 紫鑛 | | 八節那間（島夷志略）。 |
| | 土粉 | | 八節那間（島夷志略）。 |
| | 瑟 | | 文誕、烏爹（島夷志略）。 |
| | 紫粉 | | 大八丹（島夷志略）。 |
| | 白纓 | | 朋加剌（島夷志略）。 |
| | 瓦 | | 萬年港（島夷志略）。 |

雙方交易之貨品，大體來說，自宋至元，變化不多。由我國南去者，多爲加工品，而南海來華者，則多爲其特產。在我國出口貿易品中，以瓷器、絲綢（假錦、錦綾、纈絹、五色絹、南北絲等）、布匹（花布、青布、紅布）、鐵器（鼎、針、鍋等）、銅器、琉璃製品（珠、瓶等）及金、銀等爲大宗，這些貿易品明載產地者甚多，如瓷器中，明言處州瓷、青白處州甆及處瓷者有七處㉗，處州在浙東，著名的龍泉窰卽爲其最重要的瓷窰，泉州爲處瓷之主要輸出港是顯而可見的。眞臘風土記更記載至眞臘之瓷器有泉州瓷，泉州屬邑德化及泉州州治晉江都有瓷窰，近且尙有瓷窰出土的報導㉘。在絲綢方面，明載產地者有建寧錦、建陽錦及蘇杭五色緞。建寧，卽建州，建陽爲其屬邑，在閩北，蘇杭則自宋以來卽爲我國絲織手工業中心。鐵器、銅器雖肯定其必出中國，但由宋室屢次嚴禁銅器出口來看，有來自中國者應屬無疑，何況閩省銅、鐵皆有出產，而鐵之產量尤大㉙。値得注意的是波斯離國貿易品中有「倭鐵」一項與鐵器並列，是可見其時有名之日本鐵，有由華商轉販至印度洋者。琉璃瓶、珠等，或爲琉璃製品或爲瓷製品，我國此時出產極多，大量輸往南海自極爲可能㉚。金、銀爲貿易通貨，難以確定其產地，然波斯離條載其國貿易用「雲南葉金」，是明言有來自中國者。以上這些貿易品，大多由泉州出口，泉州之海外貿易品，有泉、處瓷器，有蘇杭色緞，有明州草蓆，有溫州漆器，有眞州（江蘇儀徵）之錫鑞，有四川之草芎，其產地幾遍於整個江南地區，其進出口貿易之盛可知。

由各地貿易品之記載中，尙可明顯看出華商至此已不再僅從事泉州與南海某地之來往貿易，而多長期居留海外，轉販各國間而從事南海各地之轉口貿易，卽來往轉販諸國間，交通有無。這種情形或在南宋時已然，但不如元代繁盛。這種進一步在海外經管國際貿易的情形，無疑是元代海外貿易鼎盛的最好說明。

在如此繁盛的對外貿易中，泉州市舶司之收入應當極大，可惜無具體資料知其確數。但由以下兩段記載可知其數當不在少。元吳澄吳文正集（四庫珍本二集）卷三二董忠宣公神道碑云：「國家出財，資舶商往海南貿易寶貨，贏億萬數。」馬哥孛羅遊記亦云：

> 我再鄭重的告訴你們罷，大可汗由這城（刺桐）和商埠收得極大的稅額。因為你們要曉得，所有由印度來的船，要付百分之十的稅……此外輕貨各船皆取百分之三十作運費，胡椒要取百分之四十四，沉香木、檀香木以及其他笨重貨物，皆要取百分之四十。因為要付稅錢和運費兩樣，所以商人們必須拿出他們所載貨物之半，在這剩下的一半，他們還能得到很大的利錢；因此，我們很容易的相信，大可汗由這城抽得極大的稅額㉛。

除以上所述外，泉州外來宗教之多，亦顯示元代泉州對外交通之盛。由於中西交通大開，元對外來宗教又頗爲優待，故外國宗教傳入中國者極多，泉州爲海路之門戶，外來宗教亦隨而大盛。回教固不用論，蓋在北宋初即有清淨寺之建，泉州出土回教徒阿文墓碑，除前述三塊屬宋時人外，大多數皆爲元時遺物㉜。這是宋代以來由海上而來之南蕃回教徒與隨元統一而至之西域回教徒（色目人）之大滙合，因此元代泉州回教達於極盛。至正年間清淨寺之重修，規模極大㉝；泉州東門（仁風門）及東南門（通淮門）外回教公墓之擴大，均說明了此一事實。摩尼教在泉州也有遺跡，宋莊季裕雞肋篇卷二云：「（摩尼教）事魔食菜，法禁至嚴。而近時事者益衆。

云自福建流至溫州，遂入兩浙。」是宋時福建摩尼教即相當盛行。元初釋志磐撰之佛祖統記卷末事魔邪黨條引宗鑑語云：「今摩尼尚扇於三山（福州）。」是元代福建摩尼教仍存。閩書卷七方域志泉州府晉江縣華表山條云：「華表山麓有草庵，祀摩尼佛，元時物也。」此古蹟近已被發現㉞，雖然此摩尼寺可能係唐時傳入中土摩尼教之遺㉟，但也可能係在宋元時期由海路經泉州入華者。蓋華表山正位於泉州東南門外安海港附近，為蕃商聚集處。而元時泉州有名之郡守偰玉立為摩尼教世家㊱，來主泉郡時，發現外人聚居處有摩尼教徒，而建此草庵亦有可能。

除回教、摩尼教外，在元以前泉州所無之宗教，尚有婆羅門教及基督教，此二教亦在元時傳入泉州。泉州東南門外有著名之婆羅門教寺（俗稱番佛寺），泉州金氏族譜云：「元政衰，四方兵起，國令不行，其（蒲壽庚）婿西域那兀納襲作亂，即喬平章宅建番佛寺。」是該寺之建，已在元末，而在那兀納襲敗後即被毀，時間極短，但其時有婆羅門教徒在泉，是值得注意的。該寺所祀之濕婆像及諸石刻最近都被發現了㊲。

在元時外來宗教中，最值得注意的是基督教之入華。基督教中之景教（Nestorianism）在唐時已傳入中國，但至宋初已衰微，甚且有此時已無基督徒在華之說㊳。至元，由於歐亞交通之大開，乃有世祖至元三十年（一二九三）天主教士孟高維諾出使來華之舉，由於他在北京傳教成績優異，教宗乃於成宗大德十一年（一三〇七）設汗八里總主教區，任命孟氏為首任總主教，統轄元帝國本部，並祝聖主教七人遣之來華。在大德延祐間（一二九七—一三二〇），中國已有教堂七十二所，而泉州因為是海上交通樞紐，亦成基督教重要據點之一，來華教士皆以此處為登陸港，設有主教。傑拉都（Gerardus）、貝勒格里奴斯（Peregrinus de Castello）及安德勒（Andreas de Perugia）三人先後出任泉州主教。英宗至治元年（一三二一）來華之方濟各會士和德理，曾記載泉州天主教情形云：

（剌桐）城內有吾會修士，並聖堂兩座，即余安置致命之聖骸之所也[39]。

元代泉州基督教遺物，自明末以來不斷有出土者，如十字碑、天使像等[40]。晚近泉州更發現了元代掌理基督教、摩尼教等官吏之墓碑，這更說明了泉州外來宗教的發達。該墓碑刻云：「管理江南諸路明教、秦教等，也里可溫、馬里失里、門阿必思古、馬里昔牙。皇慶二年（一三一三），歲在癸丑，八月十五日帖迷答扫馬等泣血謹誌」[41]。碑在泉州東南門外津頭埔出土，該地正係當年外人集居地區。這更證明了元代泉州外來宗教之駁雜與興盛，這些都反映了泉州海外交通之興盛。

繁盛的海外交通使得元代泉州更趨繁華，城南一帶的外人居留區有更向晉江下游一帶擴張的趨勢，迄今發現的泉州外人遺留物多在泉州東南一帶最足以說明這個事實。而泉州戶口總數更達到歷史上泉州人口的最高點——戶八萬九千六十，口四十五萬五千五百四十三[42]，較南宋淳祐年間增加達十萬餘口之多，其時泉州之繁榮固已超越南宋之上。

總之，元代由於國勢之强盛，對外貿易之獎勵與對外來宗教加以優待等原因，使得泉州海外交通不但恢復了南宋初期的興盛，且有更進一步的發展。至此華商貿易地區更為廣濶，直接到印度西岸，甚至波斯灣，成為常事。泉州亦因為對外貿易總吞吐口，而盛極一時。如果沒有往後明代對外的退縮政策，我國也許會成爲東方的重要海權國，歷史發展可能將有另一番面貌。

❶ 蒲一直任福建行省左丞，掌市舶職至至元二一年（一二八四），詳見元史卷十三世祖本紀至元二一年九月條。其中其子蒲師文亦曾於至元十八年任正奉大夫宣慰使，左副都元帥，兼福建道市舶提擧，事見林氏宗譜至元十八年封護國明著天妃詔文。是元初泉州市舶仍在蒲家掌握之中。

❷ 蒲氏之降元又有次年（景炎二年，一二七七）三月說。詳見桑原，「中阿交通史」，頁二三二—三，蒲壽庚降元之年代。

❸ 見姚樞，牧庵集卷十六，平章故事史公神道碑。

❹ 有關元代廣州之衰微，可參閱成田節男，「宋元時代の泉州の發達と廣東の衰微」，頁七五三—六九。廣州衰微之因，成田氏尚提出蒙古人不慣廣東之瘴厲等因素。

❺ 廣州市舶司遲至至元二三年（一二八六）始設置。見廣東通志卷十七職官表八鹽課提擧司條。成田節男謂元史卷十三世祖本紀至元二二年正月條所載詔立市舶都轉運司，即爲設立廣東市舶司之始，頗值得商榷。

❻ 詳見方豪先師，中西交通史，冊三，第二章元代郵驛對中西交通之貢獻。

❼ 元至元二十四年（一二八七）置行泉府於杭州，專掌海運，規定「各司舶貨，每年不過當年十二月終，起解赴杭州行泉府司官庫」（見元典章卷二二戶部八市舶條）。而至元二六年二月「自泉州至杭州，立海站十五，置船五千艘，水軍二百，專運番夷貢物及商販奇貨，且防禦海道爲便。」（元史世祖本紀）都可看出其時泉杭間海上交通之重要，應不在漕運之下。

❽ 有關元代海上漕運，詳見包遵彭，「論元代海運制度及航海學術」（學術季刊六卷三期，民四七年三月三一日），頁二〇四—一二。元代爲我國南北海上漕運之始。

⑨ 福建船參加漕運者頗多。元史卷九三食貨志海運條云：「至大三年（一三一〇），以福建、浙東船戶至平江載糧者，道遠費廣，（脚價鈔）通增為至元鈔一兩六錢，香糯一兩七錢。」又云：「延祐元年（一三一四），福建船運糙粳米，每石一十三兩……。」均可見。

⑩ 詳見成田節男，前引文，頁七五〇。

⑪ 至元十八年（一二八一）之征日本，曾於兩年前下詔治戰船六百艘，其中泉州負責二百艘，後僅成五十艘。事見元史卷十、十一世祖本紀至元十六年二月條及至元十八年二月條。

⑫ 元史卷二一〇爪哇傳：「（至元）二十九年二月詔福建行省，除史弼、亦黑迷失、高興平章政事，征爪哇。會福建、江南、湖廣三行省兵，凡兩萬……發舟千艘，給糧一年。鈔四萬錠，降虎符十、金符四十、銀符百、金衣段百端，用備功賞。……九月，軍會慶元（寧波），高興率輜重自慶元登舟涉海。……十一月，福建、江南、湖廣三省軍會泉州，十二月自後渚啓行，史弼也於同時以五千人合諸軍發泉州。」

⑬ 加封媽祖天妃事，與泉州關係密切。元史卷十世祖本紀至元十五年（一二七八）八月條載：「辛未，制封泉州神母號護國明著靈惠協正善慶顯濟天妃。」明書泉州，可見係針對泉州地區海上守護神而發。天妃與泉州，甚或我國海外交通有密不可分之關係，此處無暇論及。可參閱韓槐準，「天后聖母與華僑南進」（南洋學報二卷二輯，民三〇年六月），頁五一—七三。

⑭ 事見元史卷二一〇馬八兒等國條。

⑮ 同前註。

⑯ 元史卷二〇五盧世榮傳，有相似記載。

⑰ 論者有謂元代曾因官營海上貿易而禁海商，故對民間貿易有重大影響，事實不然。孫蓀先生曾統計有元一代禁商賈航海，明文所載不過十年。且官營貿易有「歸則徵稅如制」之法，可知官船所獲之利，非全歸公，仍分潤諸下蕃貿易之人，是官營中仍有私人之利。詳見孫蓀，唐宋元海上商業政策，頁四四—五；五九—六〇。再由汪大淵其人，能由泉州經年泛海往南洋，而在各地均見唐商往來，是其時民間貿易仍極興盛，未受官營貿易之

影響。

⑱ 有關此事，桑原，中阿交通史，頁二四七—八，宋人避難海外一節，已有論及。陳竺同，「元代中華民族海外發展考」（暨南學報二卷一、二號），南宋遺民的逃亡考證更詳細。

⑲ 如貿易條載：「國中買賣，皆婦人能之。所以唐人到彼，必先納一婦者，兼亦利其能買賣故也。……近亦有脫騙欺負唐人者矣，由去人之多故也。」異事條云：「余鄉人薛氏居蕃三十五年矣！」均可見。其餘如服飾、人物、耕種、取膽、澡浴、流寓諸條皆有有關唐人之記載。

⑳ 該碑係一九七二年春德籍傅吾康教授與陳鐵凡教授共同發現的。碑文爲：「有宋泉州判院蒲公之墓，景定甲子男應□甲立。」與泉州有極密切之關係。惜至今墓主爲誰尚無法考出。詳見陳鐵凡，汶萊宋碑與判院（台北燕京文化事業公司，民六六年八月）。

㉑ 張星烺譯，馬哥孛羅遊記（商務），頁三三六—七。

㉒ 島夷志略一書，有沈曾植之「島夷志略廣證」，一九一四年通報羅意志（W. W. Rockhill）之譯注及藤田豐八之「島夷志略校注」，以藤田注最佳。本文除備考欄另有註明外，所列地名今地均出藤田說，而爲筆者所同意者。

㉓ H. Yule & H. Cordier, *Cathay and the Way Thither*（成文影印本）, Vol. IV, P. 118.

㉔ 見諸蕃志，趙氏自序。

㉕ 張星烺譯本不同，無最後兩句話。

㉖ 林天蔚，宋代香藥貿易史稿（香港中國學社出版，民四九年）。

㉗ 七處爲琉求、無拔枝、龍牙門、麻里嚕（以上作處州瓷）、舊港（處瓷）、蘇祿（處器）、花面（青處器）。

㉘ 見莊爲璣，「談最近發現的泉州中外交通的史蹟」，頁四四，在泉州東門外碗窯鄉發現古窯址，出產青、白瓷。

㉙ 詳見宋史卷一八五食貨下七坑冶條。萬曆泉州府志卷七雜課條同。

㉚ 詳參韓槐準，「琉璃珠及瓷珠之研究—我國古代市易南洋物品之一」（南洋學報二卷三輯，民三〇年九月），

㉛頁四四—六六。

㉜見張星烺譯本，頁三三七。

泉州出土元代回敎石刻，約有八、九十方，均收入吳文良編，泉州宗敎石刻（一九五七）一書，其後仍有零星出土，如「泉州新發現的兩方阿拉伯字墓碑」（考古，一九六五年二期）卽又發現了兩塊屬元代的墓碑。除石刻外，民國以來，泉州亦曾發現元代國人與阿拉伯人買賣房地產之契據數張。其中一張上書：「至元二年（一二六五）七月，麻哈末立帳目一紙，稅課單一紙，九月告官，給賣帖一紙，十月賣阿老丁墳山文契一紙，阿老丁稅課單一紙。」詳見泉州宗敎石刻，頁三。此處轉引自蘇宗仁，宋代泉州市舶司研究，頁三八四。

㉝見明萬曆戊甲（三六年，一六〇八）清淨寺碑文曰：「樓峙文廟青龍之左角，有上下層，以西面爲尊。臨街之門從南入，砌石三圜以象天三；左右壁各六，合爲九門，追琢皆九九數，取蒼穹九九之義。內圜頂象天，上爲望月台，下兩門相崎而中方，取地方象。入門轉西級而上，曰下樓；南級上，曰上樓。下樓石壁，門從東入。正西之座，曰奉天壇，中圜，象太極，左右二門象兩儀，西四門象四象，南八門象八卦，北一門以象乾元。天開於子，故曰天門。柱十有二，象十二月。上樓之正東，曰祝聖亭，亭之南爲塔，四圍柱如石城，設二十四窗，象二十四氣。西座爲天壇，所書皆經言云。」其規模之大可見。碑文轉引自方豪先師，中西交通史，冊三，頁一二一—二。

㉞見莊爲璣，前引文，頁四七。該廟石刻云：「謝店市信士陳其澤善捨本師聖象，祈荐考妣早生佛地者，至元五年戒月。」

㉟五代南唐徐鉉稽神錄卷三載清源（泉州）西城有大第，爲鬼所踞，摩尼（明敎）敎徒來逐之。是唐季泉州已有摩尼敎徒。故此元時建摩尼寺信徒有可能爲彼輩所遺。詳見方豪先師，中西交通史，冊二，第十九章唐宋之摩尼敎，頁一九八—二〇一。

㊱詳見陳援庵，元西域人華化考（九思出版社影印本），頁三二—三。

㊲見莊爲璣，前引文，頁四六。

㊳ 詳見方豪先師，前引書，冊三，第八章元代之基督教，第一節宋景教之衰落及宋元兩代之遺蹟，頁九四。

㊴ 郭棟臣譯，和德里遊華回想錄（和德理逝世六百週年紀念會出版，一九三一），頁三二。

㊵ 有關元代基督教在華情形及泉州出土基督教文物，可參閱 A. S. Moule, *Christians in China before the year* 1550 ( London : Macmillan Co., 1930 ), Chapter 3. 及方豪先師，前引書，冊三，第八章元代之基督教。

㊶ 見莊爲璣，前引文，頁四六。

㊷ 見元史，卷六二地理志五泉州路條。萬曆泉州府志，卷六版籍志；乾隆泉州府志，卷十八戶口志同。

# 第四章 明代泉州之衰微

宋元時代泉州輝煌的海上交通，充分的反映了自唐以來在歷代對外開放政策下，中外交通貿易的飛躍發展，這種情形一直持續到明初，仍未稍減。外人來華經由泉州者仍多，如明史卷三二四爪哇條載：

其使臣先奉貢於元，還至福建而元亡，因入居京師。

是其時爪哇使臣仍由泉州往來，其後至永樂十五年（一四一七）爪哇使臣還仍由泉州出入。同書同卷三佛齊條亦載：

明年（洪武四年，一三七一）……戶部言其舶貨至泉州，宜徵稅，命勿徵。

明太祖實錄卷六七，洪武四年七月乙亥條亦云：

諭福建行省，占城海舶貨物，皆免其征，以示懷柔之意。

是其時尚有外商來往泉州。在明政府方面，也對南海諸國展開了宣慰冊封的政策。如洪武二年（一三六九）吳用、顏宗魯之使爪哇，劉叔勉之使西洋瑣里（Chola）。三年，曹述之使三佛齊，張敬之、沈秩之使渤泥，塔海帖木兒之使瑣里。五年，常克敬之使爪哇等都是。其中洪武三年八月御史張敬之，福建行省都事沈秩之使渤泥，是自泉州往返的❶。其後至永樂十三年

（一四一五）少監張謙之使渤泥亦由泉州出海❷。而泉州商賈在明洪武七年（一三七四）罷諸市舶司，頒下嚴禁通蕃的禁海令後也還有至海外貿易的。如洪武九年及十七年，泉州巨商李鶩曾至波斯灣之忽魯謨廝港貿易，娶回妻歸。❸這些事實都說明了直到明初，泉州對外海上交通仍持續不斷的在進行。但其後終因貢舶貿易制度與海禁政策之雷厲風行及本身港口之淤淺三項主要因素，泉州對外交通乃日趨式微。

## 第一節　朝貢制度與海禁政策下泉州海外交通之頓挫

明太祖代元後的對外政策，一反宋元以來不重朝貢而重貿易的趨向，重新强調並建立了所謂「朝貢制度」。其時又逢倭寇不斷侵擾海疆，明廷爲對付倭寇、海盜而持行海禁政策，嚴厲禁止華人下海通蕃，這兩種措施都使數百年來一直繁盛的海外交通，遭受嚴重的打擊。

有關朝貢制度，時人論述者已多❹。此制度在明以前卽已存在，但有明一代之與前代，尤其宋元時期不同的是，前代之朝貢與私商貿易並行不悖，至明，則除朝貢貿易外，卽不許有其他私人貿易行爲存在。在此制度下，海外諸國欲與中國通商，必須先在政治上與明建立宗藩關係，接受中國之册封，奉朔稱臣，然後由中國頒給貢船勘合，作爲來往封貢之憑信。持有勘合之國家，才可在修好朝貢的名義下附帶貨物來華，進行有限度的貿易。所帶貨物除貢品外，准許在市舶司港口及京師會同館，由明官吏監督，開市三或五天。除此之外，任何私人貿易，皆所不許，故謂之封貢貿易或貢船貿易❺。江南經略卷八上開互市辨有云：

其（貢舶）來也，許帶方物，設牙行與民貿易，謂之互市，是有貢舶卽有互市，非入貢卽不許互市明矣！

又云：

貢舶者，王法之所許，市舶之所司，乃貿易之公也。海商者，王法之所不許，市舶之所不經，乃貿易之私也。

就是最好的說明。

在這種制度下，雖然明代也沿前代之舊，設置了市舶司，但此舶司之性質已大異於前。唐宋元時代，市舶司除掌管外國入貢之事，設有來遠等驛招待外使外，其主要職責則在主管中外商船之出入，舶貨之禁榷、抽解與博買等事。明代旣除貢舶貿易外，不准許私人貿易，因此市舶司成了專門負責管理外使朝貢之事的機關。大學衍義補卷二五市糴之令云：

本朝市舶司之名，雖沿其舊，而無抽分之法。惟於浙、閩、廣三處置司，以待海外諸蕃之進貢者。蓋用以懷柔遠人，實無利其入也。

明史卷七五職官志市舶條亦云：

市舶提舉司掌海外諸番朝貢之事，辨其使表文、勘合之眞僞，禁通番，征私貨，平交易，閑其出入，而愼館穀之。

在這一改變之下，泉州不但「專管進貢方物，柔待遠人」❻，而且是專管琉球國使之機關。明史卷八一食貨志五市舶條云：

> 海外諸國入貢，許載方物與中國貿易。因設市舶司，置提舉官以領之，所以通夷情，抑姦商，俾法禁有所施，因以消其釁隙也。洪武初設於太倉黃渡，尋罷。復設於寧波、泉州、廣州。寧波通日本，泉州通琉球，廣州通占城、暹羅、西洋諸國。……福建曰來遠，浙江曰安遠，廣東曰懷遠。……

泉州市舶司既成接待琉球一國貢使之專職機關，又負有「禁通番、征私貨、抑姦商」、「閑其出入」的任務，過去外商來泉州所造成的繁盛海上交通乃趨於式微。

貢舶貿易制度，阻礙了往昔來往南海之外國商客，而本國商人也在明代的另一政策——海禁政策下，被阻止出洋貿易，泉州對外交通因此而益趨衰微。明代之行海禁政策，與元末以來沿海地區海盜之猖獗有重大關係。緣自元初世祖征日以來，雙方互市不斷，雖關係極爲緊張，但大體來說元中期以前，中國海疆尚稱寧靜。至順帝至正年間（一三四二—六七），我國割據勢力紛起，東南沿海群雄尤多，日本國內亦值大動亂時期，饑民浪卒乃結合中國沿海盜寇，大事刼掠我國沿海，因此倭寇大發。至明初方國珍、張士誠餘黨入海爲寇者頗多，東南沿海一帶更爲多事❼。明太祖爲解決此一問題，曾數度遣使赴日談判，未能成功❽，因此頒下了這項影響深遠的海禁措施，除了海防上的造船練軍、築城置戍、巡海剿撫等措施外，更嚴禁人民下海。茲將明代所頒海防禁令條列如下：

> 一、凡將馬、牛、軍需、鐵、銅、錢、段疋、紬、絹、絲綿私出外境貨賣及下海者，仗一百，挑擔駄載之人減一等，物貨船車並入官。於內以十分為率，三分付告人充賞。若

将人口軍器出境及下海者絞。因而走泄軍情者斬。其拘該官司及守犯之人通同夾帶或知而故縱者，與犯人同罪。失覺察者減三等，罪止仗一百。軍兵又減一等。

一、凡泛海客商舶船到岸，即将物貨盡實報官抽分，若停塌沿港土商牙儈之家不報者，仗一百。雖供報而不盡者，罪亦如是，物貨並入官。停藏之人同罪，告獲者官給賞銀二十兩。❾

一、凡把守海防武職官員，有犯受通番土俗哪嗟（即綱首，船長也）報水，分利金銀貨物等項，值銀百兩以上，名為買港，許令船貨私入，串通交易，貽患地方，及引惹番賊海寇出沒，戕害居民，除真犯死罪外，其餘俱問受財枉法罪名，發邊衛永遠充軍。

一、凡私自販賣琉黃五十斤，焰硝一百斤以上者問罪，硝黃入官。賣與外夷及邊海賊寇者，不拘多寡，比照私收軍器出境，因而走泄軍情律，為首者處斬，為從者俱發邊衛充軍。

一、凡官員、軍民人等私得應禁軍器賣與進貢人圖利者，此依将軍器出境因而走泄軍情律斬，從者問發邊衛充軍。

一、凡沿海去處，下海船隻，除有號票文引，許令出洋外，若姦豪勢要及軍民人等，擅造二桅以上違式大船，将帶違禁貨物下海，前往番國買賣，潛通海賊，同謀結聚，及為嚮導刼掠良民者，正犯比照謀叛已行律處斬，仍梟首示衆，全家發邊衛充軍。其打造前項海船，賣與夷人圖利者，比照私将應禁軍器下海，因而走泄軍情律，為首者處斬，為從者發邊衞充軍。若止將大船雇與下海之人，分取番貨，及雖不曾造有大船，但糾通下海之人，接買番貨；與探聽下海之人，番貨到來，私買販賣蘇木、胡椒至一千斤以上者，俱發邊衞充軍，番貨並入官。其小民撑使單桅小船，給有執照，於沿海邊近處捕魚打柴，巡捕官軍不許擾害。

一、凡姦民希圖重利，夥同私造海船，將紬絹等項貨物，擅自下海，船頭上假冒勢宦牌額，前往倭國貿易者，哨守巡獲，船貨盡行入官。為首者用一百斤枷，枷號二個月，發烟瘴地面永遠充軍。為從者枷號一個月，俱發邊衞充軍。其造船工匠，枷號一個月，所得工錢，坐贓論罪。

一、凡沿海軍民私往倭國貿易，將中國違制犯禁之物，私獻倭王及頭目人等，為首者比照謀叛已行律斬，仍梟首。為從者俱發烟瘴地面充軍。

一、凡福建、浙江海船裝運貨物往來，俱着沙埕地方更換，如有違者，船貨盡行入官。比照越渡沿邊關塞律問罪。其普陀進香人船，俱要在本籍告行照身，關津驗明，方許放行。違者以私渡關津論。巡哨官兵不嚴行盤詰者，各與同罪。

一、凡夷人貢船到岸，未曾報官盤驗，先行接買番貨，及為夷人收買違禁物貨者，俱發邊衞充軍。

一、凡豪勢之家出本辦貨，附奸民下海，身雖不行，坐家分利者，亦發邊衞充軍，貨盡入官。

一、凡歇家窩頓奸商貨物，裝運下海者，比照竊盜主問罪，仍枷號二個月。鄰里知情與牙埠通同不行舉首，各問罪，枷號一個月發落。❿

這些禁令部分係洪武年間頒布，部分爲日後所增加。由這些禁令可以完整的看出它的禁止事項。對沿海商民來說，不但通蕃貿易在被禁之例，國內海上貿易亦在禁令之中。這不但違反了貿遷有無的自然要求，也扼殺了唐宋以來國人向海外發展的趨勢，更進而逐步喪失了在南海累世經營的成果。對泉州地區影響尤大，閩省既已地狹人稠，農業生產不足，爲謀生活，閩人自五代以來即世代以海爲田，以船爲家，因此泉州海外貿易大盛，但在明初海禁政策的嚴格執行下，閩南商客處此兩難之境，或放棄傳統海商爲生的事業，或繼續違禁私自通蕃貿易，而在被發覺後，多攜家出海，流寓外國，以避重罰，或轉而爲盜，雖死不顧了。這無疑的更加速泉州海外交通之衰微。

貢舶貿易制度既結束了唐宋以來外商來販的私商貿易方式，海禁政策復嚴禁國人販蕃，泉州地區既爲市舶所在，查緝執行必定最爲嚴格，因此明代泉州海外交通除與琉球封貢使節之往來外，其餘均完全停頓，對外交通乃日趨式微。

❶ 見明史卷三二五浡泥傳。

❷ 乾隆泉州府志卷十六壇廟寺觀志天后宮條引顧珀記云：「國朝永樂十三年，少監張謙使渤泥，得乎州，發自浯

江（即晉江下游），實仗神庥，歸奏于朝，鼎新之。」

❸ 見泉州鳳池「林李宗譜」（即明李卓吾家譜），第四頁下。此處轉引自吳文良，「泉州九日山摩崖石刻」（文物，一九六二年第十一期），頁四五。

❹ 外人最好以此作爲論述中外關係之理論基礎。事實上，唐宋元時期並非如此，前已有說明。有關朝貢制度，可參閱J.K.Fairbank（ed.）*The Chinese World Order - Traditional China's Foreign Relations*（Harvard U.Press,1968）一書，其中Lien-sheng Yang（楊聯陞），"Histrical notes on the Chinese world order"（食貨月刊復刊二卷二期有邢義田譯文）及Wang Gang Wu（王賡武），"Early Ming relations with southeast Asis:A background essay"兩文，前者泛論朝貢貿易之思想淵源，後者專論明代朝貢制度制定的背景，可參看。

❺ 詳見陳文石，明洪武嘉靖間的海禁政策（台大文史叢刊，民五五年），第二章海禁政策下的貢舶貿易，頁四一—七六。

❻ 高歧，福建市舶提舉司志云：「提舉市舶專管進貢方物，柔待遠人。」

❼ 詳見陳文石，前引書，頁一—十二，第一章海禁政策與海盜倭寇的關係，第一、二節。

❽ 詳見陳文石，前引書，頁十二—二一，第一章第三節明日倭寇問題交涉經過。

❾ 此懲治舶商匿貨條例，似又有私商貿易之實，但就有關資料，此律具文而已。詳見陳文石，前引書，頁四二。

❿ 這些禁令乃綜合大明律卷十五兵律三，私出外境條；卷八戶律五，舶商匿貨條。大明律例，大明會典卷一六七關律及皇明世法錄，違禁下海條等而成。

## 第二節　泉州港之淤淺與泉州對外交通之轉移

泉州之對外交通，固然因明初貢舶貿易制度與海禁政策之施行，受到重大影響，但如無其他因素，在明中期以後貢船貿易制度有所轉變時，應有恢復的可能，至少在明季內政廢弛，海禁不修的局面下，走私貿易應該恢復，但實則不然。這主要是由於泉州港口之淤淺，使泉州對外交通再也無法恢復昔日的繁盛。由明中期福建市舶司之由泉移福，明末走私貿易中心移於漳州，都可以明顯看出。

明開國之初，曾於吳元年（一三六七）在太倉黃渡設置市舶司，洪武三年（一三七〇）二月以地近京師罷❶。洪武七年（一三七四）正月復應吏部之請，設寧波、泉州、廣州三市舶司，但該年九月卽以倭寇猖獗及蕃商假冒貢使行詐，罷三市舶司❷。至遲在永樂元年（一四〇三）又再度恢復三市舶司❸，其後直至嘉靖元年（一五二二）之一百二十年間始終未廢❹，但在此期間福建市舶司由泉州移至福州。至於移置的時間，則各史所記頗不一致。如明英宗實錄卷五八，正統四年（一四三九）八月庚寅條載巡按福建監察御史成規報告琉球貢使所費時奏謂其時：「琉球國往來使臣，俱於福州停住。」但閩都記卷六云：

> 市舶提舉司，都指揮王勝故宅也。國朝初市舶置於泉州，成化五年（一四六九）因修撰羅倫謫官，奏移今所（福州）。

又萬曆泉州府志卷七版籍志下市舶稅課條則云：

> 成化八年（一四七二），市舶司移置福州。

而福建市舶提舉司志官條則籠統謂：

> 我朝弘治壬戌（十五年，一五〇二）以前，市舶設於泉州。

諸說紛紜，恐皆不得其實。因市舶司由泉遷福曾有轉折。福建市舶提舉司志藝文志載明林玭弘治十六年（一五〇三）福建市舶提舉司記記其事甚詳：

（上略）琉球居泉閩東海島中。……洪武初稽首稱藩，歲遣人入貢，至泉轉達。永樂元年始置市舶提舉司於泉，設官掌之，又主以中貴一人。歲久，番舶漸抵福城南河口，是司猶在泉。成化丙戌（二年，一四六六）巡撫御史朱公賢奏請遷福之柏衙，制從之。提舉羅公倫申云：衙門設立自有其地，遷移亦有其數，蓋以柏衙僻陋，非可設之地，歲數未窮，非可遷之時，遂寢其事。甲午（成化十年，一四七五）巡視都御史張公議將舊司貿易置澳門都指揮王欽宅，遷本司官吏居之，但卑隘圮壞，每遇慶賀表箋，龍亭儀仗權設儀門行事。弘治壬戌（十五年，一五〇二）春，太監劉公毅然曰：吾奉命專制番舶，是司之設，壯中國之等威（原文如此），其體制不可不隆，聳外夷之瞻視，其門闥不可不麗。乃諗于鎮守太監鄧公，巡按御史陳公，相與贊成。……乃措貲市材鳩工，以提舉武公名全、運判楊公名瑞董其役，……始事於壬戌年九月十五日，竣工於十二月庚申日。……我朝貢海有禁，其所司者，朝貢一事而已。今遷於福，以其地言之，福城為八閩總會之地，其衣冠文物十倍於泉。

由此可知，成規所言恐是指琉球國使擅自至福，非指市舶司已由泉移福。遷福之論始自成化二年（一四六六）巡按御史朱賢的奏請，明廷曾予同意，但由於福州無適當館舍，故仍留於泉州，要遲至弘治十五年（一五〇二）才在福州省城西南烏石山旁改建都指揮王勝故宅完成市舶司署

❺，至此市舶才正式遷福❻。如此則閩都記，泉州府志皆誤。而閩都記謂遷福係由羅倫發之，恐亦非事實。

琉球貢使來往不由泉州而由福州，市舶司又隨而遷福，其原因何在，這是值得探索的問題。由琉球貢使方面言之，由琉球順冬季東北季風來我國，至福或至泉並無不同，而明代市舶司又隸於布政司❼，福建布政司在福州，則至福州自較至泉州爲便利。但最重要的原因，還是與泉州港灣之淤淺所造成泉州之急速衰微有關❽。

泉州自唐末成爲對外貿易港埠之一以來，其港口所在曾經數度變遷。在唐貞元六年（或八年）晉江設縣以前，晉江流域之交通中心在南安縣，其縣治所在爲今之豐州鎮，其西二里即爲宋以來郡守、舶司祈風所在之九日山延福寺。即自南朝梁天監中（五〇二—一九）於其地置晉安郡以來，該地應爲晉江水陸交通中心，凡由晉江赴外地者，似皆由此啓航。至唐貞元六年（或八年）晉江下游設晉江縣後，情況始變，晉江城南沿江一帶成爲出入晉江船隻的泊岸處，其後經唐末、五代、北宋，城南一帶一直是泉州商務最繁榮地區。這由從宋至明市舶司的位置可約略看出。八閩通志卷八十古蹟條云：

（明）市舶提舉司，在府治南，水仙門內，舊市舶務（恐爲「司」之誤）址。

同書卷十三城池條又云：

南薰門在舊市舶司之旁。

南薰門又名通津門，俗呼水門，水仙門或即南薰門，北宋時尚無翼城，故市舶司在城外晉江畔，後之南薰門附近❾。（參閱泉州市舶司位置圖）是其時外來船舶能直接航至泉州城南之晉江岸靠泊，上下貨物。這種情形約到南宋初期以後有了變化。由於泉州城南沿江一帶之逐漸淤淺，外來船隻之停泊已有向下游轉移之趨勢。乾隆泉州府志卷十六天后宮條引隆慶府志云：

> 宋慶元二年（一一九六）泉州浯浦海潮庵僧覺全夢神命作，官乃推里人徐世昌倡健，實當筍江、巽水二流之滙，番舶客航聚集之地。時羅城尚在鎮南橋內，而是宮適臨浯浦之上。

可見其時外商登岸聚集處，已移於泉州城東南之浯浦一帶，不得再上溯至南薰門一帶。其後嘉定四年（一二一一）順濟橋之建成，更說明了船隻上溯不過德濟門之事實❿。至宋末時，港埠更移至距泉城東南十里許之法石鎮一帶，船舶下碇最近城處，亦只能在車橋、后山一帶⓫。乾隆晉江縣志卷二規制志引隆慶府志云：

> 車橋，在車橋市東，海舶聚此。

而晚近也在后山發現了迄今所發現最近泉州城的碼頭遺址，而當地又有聚寶街名，傳言宋元時代外來商船卸下的貨物最先均堆聚於此，故名⓬。但宋元之交海船靠泊的主要地區還是法石一帶。眞德秀紹定五年（一二三二）再度守泉時，上書請罷距城一里之寶林寨，而移水師於法石，卽明顯的說明了其時法石之重要性⓭。而其時郡守祭海神所在之眞武廟亦在法石⓮。但最足以說明法石爲其時泉州港埠所在，還是蒲壽庚居於法石的事實。宋末蒲氏經營海外貿易，成富商巨賈，其不居城內，而居於法石，正說明了該地係當時中外貿易貨物聚集之所。黃仲琴「蒲壽

註：
(一)此圖係據清懷蔭布泉州府志泉州府城池圖繪製
(二)市舶司庫位置係經攷證而確定

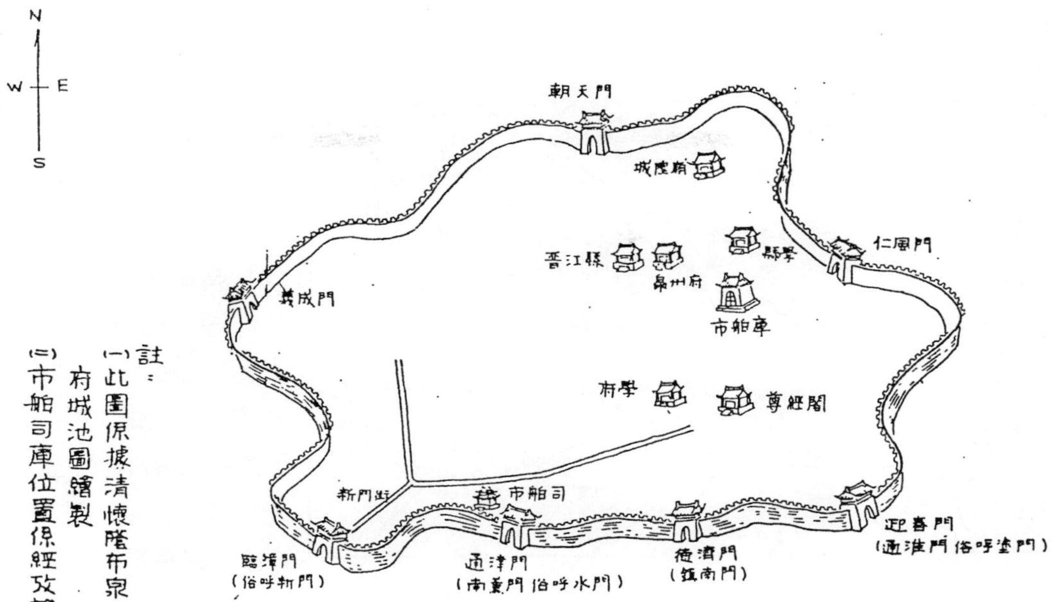


（本圖影印自石文濟，宋代市舶司之設置與職權之研究一文。）

圖八　泉州市舶司位置圖

庚兄弟遺族及遺蹟」一文謂：

（泉州）東門外法石街，蒲壽庚居處遺址尚在。壽庚花園，後夷為南校場。⑮

而今日所發現宋元時期外國人墓葬群都集中於泉城東南之法石、美山、雲麓等地，更說明了其地在當時的地位。但由於晉江淤塞情形繼續嚴重，到十三世紀末時，法石一帶亦有不能再泊大舟之苦，因此港埠又有由法石更向下游后渚轉移的現象。元初，高興等征爪哇，大軍卽由后渚出發。元史卷二一〇爪哇傳載其事云：

（至元二十九年，一二九二）十一月，福建、江西、湖廣三省軍會泉州。十二月，自後（后）渚啓行。

圖九　泉州港之地理變遷要圖

而至元二九年（一二九二）馬可波羅護送科克清公主下嫁伊兒汗國，傳言亦由后渚放洋。是在元初，泉州港已由法石再移至晉江最下游臨海處之后渚。民國六十二年泉州發現的宋末海船卽在其地沙灘上出土，並在附近發現了古碼頭遺址，與元代所建石塔等遺物[16]，這都說明了其地爲元代海船聚集主要港埠所在。據推算，當年后渚港沉船地點水深在七米左右，而今已成一片沙灘，港灣變遷之烈可想而知。后渚位於晉江下游北岸最近海處，卽爲洛陽江與晉江交會入海處，洛陽江水冲激於北，晉江滙流於南，后渚必也逐漸淤淺，到明初可能卽不堪大船進出。后渚港既又淤淺，晉江沿江北岸再也找不到一處足堪停泊一、二千料大船處，泉州就注定衰微的命運了。這是明代泉州衰微的最主要原因，也是明中期海禁弛禁後，泉州亦無法恢復其對外交通貿易的最大原因。今日由泉州南門（德濟門）到后渚，沿途所經村落陸續發現之天妃廟卽有七座之多，以法石沿海一帶最多[17]，由南門附近宋慶元二年所建的天后宮至后渚最後的一座天后宮連成一綫，就是泉州港演變的軌跡。

泉州港埠之變遷，是所有河口港變遷之通例。港灣的淤塞也是河口港必定遭遇的問題。這主要是由於沿河、沿海地段地形緩慢上升的緣故，當然水土流失，風砂及圍墾等也有一些影響。據研究，泉州灣一帶平均每年有三—六厘米的灣相淤積，再加上海岸每年一厘米左右的緩慢上升，遂使得泉州灣沿海一帶逐漸淤積。[18]

泉州港灣淤淺後，閩南地區的對外交通貿易中心，逐漸向南轉移到漳州一帶。故隆慶二年（一五六七）福建重設市舶司後，先設市舶於漳州府詔安縣之梅嶺，隆慶六年（一五七二）移

於海澄之月港，至明清之際更移於厦門⑲，是閩南對外交通貿易已由泉州灣轉移至厦門灣。漳、泉之異勢，可由兩州戶口數目之增減作最好之說明：（另次頁）除嘉靖中期（三十|四十年）倭寇大肆竄擾，兩州戶口均受重大損失外⑳，可明顯看出有明一代漳州之遞增，與泉州之驟減，泉州之衰微蓋亦由此可見。

雖然泉州對外交通、貿易多半已爲漳州所奪，但在清代初期，泉州對外交通仍不絕如縷。明末海禁開放後，泉州灣晉江北岸既無水深處可供大型船隻靠泊，對外交通港埠乃移於晉江南岸近泉州灣口的石湖及更南之安平兩處。萬曆泉州府志卷三物產志云：

晉江人文甲於諸邑，石湖、安平番舶去處，大半市易上國及諸島夷，稍習機利，不能如山谷淳朴矣！

至清初，台灣收入版圖後，泉州港口之蚶江成爲與鹿港對渡之港口㉑，是泉州對外交通，移民仍未完全停止，但閩南之主要對外貿易口岸，已爲港淵水深之厦門所取代，往昔泉州的繁華已不復可見！

❶ 明太祖實錄卷二八，吳元年十二月庚午條。卷四九，洪武三年二月甲戌條。

❷ 明太祖實錄，卷九三，洪武七年九月辛未條。

❸ 有關三市舶司在洪武七年九月罷廢後之復置，明史卷八一食貨五市舶條云：「暫罷輒復」。殊域周咨錄卷八暹羅國條云：「未幾復設」。似乎在永樂元年以前早已恢復。

## 明以前泉、漳户口比較表

| 時代 | 泉州戶數 | 泉州口數 | 漳州戶數 | 漳州口數 | 備註 |
|---|---|---|---|---|---|
| 唐 | 二三、八〇六 | 一六〇、二九五 | 五、八四六 | 一七、九四〇 | 泉州爲天寶時數見舊唐書卷四十漳州爲唐時見萬曆漳州府志 |
| 宋 | 二五五、七五八 | 三四八、八七四 | 二二、〇一四 | 一六〇、五六六 | 泉州爲淳祐時見泉州府志。漳州爲宋時，見漳州府志卷五。 |
| 元 | 八九、〇六〇 | 四五五、五四三 | 二一、六九五 | 一〇一、三〇六 | 見各府府志。元史卷六二地理志同。 |
| 明弘治十五年（一五〇二） | | | 四九、三三五 | 二六六、五六一 | 萬曆漳州府志卷五。 |
| 明嘉靖元年（一五二二） | 四二、三三七 | 二二一、九〇三 | | | 萬曆泉州府志卷六。 |
| 嘉靖三十一年（一五五二） | | | 四八、五七一 | 三三四、三三四 | 萬曆漳州府志卷五。 |
| 嘉靖四十一年（一五六二） | 四八、二四三 | 一六九、九二五 | | | 萬曆泉州府志卷六。 |
| 隆慶五年（一五七一） | | | 四八、八六三 | 二四〇、八七八 | 萬曆漳州府志卷五。 |
| 萬曆三十六年（一六〇八） | 四八、七〇四 | 一九〇、三四九 | | | 萬曆泉州府志卷六。 |

❹ 明史卷七五職官四市舶提擧司條載：「（三市舶司）永樂元年復置，設官如洪武初制，尋命內臣提督之。嘉靖元年，給事中夏言奏倭禍起於市舶，遂革福建、浙江二市舶司，惟存廣東市舶司。」

❺ 見福建市舶提擧司志，建置志。

❻ 有關泉州市舶之遷福州，薩士武，「明成化嘉靖間福建市舶司移置福州考」（禹貢半月刊七卷一、二、三合期）一文，謂在成化二年（一四六六），有商榷之餘地。

❼ 明太宗（成祖）實錄卷二一，永樂元年八月丁己條：「以海外番國朝貢，貢使附帶貨物前來交易者，須有官以主之，遂命吏部依洪武初制，于浙江、福建、廣東設立市舶提擧司，隸布政司。」

❽ 論及福建市舶司由泉遷福之理由，薩士武，前引文，謂有二因：一爲福州對外貿易地位之發達，二爲泉州奸商惡勢力之瀰漫。前者係不明白明代海外貿易所作的推論。其時中外除貢舶貿易外，無所謂貿易存在，福州對外貿易地位何得發達？後者亦無十分之道理，蓋其時市舶職責僅在管理琉球貢使之出入，貿易僅屬其所帶少量短期之貿易，與泉州奸商惡勢力當無重大關係。泉州衰微之主要原因，仍在港口淤淺一因。

❾ 泉州市舶司之位置，詳見石文濟，「宋代市舶司的設置」（宋史研究集第五輯，民五九年），頁三六四之考證。

❿ 順濟橋橫跨泉州新城鎮南門（又稱德濟門）外筍江（卽晉江）上，橋爲石構，其後船舶當無法再上溯至南薰門（通津門）、臨漳門一帶。

⓫ 乾隆泉州府志卷六山川一萬遂山（卽法石山）條，謂法石距城十里許。最近調查報告言距泉州塗門（卽東南之通淮門）七、八公里。

⓬ 見泉州海外交通史博物館調查組，「泉州塗關外法石沿海有關中外交通史跡的調查」（考古，一九五九年第十一期），頁六一二。

⓭ 見眞文忠公文集，卷八，「申樞密院措置沿海事宜狀。」

⓮ 見⓬引文，頁六一六及萬曆泉州府志卷二輿地志中石頭山條云：「石頭山，在萬歲山左（上有法石寺），上有眞武廟，舊爲郡守望祭海神之所。」眞德秀有祭海神文，見眞文忠公文集卷五十，海神通遠王祝文。

⑮ 黃文載中山大學語言歷史研究所週刊九集一〇五期。

⑯ 見⑫引文，頁六一三及廈門大學歷史系，「泉州灣的地理變遷與宋元時期的海外交通」（文物一九七五年第十期），頁二。

⑰ 見⑫引文，頁六一七。

⑱ 見⑯引廈大歷史系文，頁十九—二〇。

⑲ 詳見薛澄清，「明末福建海關情況及其地點變遷考略」（禹貢半月刊五卷七期），頁四三—五。

⑳ 乾隆泉州府志卷十八戶口志云：「季年倭夷入寇，兵火厲疫之餘，戶口十損六七。」萬曆漳州府志卷五賦役志亦云：「嘉靖四十等年連遭寇亂，百姓死亡過半。」是兩州戶口均受重大損失。

㉑ 見同治重纂福建通志（華文書局影印本），卷八海防志，台灣府彰化縣條：「鹿仔港在縣西十五里，潮長可納大船，海口與泉州蚶江對針，亦巡防要地。」

# 結論

自唐末（九世紀下半期）泉州成爲我國對外交通港埠開始，至明初（十四世紀下半期）因行海禁與貢船貿易制度使泉州海上交通衰微止，泉州至少有五百年以上對外交通、貿易的歷史。它的興起象徵我國海上交通、貿易的不斷進展，它的沒落也顯示我國對外交通、貿易的逐漸衰微。

就泉州海上交通的發展而言，它的興起是環境與時代的產物。如無有利的地理位置及唐中期以後世界性海上貿易圈的形成，泉州是不可能躋身對外貿易港之林的；如無五代之割據形勢，泉州的對外交通也許不會發達如此之速；如無五代以後主政者對海外貿易的鼓勵，閩省商人外出貿易也不可能蔚成風氣，進而促成泉州海外交通的繁盛；如無宋室南遷的歷史事實發生，泉州不可能在我國對外交通上占有南宋以後那種舉足輕重的地位；如無宋末蒲壽庚的降元，使泉州海上活動未受重大影響，也不可能造成元代泉州海外交通鼎盛的狀況。而在南海方面，東洋地區之不斷開發，亦使泉州成爲我國交通當地最方便的港埠。這些因素都是泉州能在宋元時期對外交通與貿易極一時之盛的重要原因。但泉州畢竟有它先天無法克服的困難，因此仍然難逃衰落的命運。

泉州是典型的河口港。在木造船舶時代，船舶噸位不大（在我國而言，頂多是一、二千料（右）的大船，約相當於六〇至一二〇噸），故吃水不深，河口港因而有發展爲港埠的可能，這是明清以前我國對外貿易港埠多半為河口港的重要原因。河口港由於海岸上昇及上游帶來大量泥沙的原因，港灣之淤淺成為不可避免的現象。因此，港埠必然不斷向下游轉移，而當下游也無處可供轉移時，河口港就注定衰微的命運。泉州瀕臨晉江口，晉江既非大河，又加以閩省東西海拔落差甚大，河水流速極大，港灣之淤淺尤快，港埠之變遷亦隨之加速。宋時晉江潮汐能達於南安縣雙溪口，而至今潮汐僅及泉州西南臨漳門外之石筍橋（即浮橋）❶，其間變遷之速，由此可見。此項本身無法克服的困難，再加上客觀不利因素的影響——海禁政策及貢舶貿易制度之實行，遂使泉州對外交通與貿易趨於式微。

泉州對外交通雖然衰微了，但由唐宋元時期泉州對外貿易極盛期所形成閩南社會的航海傳統與商業風氣則始終不衰，這是明末漳州對外貿易興起的原因，也是閩南華人大量移民海外的先聲。

❶ 見方豪，「宋泉州等地區之祈風」（方豪六十自訂稿，下册），頁一二〇五，引宋晞語。

# 附錄一：宋代市舶司公憑式樣

## 公　憑

提舉兩浙路市舶司

據泉州客人李充狀，今將自己船壹隻，請集水手，欲往日本國，轉買廻貨，經赴明州市舶務抽解，乞出給公驗前去者。

一人船貨物

自己船壹隻

綱首李充　梢工林養　雜事莊權

部領兵弟

第一甲　梁留　蔡依　唐祐　陳富　林和　郡勝　阮祐　楊元　陳從　往珠　顧冉　王進
郭宜　阮昌　林旺　黃生　强宰　關從　迗滿　陳裕　潘祚　毛京　阮聰

第二甲　左直　吳湊　陳貴　李成　翁生　陳珠　陳德　陳新　蔡原　陳志　顧章　張太
吳太　何來　朱有　陳光　林弟　李湊　楊小　彭事　陳欽　張五　小陳珠　陳海

小林弟

第三甲　唐才　林太　陽光　陳養　林太　陳榮　林足　林進　張泰　薩有　張武　林泰

小陳貴　王有　林念　生榮　王德　唐興　王春

物貨

象眼肆拾疋　生絹拾疋　白綾貳拾疋　甆垸貳百床　甆堞壹百床

一防船家事　鑼壹面　鼓壹面　旗伍口

一石刻本州物力戶　鄭裕　鄭敦仁　陳祐　參人委保

一本州令　給杖壹條　印壹顆

一今捻坐　勑條下項

諸商賈於海道興販、經州投狀、州爲驗實條送願發船州、置簿抄上、仍給公據、方聽行、廻日公據納任船州市舶司、卽不請公據而擅行、或乘船自海道入界河、及往登萊州界者徒二年、不請公據而未行者減貢算、往大遼國者徒叄年，仍奏裁、竝許人告捕、給船物半價充賞、內不請公據未行者、減擅行之半、其已行者、給賞外船物仍沒官、其餘在船人、雖非船物主、各杖捌拾已上、保人竝減犯人參等、

勘會、舊市舶法、商客前雖許至三佛齊等處、至於高麗、日本、大食諸蕃、皆有法禁不許，緣諸蕃國遠隔大海、豈能窺伺中國、雖有法禁、亦不能斷絕、不能冒法私去、今欲除此界交阯外、其餘諸蕃國未嘗爲中國害者、竝許前去、雖不許興販兵甲器仗、及將帶女口姦細幷逃亡軍人、如違應一行所有之物、竝沒官、仍撿所出引、內外明聲說、

勘會、諸蕃船州商客、願往諸國者、官爲撿校所去之物、及一行人口之數、所請諸國、給與引牒、付次捺印、其隨船防盜之具、兵器之數、竝量曆抄上、俟回日照點、不得少欠、如有損壞散失、亦須具有照驗一船人保明文狀、方得免罪、勘會、商販人、前去諸國、竝不得妄構作奉使名目、及妄作表章、妄有構呼、竝共以商販爲名、如合行移文字、只依陳訴州縣體例、具狀陳訴、如蕃商有願隨船來宋國者、聽從便、諸商賈販諸蕃間、（販海南州販及海南州販人、販到同、）應抽買、輙隱避者、（謂曲避詐匿、託故日右、前期傳送、私自貨易之類）綱首、雜事、部領、梢工、（令親戚管押同、）各徒貳年、配本城、卽雇募人管押、而所雇募徒人倩人避免、及所倩人、准比鄰州編管、若引領停藏、負載交易、竝販客減壹等、餘人又減貳等、蕃國人不坐、卽在船人、私自犯、准綱法坐之、綱首、部領、梢工、同保人不覺者、杖壹百以上、船物（不分綱首餘人及蕃國人、壹人有犯、同住人雖不知情、及餘人知情竝准此、）給賞外、竝沒官（不知情者以己物參分沒官）

諸海商船貨、避抽買、舶物應沒官、而已貨易轉賣者、計直、於犯人者、各下近理不足同保人備償、卽應以船物給賞、而同於令轉買者、轉買如法、諸商賈由海道、販諸蕃者、海南州縣曲、於非元發船州舶者、抽買訖、報元發州、驗實鎖籍、諸海商冒越至所禁國者、徒三年、配仟里、卽冒至所禁州者、徒貳年、配伍百里、若不請公驗物籍者、行者徒壹年、隣州編管、卽買易物貨、而輙不注籍者、杖壹百、同保人減壹等、

錢帛案手分供　在判　注　在判　押案宣　在判　厲　在判　勾抽所供　在判

孔目所撿　在判　權都勾十　在判　都孔目所　在判

右出給公憑、付綱首李充、收執稟前、須勑牒指揮、前去日本國、經他回、赴本州市舶務抽

解、不得隱匿透越、如違即當依法根治、施行、

崇寧四年六月日給

朝奉郎通判明州軍州管勾學事兼市舶謝　在判

宣德郎權發遣明州軍州管勾學事提舉市舶彭　在判

宣德郎權發遣提舉市易等事兼提舉市舶徐

承議郎權提舉市舶郎

（本公憑錄自森克己，日宋貿易の研究，頁三八）

# 後記

本書撰寫期間，曾留意大陸方面有關泉州研究的資料。當時僅由「文物」、「考古」等雜誌中獲得幾篇有關泉州灣出土宋代海船的研究報導，其他有關資料及論文均無緣獲見。事實上，自民國六十三年泉州灣出土宋代海船後，在大陸上引發了研究泉州海外交通史的熱潮。除在泉州重建海外交通史博物館❶外，並組織海外交通史、泉州歷史等研究會，出版「泉州文史」及「海（外）交（通）史研究」兩刊物❷。民國六十九年以後，有關專書及論文集亦紛紛出版，研究成果十分驚人。作者在本書付印後，得見部分大陸有關泉州研究之資料，已無法據之修正論文內容。爰將所見引錄於後，以作本書之補充。

在有關史料方面，泉州海外交通史博物館在民國七十三年出版了「泉州伊斯蘭教石刻」一書，爲繼吳文良在「泉州宗教石刻」後另一巨作。收錄回教寺廟及墓葬石刻兩百餘方，對有關泉州之研究有重大助益。譬如對泉州回教古寺，即有新的發現。過去學者知曉的泉州回教寺，只有清淨寺一處，今則瞭解宋元時代泉州至少有六座回寺：北宋通淮街聖友寺（艾蘇哈卜寺）、南宋南門清淨寺、宋塗門外津頭埔也門教寺、南門元代默罕默德寺、東門外東頭鄉元至治納希德重修寺及元無名大寺六座。其中聖友寺及清淨寺自明代以來即被誤爲一寺，該書特予以更正

❸。本書所述清淨寺亦皆聖友寺之誤。

除史料外，大陸學者近年來之研究成果，與本書論旨有關者亦不少，茲按本書目次依序論說。首先是有關宋元時代泉州港繁盛原因之探討。童家洲所撰「試論宋元泉州港繁盛的原因」❹一文，提出五項原因。即①長期來相對和平安定的社會環境，是泉州賴以興起的良好土壤。②泉州地區和福建路擁有提供外貿的豐富資源。③宋廷南遷，加速了泉州港的崛起。④元朝政府對外實行開放、鼓勵海外貿易，使泉州海外貿易臻於極盛。⑤宋元泉州港的繁榮，與當地造船業的發達是分不開的。以上幾項原因，本文在第二章、第三章中分別有所論述，惟對童文之第②點所論不多，蓋受資料之限制。晚近泉州地區考古工作發現了大批絲織業與陶瓷業作坊遺址，對宋元時代泉州地區之經濟發展有許多新見解❺。

其次，是有關北宋泉州與高麗的貿易問題。近閱陳高華「北宋時期前往高麗貿易的泉州船商——兼論泉州市舶司的設置」一文❻，其論點與資料幾與本書第二章第二節全同。而陳文引永樂大典卷三一四一「陳」字門，陳瓘（陳偁子）「先君行述」文，則為本文所未閱及。該段文字對北宋設置泉州市舶司經過影響甚大，茲引全文如下：

泉人賈海外，春去夏返，皆乘風便。熙寧中，始變市舶法，往復必使東詣廣，不者沒其貨。至是命轉運判官王子京拘攔市舶。子京為盡利之說以請，拘其貨止其舟以俟報。公（陳偁）以貨不可失時，而舟行當乘風便，方聽其貿易而籍名數以待。子京欲止不可，于是踪迹連蔓起數獄。移牒譙公沮國法，取民譽。朝廷所疾，且將幷案。會公得旨再任，詔辭溫渥。子京意沮，而搜捕益急。民駭懼，雖藥物燔棄不敢留。公乃疏其事請曰：「自泉之海外，率歲一往復。今遠詣廣，必兩駐冬，閱三年而後返。又道有焦石、淺沙之險，費重利薄，舟之南日少而廣之課歲虧。重以拘攔之弊，民益不堪。置市舶於泉，可以息弊止煩。」未報。

此段資料可補充本書第二章第四節一、福建市舶司的設置。惟設置泉州市舶司與新政有關，則未見陳文提及。

最後，是有關泉州對外交通在明以後衰微的原因問題。有關此問題，本論文所據材料甚爲貧乏，所論相對缺漏甚大。沈玉水在「明清泉州港海外交通貿易衰落原因初探」❼一文中認爲衰微原因有五。①西方殖民主義的東侵，使東西方的海上通商出現了新的形勢，影響了泉州港的發展。②明清兩代的海禁政策對泉州港的海外通商事業破壞極大。③倭寇的侵擾刼掠，危害了泉州地區人民生命財產的安全，泉州港的海外交通貿易也深受影響。以上三者爲普遍性因素。以下二者爲特殊因素：④元末明初泉州地區發生了破壞性的連年戰亂，對泉州港海外交通的破壞很嚴重。⑤國內海道航運條件的變化，改變了泉州港在海外交通貿易方面的中轉地位。除以上五個主要因素外，沈氏將泉州港的逐漸淤塞視爲泉州衰微「極爲次要的原因之一」。以上六個因素，本文第四章曾論列其三，即明代海禁政策、海道航運條件變化（貢舶貿易政策）及港灣淤塞三項。對沈氏所提第一個理由，我以爲西人東來是十六世紀以後的事，而泉州對外交通、貿易之衰微至遲在十五世紀初期即已顯露，故西人東來後的新形勢縱曾影響泉州之衰微，應該只是後起的因素，不是泉州衰微的根本原因。至於元末明初泉州之動亂及明代倭寇之亂，前者實爲泉州社會經濟破壞的根本因素，其對泉州海外交通、貿易之影響十分重大❽，本文未予論列，實爲一大疏漏。而明代倭寇之亂，則誠如沈氏所云爲普遍因素，其對泉州及其他港口海外交通影響的程度，仍有賴深入的研究，才能有更合理的解釋。

以上是本書付印後，作者就閱讀所及資料及論文對本書所做之補充。惟重閱本書，對自序所提諸問題，尙有一得之見，敬請學者先進批評指教。又，本書承名書法家安文煥（然）先生賜題封面，特此致謝。

❶ 福建省泉州海外交通史博物館創建於民國四十八年，文革期間停辦。民國六十一年恢復建館，六十八年重新對外開放。

❷ 兩刊物皆年刊，前者由民國六十六年開始出版。後者由民國六十七年開始出版。

❸ 參福建省泉州海外交通史博物館編，泉州伊斯蘭教石刻（福州，民七十三年），頁八—十。又參莊爲璣、陳達生「泉州伊斯蘭教寺址的新研究」（泉州文史第四期，民六十九年十二月），頁一—七。

❹ 載泉州文史第四期（民六十九年十二月），頁十一—八。又見於文史哲雙月刊（山東大學，一九八〇年第四期），頁五七—六四。

❺ 此類論文極多。如海交史研究第二期（民六十九年）卽有馮先銘「中國古代外銷瓷的問題」，葉文程、徐本章「暢銷國際市場的古代德化外銷瓷器」及泉州海外交通史博物館調查組，「晉江縣磁灶陶瓷史調查記」三文。海交史研究第四期（民七十一年）則有黃天柱、陳鵬「泉州古代絲織業及其產品的外銷」一文。

❻ 載海交史研究第二期（民六十九年），頁四八—五四，陳氏另與吳泰撰「宋元時期的海外貿易」（天津人民出

版社，民七十年）一書，亦可參看。

❼ 載泉州文史第四期（民六十九年），頁二七——三六。

❽ 參閱莊爲璣，「元末外族叛亂與泉州港的衰落」（泉州文史第四期），頁十九——二六。

# 引用及參考書目

## 一、中、日文

### 1 史料：

漢書，班固（點校本），台北：洪氏出版社，民六四年。（下同）

後漢書，范曄（點校本），台北：洪氏出版社。

三國志，陳壽（點校本），台北：洪氏出版社。

晉書，房玄齡（點校本），台北：洪氏出版社。

宋書，沈約（點校本），台北：洪氏出版社。

南齊書，蕭子顯（點校本），台北：洪氏出版社。

梁書，姚思廉（點校本），台北：洪氏出版社。

陳書，姚思廉（點校本），台北：洪氏出版社。

南史，李延壽（點校本），台北：洪氏出版社。

隋書，魏徵等（點校本），台北：洪氏出版社。

舊唐書，劉昫等（點校本），台北：洪氏出版社。
新唐書，歐陽修等（點校本），台北：洪氏出版社。
舊五代史，薛居正等（點校本），台北：洪氏出版社。
新五代史，歐陽修（點校本），台北：洪氏出版社。
宋史，脫脫等（點校本），台北：洪氏出版社。
元史，宋濂等（點校本），台北：洪氏出版社。
明史，張廷玉等（點校本），台北：洪氏出版社。
大唐六典，唐玄宗撰，李吉甫註。台北：文海出版社影印本，民五一年。
李文公集，李翺，商務四部叢刊本。
曲江集，張九齡，中華四部備要本。
唐大和尚東征傳，日本元開，大正大藏總目二〇八九遊方記抄。中華佛教印經會，民四八年。
續高僧傳，釋道宣，大正新修大藏經第五十卷史傳部二。
嶺表錄異，劉恂，武英殿聚珍本。
通典，杜佑，台北：新興書局影印本，民五三年。
元和郡縣志，李吉甫，商務萬有文庫本。
唐國史補，李肇，世界書局排印本。

唐會要，王溥，世界書局據武英殿聚珍版排印本，民五七年。
唐大詔令集，宋敏求，台北：華文書局據明抄本影印本。
全唐文，董誥等編，台北：滙文書局影印本。
全唐詩，曹寅等編，台北：明倫出版社據清聖祖御製詩本排印本。
九國志，路振，商務叢書集成初編據守山閣叢書排印本。
全五代詩，李調元輯，商務叢書集成初編據函海本影印本。
五國故事，不著撰人，知不足齋叢書本。
北夢瑣言，孫星衍，雅雨堂叢書本。
玉海，王應麟，台北：華聯出版社影印本。
文苑英華，蘇易簡編，台北：華聯出版社影印本。
太平寰宇記，樂史，台北：文海出版社影印清嘉慶刊本。
元豐九域志，王存，台北：文海出版社影印乾隆校刊本。
蔡忠惠集，蔡襄，萬曆乙卯（四三年）南州朱謀瑋等重刊本。
荔枝譜，蔡襄，百川學海本。
三蘇全集，東坡集，蘇軾，舊刊本。
涑水紀聞，司馬光，聚珍版叢書本。

元豐類藁，曾鞏，四部叢刊初編本。

夢溪筆談，沈括，光緒二二年番禺陶氏校刊本。

萍洲可談，朱彧，守山閣叢書本。

宣和奉使高麗圖經，徐兢，商務國學基本叢書本。

桯史，岳珂，台北：廣文書局影印本。

續資治通鑑長編，李燾，台北：世界書局影印本，民五三年。

宋會要輯稿，徐松輯，北平圖書館影印本。

三朝北盟會編，徐夢莘，台北：文海出版社影印本，民五一年。

建炎以來繫年要錄，李心傳，台北：文海出版社影印本，民五七年。

建炎以來朝野雜記，李心傳，台北：文海出版社影印本，民五六年。

通志，鄭樵，台北：新興書局影印本，民五三年。

輿地廣記，歐陽忞，台北：文海出版社影印本。

輿地紀勝，王象之，台北：文海出版社影印本。

雲麓漫鈔，趙彥衛，涉聞梓舊本。

嶺外代答，周去非，知不足齋叢書本。

諸蕃志，趙汝适著，馮承鈞校注，台北：商務印書館。

南海百詠，方信儒，商務國學基本叢書本。

海錄碎事，葉廷珪輯，日本刊本。
鐵圍山叢談，蔡絛，知不足齋叢書本。
桂海虞衡志，范成大，古今逸史本。
泉志，洪遵，學津討原本。
夢粱錄，吳自牧，學津討原本。
夷堅志，洪邁，涵芬樓本。
梅溪王先生文集，王十朋，四部叢刊初編本。
拙齋文集，林之奇，四庫珍本二集。
高峯文集，廖剛，四庫珍本初集。
泊宅集，方勺，讀書齋叢書本。
北溪大全集，陳淳，四庫珍本四集。
後村先生大全文集，劉克莊，四部叢刊初編本。
朱文公集，朱熹，四部叢刊初編本。
攻媿集，樓鑰，四部叢刊初編本。
眞文忠公文集，真德秀，四部叢刊初編本。
水心先生文集，葉適，四部叢刊初編本。
淳熙三山志，梁克家，台北：大化書局影印本。

文獻通考馬端臨，台北：新興書局影印本，民五三年。
馬可波羅行記，沙海昂注，馮承鈞譯，台北：商務印書館。
馬哥孛羅遊記，張星烺譯，台北：商務印書館。
眞臘風土記，周達觀撰，金榮華校注，台北：正中書局，民六五年。
島夷志略，汪大淵撰，藤田豐八校注，收入羅雪堂先生全集三編十九册，台北：華文書局影印本。
廣輿圖，朱思本圖，台北：學海書局影印明萬曆己卯刊本。
大明一統志，李賢等修，台北：文海出版社影印本。
八閩通志，黃仲昭，弘治四年刊本。
閩書，何喬遠，崇禎刊本。
重修泉州府志，萬曆壬子陽思謙修，明刊本。
漳州府志，萬曆元年修，台北：學生書局影印本。
寰宇通志，陳循，台北：廣文書局影印本。
東西洋考，張燮，國學基本叢書本。
福建市舶提舉司志，高岐，民二八年排印舊抄本。
泉南雜志，陳懋仁，寶顏堂秘笈本。
方輿勝覽，祝穆，咸淳三年建安刊本。
閩都記，王應山纂輯，台北：成文書局影印本。

十國春秋，吳任臣，台北，文海出版社影印本。

泉州府志，乾隆懷蔭布修，台南：登文印刷局影印同治年間刊本。

晉江縣志，乾隆三十年方鼎修，台北：成文書局影印本。

閩小記，周亮工，台北：成文出版社影印本。

閩部疏，王世懋，台北：成文出版社影印本。

閩中金石志，馮登府，台北：新文豐書局石刻史料新編本。

閩中金石略，陳棨仁，台北：新文豐書局石刻史料新編本。

閩遊紀略，王澐，小方壺輿地叢書。

高麗史，鄭麟趾，韓國延世大學東方研究所影印本。

蘇萊曼東遊記，劉半農、劉小蕙合譯，上海：中華書局，民二十六年五月。

## 2. 後人編纂與研究

三上次男，陶瓷の道，東京：岩波書店，一九六九年。

小葉田淳，「明代漳泉人の海外通商發展，特に海澄の餉稅制と日明貿易に就いて」（東亞論叢四期，一九四二），頁一二五—六九。

——，日本と南支那，台北，一九四二。

小野寺郁夫，「北宋時代前半期における歳出入について」（田村博士頌壽東洋史論叢，一九六八），頁一九三—二〇四。
方豪，中西交通史，五册，台北：國民基本知識叢書，民四二—三。
——，「宋代人口考實」（收入方豪六十自定稿，下册），頁一三〇四—三四。
——，「宋泉州等地的祈風」（收入方豪六十自定稿，下册），頁一二〇一—四六。
方揖，「明代的海運和造船工業」（明代社會經濟史論集，香港：崇文書局，一九七五）。
王重民，「蒲壽庚降元之年月日兼記泉州紳士林純子、顏伯樂事」（大公報文史週刊三八期，民三六年九月二四日）。
王志瑞，宋元經濟史，台北：商務。
王充恒，「宋代南方經濟發達的研究」（現代史學一卷三、四期，一九三三年五月），頁二一八—五二。
王洸，中國海港誌，台北：國民基本知識叢書，民四六年。
——，中國航運史，台北：海運出版社，民四四年九月。
王庸，「宋明間關於亞洲南方沿海諸國地理之要籍」（史學與地學第一期，台北文海影印），頁二一四七—五七。
——，中國地理圖籍叢考，北平圖書館，民二九年。
——，「中國地圖史料輯略」（國立北平圖書館館刊六卷六期，學生書局影印）。
王輯五，中日交通史，台北：商務。

——，「中倭交通路綫考」（禹貢三卷十期，民二四年七月十六日），頁一一—二三。

王孝泉，「從地理民族學術的變遷說到研究福建文化的途徑」（福建文化一集三期，一九三二年四月），頁四—九。

王新民、韓振華，「紀元前中國與南洋交通考」（海疆學報創刊號，民三五年）。

王新民，「南洋史研究法」（海疆學報第二期，民三六年四月十五日），頁八—一二。

王曾瑜，「談宋代的造船業」（文物一九七五年第十期），頁二四—七。

王和馨編，閩南采風錄，台北：海曙出版社，民四三年。

王毓瑚，「唐代嶺南產銀與貨幣經濟發展之關係」（文史雜誌五卷三期），頁一六—二五。

日柳彥九郎，「中世支那蕃貨考」（東亞經濟研究，一九二九）。

日比野丈夫，「唐宋時代に於ける福建の開發」（東洋史研究四卷三期，一九三九），頁一—二七。

內田直作著，王懷中譯，「明代的朝貢貿易制度」（食貨半月刊三卷一期，民二四年十二月一日），頁三一—七。

尹章義，「湯和與明初東南海防」（國立編譯館館刊六卷一期，民六六年六月），頁九三—一三三。

甘景鎬，「閩瓷考略」（協大學報第一期，民三八年），頁一五九—六二。

白壽彝，中國交通史，台北：商務。

白壽彝，「宋時伊斯蘭教徒的香料貿易」（禹貢七卷四期，民二六年四月十六日），頁四七—七七。

——，「讀桑原隲藏蒲壽庚考札記」（文史雜記四卷五、六期，民三二年九月）。

石文濟，「宋代市舶司的設置與職權」（史學彙刊創刊號，民五七年八月），頁四五—一六一。

石橋五郎，「唐宋時代の支那沿海貿易並貿易港に就いて」（史學雜誌十二卷八、九、十一期，昭和三四年）。

石田幹之助，南海に關する支那史料，東京：生活社，昭和二十年四月。

——，張宏英譯，中西文化之交流，上海：商務，民三十年二月。

包遵彭，漢代樓船考，台北：國立歷史博物館歷史文物叢書二輯，民五六年二月。

——，「論元代海運制度及航海學術」（學術季刊六卷三期，民四七年三月三一日），頁二〇四—一七。

——，「中國古代海洋文化」（中國文化復興月刊二卷四期，民五八年四月一日）頁五三—六。

田坂興道，「閩書に見える唐武德年間回教傳來說話について」（東方學報第十四冊之三，昭和十八年一月），頁四一—六一。

田村實造，「宋元時代の東西交通」（世界文化史大系宋元時代，昭和十年九月）。

北山康夫，「唐宋時代に於ける福建省の開發に關する一考察」（史林二四卷三期，一九三九），頁九一—一〇〇。

全漢昇，中國經濟史論叢，香港：新亞研究所，一九七三。

——，中國經濟史研究，香港：新亞研究所，一九七五。

——，「唐宋時代揚州經濟景況的繁榮與衰落」（史語所集刊十一本）。

——，唐宋帝國與運河，史語所專刊，民二九年。

——，「南宋杭州的消費與外地商品之輸入」（史語所集刊七本一分）。

——，「宋代廣州的國內外貿易」（史語所集刊八本三分）。

——，「北宋汴梁的輸出入貿易」（史語所集刊八本二分）。

——，「略論宋代經濟的進步」（大陸雜誌二八卷二期，民五三年一月），頁二五——三二。

——，「南宋稻米的生產與運銷」（史語所集刊二〇卷，民三七年），頁四〇三——三二。（以上各文均已收入前列新亞研究所出版二書中，唯諸篇論文與本文極關緊要，故特列篇名於後。）

向達，中西交通史，台北：中華書局。（台版）。

——，中外交通小史，上海：商務，民二二年。

——，「唐代長安與西域文明」，燕京學報專號之二，台北：明文書局（初版民二四年）。

江應樑，「阿拉伯海舶東來貿易與兩宋國家經濟的關係」（新亞細亞十二卷三期，一九三六年九月）。

朱士嘉，「明代四裔書目」（禹貢五卷三、四合期）。

朱傑勤，「中國古代海舶雜考」（南洋學報五卷二輯，一九四八），頁四〇——五。

——譯，「古代羅馬與中國印度陸路通商考」（食貨半月刊四卷二期，民二五年六月十六日），頁一——七。

朱延豐，「古師子國釋名」（燕大史學年報二卷一期），頁一四七——五三。

朱慎行，「唐宋對阿拉伯人的貿易及其發展」（華北日報史學周刊一二四期，民二六年二月十八日）。

安文倬譯，夏德等著，「十三世紀前中國海上阿拉伯商人之活動」（禹貢五卷十一期，民二五年八月一日）。

成田節男，「宋元時代の泉州の發達と廣東の衰微」（歷史學研究六卷七號，昭和十一年），頁七二〇—七〇。
百瀨弘着，郭有義譯，「明代中國之外國貿易」（食貨半月刊四卷一期，民二五年六月一日），頁四二—五一。
宋晞，「宋泉州南安九日山石刻之研究」（學術季刊三卷四期，民四四年六月），頁三一—五一。
——，「吳文良『泉州九日山摩崖石刻』讀後」（史學彙刊創刊號，民五七年八月），頁一九三—二〇三。
——，「宋元明時代中外文化發展及其交流」（中央日報副刊，民五八年二月六—八日）。
——，「宋商在宋麗貿易中的貢獻」（史學彙刊第八期，民六六年八月），頁八三—一一〇。
宋希尙譯（美國港工專家調查團著），中國重要海港概要，台北：交通部研究所，民四七年。
谷霽光，「宋元時代造船事業之進展」（收入遼金元史論集，台北：漢聲出版社），頁六〇五—一一二。
李長傳，中國殖民史，台北：商務。
——，「馬哥波羅遊記海南諸國新注」（眞知學報二卷四期，民三一年十二月），頁四六—五四。
李劍農，宋元明經濟史稿，北平，一九五七年四月。
杉木直次郎，「蒲壽庚の國籍問題」（東洋史研究十一卷五、六期），頁六六—七六。
佐久間重男，「明代海外私貿易の歷史的背景——福建省を中心として」（史學雜誌六二編一號，一九五三），頁一—二五。
————，「明朝の海禁政策」（東方學六期，一九五三），頁四二—五一。

佐伯好郎，支那基督教の研究（四册），東京：春秋社，昭和十八年—二四年。

吳晗，「十六世紀前的中國與南洋」（清華學報十一卷一期，民二五年一月），頁一三七—八六。

吳文良，泉州宗教石刻，北京：科學出版社考古學專刊乙種第七號，一九五七。

——，「泉州九日山摩崖石刻」（文物一九六二年十一期），頁三三—四七。

——，「泉州在中西交通史上之地位」（晉江文獻叢刊第一輯，民三五年二月一日），頁九二—六。

吳景宏，中菲關係論叢，新加坡：青年書局，一九六〇。

——，「南朝隋唐時代中菲關係的探討」（大陸雜誌三一卷三、四、五期），頁七七—八一；一二二—四；一五九—六六。

——，「五代兩宋時代中菲關係之探討」（大陸雜誌三二卷二、三、四期），頁三七—四一；八三—九；一三〇—四。

——，「元代中菲關係之探討」（大陸雜誌三三卷九、十、十一期），頁二六一—四；三〇六—一〇；三五〇—三。

吳壯達，琉球與中國，上海：正中書局，民三七年九月。

吳緝華，明代海運及運河之研究，台北：史語所專刊，民五六年。

——，「元朝與明初的海運」（收入明代社會經濟史論叢，民五九年五月）。

林天蔚，宋代香藥貿易史稿，香港：中國學社，民四九年。

周北彤，「宋代造船業的社會性質」（光明日報史學二四四期，一九六二年八月十五日）。
金燊華，眞臘風土記校注，台北：正中書局，民六五年八月。
武仙卿，「隋唐時代揚州之輪廓」（食貨半月刊五卷一期，民二六年一月一日），頁七—二五。
武堉幹，中國國際貿易史，上海：商務，民十七年四月。
泉州灣宋代海船發掘報告編寫組，「泉州灣宋代海船發掘報告」（文物一九七五年第十期），頁一—十八。
————，「泉州灣宋代海船復原初探」（文物一九七五年第十期），頁二八—三五。
泉州港與古代海外交通編寫組，泉州港與古代海外交通，文物出版社，一九八二年十月。
泉州海外交通史博物館調查組，「泉州塗關外法石沿海有關中外交通史跡的調查」（考古一九五九年第十一期），頁六一一—一八。
松田壽南撰，李長傅譯，「南海貿易的搖籃時期」（南海學報一卷二輯，一九三〇年十二月），頁八〇—四。
竺沙雅章，「唐五代における福建佛教の展開」（佛教史學七卷一號，一九五八年二月），頁二四—四五。
竺沙雅章，「宋代福建の社會と寺院」（東洋史研究十五卷二號，一九五六年十月），頁一七〇—九六。
侯厚培，中國國際貿易小史，上海：商務，民十八年十月。
————，「五口通商以前我國國際貿易之概況」（清華學報四卷一期，民十六年元月），頁一二一七一一二六四（影印本頁次）。

施一揆，「南宋社會經濟的發展及其限度」（史學月刊五九卷四期，一九五九年四月），頁三一—五。

秋山謙藏，「宋代南海貿易と日本貿易との連繫」（史學雜誌四四卷十二期），頁一四八八—一五二八。

——，日支交涉史話，東京：內外書籍會社，昭和十年一月。

——，日支交涉史研究，東京：岩波書店，昭和十四年四月。

前嶋信次，「泉州の波斯人と蒲壽庚」（史學雜誌二五卷三期）。

——，「泉州の蒲氏勃興の年代について」（史學雜誌六一卷十二期）。

岩井大慧，「元代の東西交通」（收入東西交涉史論，東京：富山房，昭和十四年），頁三五九—九四。

徐玉虎，「唐代與南海貿易原因之研究」（中華文化復興月刊三卷十一期，民五九年十一月十三日）。頁七三—六。

桑田六郎，「三佛齊考」（台北帝大史學科研究年報第三輯，昭和十二年）。

——，「三佛齊補考」（台北帝大史學科研究年報第五輯，昭和十四年）。

——，「南洋に於ける東西交通路に就いて」（台北帝大史學科研究年報第六輯，昭和十五年），頁二五—七。

宮崎市定，「中國南洋關係史概說」（收入アジア史研究，冊二，京都：同朋社，昭和三八年），頁四六九—五三二。

——————，「南洋を東西洋に分つ根據について」（收入アジア史研究，册四），頁五三三—五五。
桑原隲藏著，馮攸譯，中國阿拉伯海上交通史，台北：商務。（台版）
——————，楊鍊譯，唐宋貿易港研究，台北：商務。（台版）
——————，何健民譯，「隋唐西域人華化考」（武漢大學文哲季刊五卷二、三、四號），頁四二三—五八；六七九—九四；八七七—九四一。
高中利惠，「明代の泉漳を中心とする都市共同體」（史學研究七七卷七九期，一九六〇），頁四六九—八〇。
陳文石，明洪武嘉靖間的海禁政策，台北：台大文史叢刊，民五五年。
陳垣，元西域人華化考，台北：九思出版社影印本。
陳愼，「法顯求法歸程考」（史地學報四卷一期），頁五五—九。
陳正祥，眞臘風土記研究，香港中文大學，一九七五年十二月。
陳里特，中國海外移民史，上海：中華書局，民三五年十一月。
陳達，南洋華僑與閩粵社會，長沙：商務，民二七年五月。
陳鐵凡，汶萊宋碑與判院，台北：燕京文化事業公司，民六六年八月。
陳沅遠，「唐代驛制考」（燕京大學史學年報一卷五期，學生書局影印本），頁六一—九二。
陳漢章，「中國回敎史」（史學與地學第一期），頁一八一—二一六。

陳允洛，「宋明史上的泉州人」（福建文獻第五期，民五八年三月十日），頁二九—三七。

陳仰青，「泉州昔爲國際大商港」（福建文獻六卷一期，民六二年六月十五日），頁一一—一二。

陳竺同，「唐宋元明的南海舶政」（南洋研究六卷三期，一九三六年六月）。

——，「元代中華民族海外發展考」（暨南學報二卷一、二號），頁一二三—四九；一二三—四八。

陳萬里，「宋末——清初中國對外貿易中的瓷器」（文物一九六三年一月），頁二〇—四。

陳玫杏，東晉南朝時代荊揚二州之開發，台北：文化學院碩士論文，民六六年六月。

黃仲琴，「蒲壽庚兄弟遺族及遺跡」（中山大學語言歷史研究所週刊九集一〇五期）。

——，「閩南之回教」（中山大學語言歷史研究週刊九集一〇一期，一九二九年十月十六日），頁四〇六一—八〇。

——，「泉州談薈」（中山大學語言歷史研究所週刊十集一〇九期，一九二九年十二月十一日），頁四三六三—五。

黃敏枝，宋代寺院經濟之研究，台大博士論文，民六七年一月。

莊爲璣，晉江新志，厦門，民三七年。

——，「談最近發現的泉州中外交通的史蹟」（考古通訊一九五六年第三期），頁四三—八。

——，「宋元明泉州中外交通史跡的價值」（厦門大學學報一九五六年二月號），頁九六—一二四，

——，「一九五六年厦門大學考古實習隊報告」（厦大學報一九五六年十二月號），頁一一二—一二七。

———，「續談泉州港發現的中外交通史跡」（考古通訊一九五八年八月號）。

———，「福建晉江專區華僑史調查報告」（廈門大學學報一九五八年六月號），頁九三—一二七。

許道齡，「南洋地名考異」（禹貢半月刊六卷八、九合期，民二六年一月一日），頁四五—七〇。

許雲樵，「古代南海航程中之地峽與地極」（南洋學報五卷二輯，一九四八），頁二六—三七。

———，「永樂大典中的南海資料」（星洲日報，一九六二年元旦特刊）。

梁啓超，「中國之都市」（史學與地學第一、二期），頁一五九—八〇；二八九—三二三。

梁方仲，「明代國際貿易與銀的輸出入」（中研院中國近代經濟史研究集刊六卷二期，民二八年），頁二六七—三二四。

梁庚堯，「南宋城市的發展」（食貨復刊十卷十、十一期，民七〇年一月、二月），頁四二〇—四三，四八九—五〇四。

梁嘉彬，琉球東南諸海島與中國，台中：東海大學，民五四年三月。

章巽，我國古代的海上交通，上海：新知識出版社，一九五六年。

———，「宋元時代的海上交通——從公元第十世紀到十四世紀中期」（地理知識一九五六年二月號）。

黃菩生，「清代廣州貿易狀況及其在中國經濟史上的意義——鴉片之役以前」（嶺南學報三卷四期，民二三年六月三十日），頁一五七—六六。

張星烺，中西交通史料滙編，台北：世界書局，民六十年。（台版）

———，「中世紀泉州狀況」（燕京大學史學年報一卷一期），頁三三—九。

————，「泉州訪古記」（史學與地學第四期），頁六三七—五二。

張德昌，「明代廣州之海舶貿易」（清華學報七卷二期，民二一年六月），頁一—十八。

————，「清代鴉片戰爭前之中西沿海通商」（清華學報十一卷一期，民二四年一月），頁九七—一四六。

張家駒，宋代社會中心南遷史，廣州：協榮印書館，民三三年。

————，兩宋經濟重心的南移，湖北：人民出版社，一九五七年四月。

————，「宋室南渡後的南方都市」（食貨半月刊一卷十期，民二四年），頁四五〇—七。

————，「中國社會中心的轉移」（食貨二卷十一期，民二四年十一月一日），頁二〇—三五。

————，「宋室南渡前夕的中國南方社會」（食貨四卷一期，民二五年六月一日），頁二八—四一。

————，「宋代造船之地理分佈」（大風一〇〇期，民三〇年十一月），頁三三七九—八三。

————，「靖康之亂與北方人口的南遷」（文史雜誌二卷三期，收入宋遼金元史論集第一輯，台北：漢聲），頁三〇一—八〇。

葉國慶，「古閩地考」（燕京學報十五期）。

————，「治不在今福州市辨」（禹貢六卷二期，民二五年九月十六日），頁三一—六。

————，「外洋傳入閩中的物產」（中山大學語言歷史研究所週刊六集六六期，一九二九年一月三十日），頁二六七七—八〇。

馮承鈞，中國南洋交通史，台北：商務。（台版）

———，西域南海史地考證譯叢，台北：商務。（台版）

馮漢鏞，「唐宋時代的造船業」（歷史教學十期，一九五七年十月），頁一〇—三〇。

程光裕，「蔡襄著作考」（史學彙刊創刊號，民五七年八月），頁一二四—四四。

———，「宋元時代泉州之橋樑研究」（史學彙刊第二期，民五八年八月），頁五九—七二。

程維新，「宋代廣州市對外貿易的情形」（食貨一卷十二期，民二四年五月十六日），頁五三四—九。

程溯洛，「宋代城市經濟概況」（歷史教學五卷，一九五六年五月），頁十二—六。

勞榦，「漢晉閩中建置考」（史語所集刊五本一分，民二四年），頁五三—六三。

———，「答葉國慶『冶不在今福州市辨』」（禹貢六卷六期），通訊欄。

彭瀛添，「兩宋的郵驛制度」（史學彙刊第八期，民六四年八月），頁十二—二二。

森克己，日宋貿易の研究，東京：國立書院，昭和二三年。

———，日宋文化交流の諸問題，東京：刀江書院，昭和二五年。

斯波義信，宋代商業史研究，東京：風間書房，一九六八年。

———，「宋代における福建商人とその社會經濟の背景」（和田博士古稀紀念東洋史論叢，一九六〇）。

曾我部靜雄，「宋代の驛傳郵舖」（桑原紀念論叢，昭和五年）。

———，「南宋の貿易港泉州の水軍とその海賊防衛策」（東北大學文學部研究年報第五號，昭和二九年），頁六四—八十。

——————，「宋の宗室」（收入中國社會經濟史の研究，東京：吉川弘文館，昭和五一年），頁一七八—二一〇。

廈門大學歷史系，「泉州港的地理變遷與宋元時期的海外交通」（文物一九七五年十月號），頁一九—二三。

楊家驥，「論宋元的社會經濟及其變遷」（中央日報食貨週刊，民三六年七月二三日）。

愛宕松男，「泉州剌桐城考——地名Zaitonの由來に關連して」（田村博士頌壽東洋史論叢，昭和四三年五月），高明士中譯文載大陸雜誌四一卷八期，頁二六一—六六。

趙文銳，「唐代商業的特點」（清華學報三卷二期，民十五年十二月），頁九五一—六六。

趙惠人，「宋史地理志戶口表」（禹貢二卷二期，民二三年九月十六日），頁一九—三〇。

際唐，「福建沿海形勢概述」（福建文化一集五期，民二一年九月），頁一—五。

榎一雄，「東西交通史上の泉州」（史艸五，一九六四年十二月），頁一七二—六。

劉銘恕，「宋代海上通商史雜考」（中國文化研究彙刊第五卷，民三四年九月），頁一七四五—八〇。

樓祖詒，中國郵驛發達史，上海：中華書局，民二九年八月。

駒井義明，「所謂孫權の南方遣使について」（歷史と地理二五卷六期，昭和五年）。

錢卓升，「唐宋以來的市舶司制度」（遺族校刊四卷三期，民二六年五月）。

薛澄清，「明末海關情況及其地點變遷考略」（禹貢半月刊五卷七期，民二五年六月一日），頁四三—五。

謝海平，唐代留華外國人生活考述，台北：商務，民六七年十二月。

魏應麒，「編纂五代閩史之引言」（中山大學語言歷史研究所週刊七集七五期，一九二九年四月三日）。

——，「五代閩史稿之一」（中山大學語言歷史研究所週刊七集七五、七六、七七、七八期）。

韓振華，「唐代南海貿易誌」（福建文化二卷三期，民三一年）。

——，「伊本柯達貝氏所記唐代第三貿易港之 Djanfou 」（福建文化三卷一期，民三六年三月三十日），頁四五—五一。

——，「第八世紀印度波斯航海考」（福建文化三卷二期，民三六年十二月），頁五一—五。

薩士武，「明成化嘉靖間福建市舶移置福州考」（禹貢半月刊七卷一、二、三合期，民二六年四月一日），頁二四七—五〇。

聶崇岐，「宋史地理志考異（福建路）」（禹貢半月刊二卷六期，民二三年十一月十六日），頁一一—二〇。

關履權，「宋代廣州的香料貿易」（文史三期，一九六三年十月），頁二〇五—一九。

藤田豐八著，何健民譯，中國南海古代交通叢考，上海：商務，民二四年。

羅香林，蒲壽庚研究，香港：中國學社，民四八年。

——，「屯門與其地自唐至明之海上交通」（新亞學報三卷二期，民四六年二月一日），頁二七一—三〇〇。

譚其驤，「元福建行省建置沿革考」（禹貢半月刊二卷一期，民二三年九月一日），頁二一—四。

蘇同炳，明代驛遞制度，台北：中華叢書，民五八年。

蘇宗仁，宋代泉州市舶司研究，香港大學碩士論文，一九六〇年。
蘇乾英，「中國南海關係史料述要」（學林第十輯，民三十年八月），頁九九－一一二。
蘇繼廎，「後漢書南蠻傳究不事人考」（南洋學報六卷一期，一九五〇年八月），頁一七－九。
饒宗頤，「南海地名新商榷——據永樂大典新資料立論」（香港大學金禧紀念學術講座，一九六一）。
——，「太清金液神丹經（卷下）與南海地理」（香港中文大學中國文化研究所學報三卷一期，一九七〇年九月），頁三一－七六。

## 二、西　文

Battuta, Ibn., *Travels in Asia and Africa*, 1325–34. (tr. by H.A.R. Gibb), London, 1929.

Bielenstein, Hans, "The Chinese Colonization of Fukien Until the End of T'ang", *Studia Serica Bernhard Karlgren Dedicate*, Copenhagen, Ejnar Munksgaard, 1959.

Boxer, C.R., (ed.) *South China in the Sixteenth Century*, London, Hakluyt Society, 1953.

Chen ta (陳達), *Emigrant Communities in South China: A Study of Overseas Migration and Its Influence on Standards of Living and Social Change*, Shanghai: Kelly and Walsh, 1939.

Chong Su See, *The Foreign Trade of China*, N.Y.: Columbia University Press, A.M.S. Press, 1970, (First Edition 1919).

Coedeés, G., *The Indianized States of Southeast Asia* (English tr. by S.B. Cowing), Honolulu: East-West Center, 1968.

Fairbank, J.K. (ed.), *The Chinese World Order-Traditional China's Foreign Relations*, Harvard University Press, 1968.

Franke, Wolfgang, *China and the West*, Columbia: University of South Carolina Press, 1967.

Freedman, Maurice, *Chinese Lineage and Society: Fukien and Kwangtung*, London School of Economics Monography on Social Anthropology, No. 33, N.Y.: Humanities Press, 1966.

Goodrich, L.C., "Recent Discoveries at Zayton", *J.A.O.S.*, LXXVII.

Haeger, J.W. (ed.), *Crisis and Prosperity in Sung China*, Tucson, Arizona, University of Arizona Press, 1975.

Hirth, F., & Rockhill, W.W., *Chau Ju-Kuo: His Works on the Chinese and Arab Trade in the Twelfth and Thirteenth Centuries, Entitled chu-fan-chi*, Taipei: Cheng-wen, 1970. (First Edition 1912).

Hourani, George F., *Arab Seafaring in the Indian Ocean in Ancient and Medieval Times*, Princeton, 1951.

Hudson, G.F., *Europe and China: A Survey of Their Relations from the Earliest*

*Times to 1800,* London, 1931.

Laufer, B., "Arabic and Chinese Trade in Walrus and Narwhal ivory", *T'oung Pao*, XIV (1913), p.323.

Lo, Jung-pang, "The Emergence of China as a Sea Power During the Late Sung and Early Yüan Periods", *Far Eastern Quarterly*, XIV, 5 (August, 1955), pp.489-503.

_______, "The Decline of the Early Ming Navy," *Orieno Extremus*, 5, Jabrg, 1958, pp.149-68.

Mahler, G.J., *The Westerners among the Figurines of the T'ang Dynasty of China*, Rome, 1959.

Mills, J.V., "Notes on Early Chinese Voyages", *Journal of the Royal Asiatic Society* (1951), Parts I & II, pp.3-25.

Mookerji, R.K., *Indian Shipping*, Bombay, 1957.

Pelliot, P., "Review of Hirth and Rockhill's Chau Ju-kua," *T'oung Pao*, XIII, 3 (July, 1912), pp.466-81.

Poujade, J., *La Route des Indes et Ses Navires*, Paris, 1946.

Rawski, Evelyn Sakakida, *Agricultural Change and the Peasant Economy of South China*, Harvard University Press, 1972.

Remer, C.F., *The Foreign Trade of China*, Shanghai, 1926.

Rockhill, W.W., & Hirth, F., "Notes on the Relations and Trade of China with the

Eastern Archipelago and the Coast of Indian Ocean during the Fourteenth Century", *T'oung Pao*, XIV, 1913, pp.473-6; XV, 1914, pp.419-77; XVI, 1915, pp.62-159, 236-71, 374-92, and 603-26.

Rossabi, Morris, (ed.) *China among Equals, The Middle Kingdom and Its Neighbors, 10th-14th Centures*, University of California Press, 1983.

Schoff, W.H., *Early Communications between China and the Mediterranean*, Philadelphia, 1921.

Smith, D.H., "Zaitun's Five Centuries of Sino-Foreign Trade," *Journal of the Royal Asiatic Society* (1958), parts 3&4, pp.164-77.

Teggart, F.J., *Rome and China: A Study of Correlations in Historical Events*, Berkely: University of California Press, 1939.

Toussaint, A., *History of Indian Ocean* (English tr. by J. Gucharnand), London: Rouhledge & Kegan Paul, 1966.

Tregear, M., "Chinese Ceramic Imports to Japan between the Ninth and Fourteenth Centuries", *Burlington Magazine*, CXVII, No. 885, pp.815-33.

Wang, Gnng-Wu (王賡武), "The Naihai Trade: A Study of the Early History of Chinese Trade in the South China Sea", *Journal of the Malayan Branch of the Royal Asiatic Society*, XXXI, 182 (1958).

Wilson, A.T., *The Persian Gulf: An Historical Sketch from Earliest Times to the Beginning of the 20th Century*, Oxford: Clearendon, 1928.

Wu, Ching-hong, "The Rise and Decline of Chuanchou's International Trade and Its Relation to the Philippine Islands", *International Association of Historians of Asia Second Biennal Conference Proceedings*, October 6-9, 1962, pp.469-83.

# Index

## 二十一劃



## 二十二劃



## 二十四劃



## 二十五劃

## 十七劃



## 十八劃



## 十九劃



## 二十劃

## 十六劃

## 十五劃

## 十四劃

## 十二劃



## 十三劃

## 十一劃

## 十 劃

## 九 劃

## 八 劃

## 七 劃

## 六　劃

## 五　劃

# 索　引

## 二　劃



## 三　劃



## 四　劃

國家圖書館出版品預行編目資料

泉州與我國中古的海上交通

李東華著. – 初版. – 臺北市：臺灣學生，2023.05 印刷
面；公分

ISBN 978-957-15-1913-5(平裝)

1. 航運史 2. 中國史 3. 福建省泉州市

557.58 112006378

泉州與我國中古的海上交通

著作者 李東華
出版者 臺灣學生書局有限公司
發行人 楊雲龍
發行所 臺灣學生書局有限公司
地址 臺北市和平東路一段 75 巷 11 號
劃撥帳號 00024668
電話 (02)23928185
傳真 (02)23928105
E-mail student.book@msa.hinet.net
網址 www.studentbook.com.tw
登記證字號 行政院新聞局局版北市業字第玖捌壹號
定價 新臺幣四五〇元

一九八六年元月初版
二〇二三年五月初版二刷

55702

ISBN 978-957-15-1913-5 (平裝)